Du même auteur

Collection Autour du Monde

- Chasseurs de noirs
- Supplique pour ne pas être pendu avec les autres pirates

Collection Guides Touristiques et Culturels

- Encycloguide de La Réunion

Hors Collection

- Histoire d'une île La Réunion
- Le Mémorial de La Réunion

Collection Le Grand Livre

- Le Grand Livre de l'Histoire de la Réunion Volume 1 et 2

Collection Coin Enfants

- Les pépites d'arc-en-ciel
- La chasse aux bilimbis
- Les portes du mystère

LES CHASSEURS D'ÉPICES

Daniel Vaxelaire

LES CHASSEURS D'ÉPICES

roman

À ma Mauricienne

Un parfum.

C'est pour un parfum qu'ils ont couru le monde.
Bien sûr, il y a aussi l'étincelle jaune de l'or et celles des pierres précieuses, dans les terres au trésor qu'on chercha quatre mille ans durant. Mais à l'étrave des galères, des chébecs et des caravelles, c'est la senteur des épices que hument les capitaines, la narine dilatée au vent de l'aventure.
Ces mêmes épices qui gonflent les couffins des vieilles caravanes, qui se transforment en fortunes aux souks des grandes villes avant de devenir fumées pour le plaisir des dieux, passeports pour le voyage des morts, parfums pour l'orgueil des vivants.

Hippalus le grand voyageur grec et Ibn Battuta l'explorateur arabe, Marco Polo et Christophe Colomb, Vasco de Gama et les pirates de l'océan Indien : tous, à une heure ou l'autre, ont été des chasseurs d'épices.
Les épices les mèneront aux vraies et aux fausses Indes, à d'authentiques richesses et de cuisants mirages. Les épices leur donneront la force de vaincre leurs peurs et de crever la barrière d'inconnu qui ferme l'horizon. Elles les pousseront au dépassement de soi, au grandiose, au sublime.

Elles leur feront aussi commettre, à eux ou à d'autres, les pires barbaries: débarqué le marin de sa longue croisière, il redevient un homme et tant pis pour les autres. L'histoire des épices est souillée de coups de sagaie ou d'arquebuse et l'âcre relent de la poudre couvre bien souvent les effluves subtils du girofle.

En quarante siècles d'histoire, toutes les grandes puissances se bâtissent la même ambition: il leur faut les épices et leur commerce. Il leur faut aussi les terres à épices. Ainsi l'attraction d'un parfum - mais quel parfum ! - redessinera-t-elle la carte de la planète, au trait de crayon rageur des grandes découvertes et des grandes invasions qui en sont le lendemain.

On a totalement oublié cette fascination. D'autres richesses, depuis - l'or, l'esclavage, l'or noir, les fragrances changeantes du CAC 40... - ont vite pris le dessus, avec le mercantilisme, et l'esprit de conquête. Mais il est doux de se souvenir que les plus grands explorateurs de la planète poursuivaient un simple arôme volatile, dont on aurait aimé qu'il restât, comme l'odeur de lauriers des héros de légende, l'unique effluve de leur gloire.

Il se trouve que le dernier de ces mangeurs de monde rachète toute la bande : il ne se laissa jamais détourner de ses chers rêves végétaux, même pas par le tintement des piastres aux escales orientales. Il n'en fit point bénéfice : il voulait les donner à la France. Il désirait également - l'innocent ! - que tous les hommes de la terre fussent également heureux. Plus étonnant encore, il ne tua ni ne fit tuer personne, en une vie pourtant des plus aventureuses. Et s'il vola un peu, ce ne fut qu'aux riches.

En semant sur la planète la richesse d'un seul peuple, Pierre Poivre - voyez comme c'est étrange: le conquérant du girofle portait un nom épicé - perpétua l'antique miracle : venues du Jardin d'Éden, les épices retrouvaient grâce à lui leur parfum d'utopie...

Que tes caresses sont belles, ma sœur, ô fiancée !
Tu es un jardin verrouillé...
Tes surgeons sont un paradis de grenades,
Avec des fruits de choix:
Le henné avec le nard,
Du nard avec du safran,
De la cannelle et du cinnamome,
Avec toutes sortes d'arbres à encens ;
De la myrrhe et de l'aloès,
Avec tous les baumes de première qualité.

Cantique des Cantiques, IV, 12

29 mars 1772.

Il fait chaud à Gebe, chaud comme n'importe quel mois de l'année : on est exactement sous l'équateur. Un peu plus au nord, un peu plus au sud, la lente respiration des moussons parvient à ébranler un peu d'air, mais ici c'est le calme plat, déchiré presque chaque jour par des pluies torrentielles. L'atmosphère est moite, gluante d'humidité. Si ces îles ne recelaient pas le plus grand trésor de la terre, personne n'y viendrait, sûrement.

Entassés dans un coin, les “effets de traite” - des tissus, des outils, quelques mauvaises armes - moisissent à vue d'œil. À l'entrée de sa hutte, ruisselant de transpiration, Jean Mathieu Simon Provost voit le moment où il moisira lui aussi.

La case est pourtant bien conçue, vaste et aérée. Murs

de bambou et toit de palme sont un bon abri contre le soleil. Mais rien ne protège de la touffeur, ni surtout de l'impatience. Et il y a trop longtemps que Provost attend sans bouger.

Le roi de Gebe lui a fait dresser, pour qu'il soit plus à l'aise, cette maison presque aussi grande que la sienne. Il n'en a coûté que deux jours de travail à quarante gaillards nus aux muscles saillants : la construction était aussi une démonstration de force. Provost se demande, les jours comme aujourd'hui où l'attente se fait trop lourde, si ces effets d'épaules étaient vraiment aussi amicaux que le lui affirmait le roi.

Le roi se dit son frère, l'allié éternel de la France ! Mais on a peine, quand on est un monsieur en jaquette - et même si celle-ci, pour cause de chaleur, repose sur un coin de coffre - à se sentir vraiment frère d'un chef de tribu à peine plus habillé que ses sujets, arborant les mêmes cicatrices rituelles et dont le "palais" s'orne de chapelets de têtes coupées parmi lesquelles, sous le boucanage, il semble bien se reconnaître quelques chefs de blancs.

Provost se méfie instinctivement de cette alliance et des démonstrations qui l'accompagnent : il a suffisamment écumé toutes les mers connues pour savoir que les indigènes, comme tout le monde, ont leurs ruses et leurs traîtrises et que pour s'être trop fiés à leurs sourires, certains capitaines ont fini massacrés. Ou torturés. Ou dégustés jusqu'à la moelle du dernier os...

Dans la baie se balance, cachée du large par un îlot qui abrite le port, *L'Isle de France,* la belle frégate.

Provost sait que son ami et compatriote breton,

Le Borgne de Coëtivy, est à bord, vigilant, qu'il a désigné des sentinelles pour surveiller à la fois la mer et le rivage, qu'on recharge régulièrement les canons de poudre sèche. Mais les hommes sont épuisés par neuf mois de lente navigation, de brises molles et de tension nerveuse.

Ajoutez à cela les ravages du scorbut, qui a frappé malgré les vivres frais embarqués à Manille. S'il ne faisait que déchausser les dents... Mais il ronge les membres et les reins, provoque mille plaies purulentes, d'où suintent la vie et la force. Non, l'équipage de *L'Isle de France* n'est plus que l'ombre de lui-même et en cas de traîtrise...

Les habitants de Gebe, à dire vrai, ne justifient pas tous ces soupçons et se montrent des plus aimables. D'ailleurs, si Jean Mathieu Simon n'était fidèle à Mme Provost, qui l'attend une fois de plus en leur "campagne" de l'Ile de France avec les enfants, il aurait pu expérimenter l'hospitalité des dames du cru et les grains comparés d'une peau noire et d'une peau blanche. Mais tout ceci était bon du temps où il n'était qu'un modeste écrivain de marine, témoin de grandes découvertes et non acteur de celles-ci. Aujourd'hui, par la grâce de Dieu et de l'intendant Poivre, il est chef de mission et tous les regards sont braqués sur lui. Alors il se contente de jeter quelques œillades en coin sur la plastique luisante des jeunes filles qui viennent le servir et rêve au temps jadis, où il avait plus de droits et moins d'obligations.

D'ailleurs il n'a plus la santé. À quarante-trois ans, au XVIIIe siècle, on est vieux. On a même de la chance d'être encore vivant, quand on a choisi - mais est-ce vraiment un choix pour un Breton ? - d'être marin. Provost sent bien que son corps s'use. Il a été très malade à son dernier voyage et aurait peut-être trépassé s'il n'y avait eu les épices pour le requinquer soudain. Il aspire au repos...

Mais le grand M. Poivre, le précurseur, le maître, a si gentiment insisté ! Il le lui a bien dit : l'avenir de l'Ile de France, la plus belle colonie du roi Louis, repose sur ses épaules, à lui, Provost ! Lui seul connaît les rois rebelles des Moluques, lui seul parle le malais, lui seul saura identifier à coup sûr girofliers et muscadiers, puisqu'il en a déjà rapporté.

Girofle et muscade : les deux denrées les plus précieuses de la planète. Presque aussi riches que l'or ou les gemmes et surtout beaucoup plus rares. On disait jadis que ces deux épices provenaient tout droit du paradis terrestre. Provost sourit : est-ce vraiment ce qui reste du paradis, ces Moluques aux guerriers farouches, visages peints de terre, corps zébrés de cicatrices, dents aiguës de fauves ? Les têtes momifiées à l'entrée des villages (grâce notamment aux fameux aromates...) montrent que la chaleur de l'air et du sang ont depuis longtemps effacé la grâce des temps anciens, si elle a existé un jour. Mais paradis perdu ou pas, c'est là que poussent le girofle et la muscade, et nulle part ailleurs.

Les Hollandais, moins rapides que d'autres mais plus malins, plus entêtés aussi, ont su mettre le grappin sur ce petit chapelet d'îles où naissent les “épiceries”. Ils ont évincé les Portugais et se sont accrochés à leur nouvelle conquête. Et cela fait deux siècles qu'ils font suer au territoire les arômes ineffables qui se transforment, à l'autre bout du monde, en tas de belles piastres jaunes. Deux siècles qu'ils tiennent les Moluques dans un étau de fer, que le paradis travaille pour eux.

Provost a peine à croire qu'il est là, lui, petit employé de la Compagnie des Indes, elle-même minuscule société comparée à la colossale compagnie hollandaise, en plein cœur du dispositif adverse, exactement dans le coffre au trésor.

C'est que l'étau s'est révélé, de près, filet aux larges mailles. Encore a-t-il fallu l'approcher, déjouer surveillances, traîtrises et surtout légendes effrayantes. Cela a été l'affaire des éclaireurs, Poivre et quelques autres.

Poivre surtout, qui a tant donné... Provost aimerait lui rapporter les épices qu'il attend, lui offrir cette ultime joie : il sait que l'intendant est fatigué, que l'âge, les voyages et les intrigues l'ont voûté ces derniers temps ; que, lassé des incessantes chamailleries avec le gouverneur général, il a demandé son rappel en France. Ah, lui rapporter, avant cela, le cadeau qu'il réclame, la certitude que l'Ile de France ne manquera jamais d'épices !

Hélas ! Bagousk ne revient pas. Le “grand prêtre de la loi de Patanie” a pourtant promis de rapporter des plants et des graines. C'est lui qui en avait trouvé, la dernière fois, et il n'y a pas de raison pour qu'il ait trahi. Mais voici deux semaines qu'il est parti et l'on n'a pas de nouvelles.

Pire : il y a quatre jours est arrivé un chef indigène, sur une pirogue toute chamarrée, qui se disait roi de Maba et chef de Bagousk. Ce petit potentat boursouflé de suffisance a fait toutes sortes de manières pour descendre à terre, exigeant que les troupes lui rendissent les honneurs comme à un empereur. Provost, diplomate, a essayé de l'accueillir au mieux, tout en gardant la face. Il sait à quel point les questions d'orgueil comptent en ces discussions.

L'homme l'a pris de haut, expliquant dans un charabia de dialecte local et de malais que, Bagousk étant revenu chargé de présents, il l'avait soupçonné de quelque vilenie et l'avait fait mettre aux fers.

— Mais non, s'est emporté Provost : c'étaient des cadeaux d'amitié ! Je voulais qu'il me rapporte des épices !

Bagousk en prison, tout le plan s'effondre : les chefs de Pulo Moar, autres voisins, n'ont rien trouvé malgré leur bonne volonté et la corvette *Le Nécessaire*, capitaine Condé, second bateau de l'expédition, est revenue bredouille d'une tournée dans les environs. La seule information qu'on ait rapportée est de sinistre augure : les Hollandais, avisés de la présence de bateaux français, sont en train d'armer une flotte...

Face à son visiteur, Provost s'est forcé à sourire, à demander poliment la libération de Bagousk sur qui tout repose, à promettre de riches récompenses si des épices lui parvenaient.

— Mais vite ! Il faut faire vite !

L'indigène a hoché vaguement la tête. La notion d'urgence n'appartient pas à son monde. La convoitise, si : louchant du côté des “effets de traite”, il a eu l'audace de demander une avance sur sa commission. Mais Provost l'a reconduit fermement à la porte de sa case : les girofliers d'abord, après on verra.

Depuis, l'ex-écrivain de la Compagnie se consume d'inquiétude. Faut-il rester à terre ? Faut-il monter à bord de *L'Isle de France* où trépigne Coëtivy ? La rumeur hollandaise se fait de plus en plus précise. Toute la chaîne des roitelets locaux, pas fâchés de secouer un peu le joug batave, transmet les nouvelles, des chefs de Gilolo à “l'empereur” de Salvaly en passant par le “roi” de Patanie et le “prince” de Lidor. On apprend qu'un “armement considérable” est en cours, qu'il y a plusieurs grands vaisseaux et des centaines d'hommes. L'empereur de Salvaly a même promis son soutien : il offre trois mille de ses plus valeureux guerriers à la France si celle-ci accepte de le soutenir dans sa révolte. Il est allé jusqu'à envoyer un ambassadeur à Provost, pour l'inviter, lui et les siens, à quitter Gebe, à venir plutôt à Salvaly (Salawati) *“où il y a un bon port, où l'on trouvera beaucoup de tortues, de l'or, des perles et des gens civilisés qui ne ressemblent pas du tout aux habitants des îles voisines...”*

Charmante publicité ! Le roi de Gebe en a eu écho, sans doute. Il est en principe vassal de Salvaly et n'a rien dit. Mais que cache sa face impassible ? Provost s'est tiré de ce dilemme en envoyant, avec ses remerciements, un riche présent à son puissant allié : il n'a pas envie de vexer son hôte ni de s'embarquer dans une guerre coloniale. Tout ce qu'il veut, ce sont ses épices et rentrer. Mais ne risque-t-il pas, en attendant trop, de se faire prendre au piège ? Aux Moluques, les voleurs d'épices sont jugés comme espions et pirates et Jean Mathieu Simon Provost, bon père de famille et pressé de prendre sa retraite n'a pas envie de se balancer à une haute vergue ou de terminer son existence dans les puantes geôles de Batavia...

Soudain un murmure dans l'air immobile, qui n'est pas celui de la mer. Des hommes s'agitent dans le village, une sentinelle s'époumone au haut de la colline. Provost entend aussi l'appel de la vigie, à bord de *L'Isle de France*.

Oubliées d'un seul coup les trois semaines d'attente, la touffeur ambiante et la lourdeur du corps : si ce sont les Hollandais, il fera autrement chaud tout à l'heure !

Provost observe la frégate à l'ancre et ses voiles ferlées ; immobilisée dans la baie, elle est aussi impuissante qu'un renard pris au piège, malgré la gueule menaçante de ses canons. Si jamais ce sont les Hollandais…

On crie et on court dans le village tandis que s'accentue le roulement qui agite la mer, de l'autre côté de la pointe. Provost essaie de se rassurer en observant qu'il n'y a pas plus d'armes que d'habitude au bras des guerriers, que des femmes et des enfants se mêlent à la foule en cordon sur la grève.

Il voudrait bien interroger un habitant, mais ceux-ci braillent leur excitation en langue locale, et n'ont pas l'air d'entendre les questions en malais que leur pose Provost. Quant aux maîtres de l'île, le roi et toute sa suite, ils sont invisibles.

Mais déjà le bruit se transforme en vacarme, où se distinguent des mugissements rythmés, des cliquetis, le craquement de quelques armes à feu.

Et, juste au moment où surgit, dans le dos de Provost, le roi de Gebe en habit de grande fête, emplumé de la tête aux pieds et portant ses armes d'apparat, le tintamarre franchit le promontoire et montre son visage.

Une pirogue, puis une autre, et une autre encore.

Ce ne sont pas de ces pirogues ordinaires comme il y en sur le rivage, mais des géantes de la mer : certaines sont aussi longues qu'une corvette ! Nées de quelque arbre mythique, aussi vieux peut-être que le paradis terrestre, elles portent jusqu'à quatre cents rameurs, en trois rangs, les propulsent à une allure folle, au son barbare des cymbales et des buccins, dans un cri balancé qui est un mélange de gémissement de souffrance et de hurlement de guerre.

Et il y en a trente-sept comme cela, arborant à leur étrave des pierriers et des couleuvrines, qui se mettent maintenant à tonner dans un fracas de fin du monde.
Si c'étaient les Hollandais...

En un éclair, les embarcations sont parvenues à la hauteur de *L'Isle de France*.
Qu'elle paraît médiocre, la puissance de l'Occident, face à ce déferlement sauvage ! Un instant de plus, un geste du chef, droit comme un pieu à la pointe de la plus immense des embarcations, et deux mille hommes recouvriraient la frégate de leur marée brune, n'en déplaise aux pièces de huit de Monsieur de Coëtivy.
Mais ce ne sont pas les Hollandais. C'est le roi de Maba - le vrai, pas ce fantoche de la semaine dernière - qui arrive. Avec Bagousk. Et les épices !
Maintenant que les pirogues approchent, en leur furieuse régate, Provost aperçoit son ami le grand prêtre qui fait des signes. Il lorgne surtout les paniers de palmes tressées qui s'entassent haut dans les bateaux. Il imagine les lits de graines proprement allongées dans la terre meuble. Muscade ? Girofle ? Pourvu qu'il y ait des deux... Pourvu surtout qu'il y ait du girofle, car le clou, ce fameux clou parfumé qui se revend si cher, n'est qu'une fleur séchée : pour avoir des graines de giroflier, ou des plants, il n'y a pas d'autre solution qu'aller les voler à l'unique endroit où ils poussent. Non, s'il n'y a pas de girofle, ce ne sera qu'une demi réussite !

Mais il voit tout-à-coup, dépassant du plat-bord des pirogues, des touffes vertes agitées par le vent de la course. Des arbustes, des dizaines, des centaines d’arbustes, qui font comme une petite forêt glissant sur la mer !

À la couleur de leur feuillage, au port de leurs branches, il les reconnaît.

Alors, enfin libéré de sa longue attente, et tandis que les canons de la frégate répondent en salves au salut martial du roi de Maba, Jean Mathieu Simon Provost, ex-écrivain de la Compagnie des Indes et missionnaire de l'intendant Poivre, contemple de ses yeux brouillés de larmes le défilé marin de ses girofliers.

PREMIÈRE PARTIE

TOUS LES PARFUMS DU PARADIS

1

Le temps des légendes

Les émotions de Provost ne sont qu'une péripétie - décisive cependant - de cette longue et magique histoire qui a porté les hommes aux quatre vents du globe et parfumé d'un relent d'épices la plupart des grandes découvertes.

Ces aventureux épisodes sont bien oubliés de nos jours, où les aromates rares et vulgaires s'alignent bêtement en ordre alphabétique au rayon des supermarchés, dans leurs flacons de verre qu'aucune senteur ne parvient à traverser.

Nul ne sait plus, en émiettant la cannelle, en râpant la muscade, en piquant ses viandes de girofle, les siècles de courage, d'inconscience parfois, les batailles et les traîtrises, toute la somme de grandeur et de noirceur humaines qu'il a fallu pour en capter les envoûtements.

Les épices sont devenues denrée banale, ne sont plus les “espèces rares” de jadis. Et qui devinerait, à les voir ainsi transformées en maigre aumône agricole pour le tiers-monde, qu'elles ont valu plus que l'or, qu'elles ont été monnaie ?

Que demande le Wisigoth Alaric après le sac de Rome, en l'an 410 ? Trois mille livres de poivre.

Que paient au XIIe siècle les infidèles, sujets de Saint-Jean-d'Acre, à leurs suzerains croisés ? Des impôts en noix de muscade, que les caravanes venues d'Orient débarquent là depuis l'aube des temps.

Que promet, trois siècles plus tard, le Génois Colomb aux rois de Portugal, d'Espagne, de France, d'Angleterre ? De leur ouvrir, s'ils lui en donnent les moyens, la route "vers le pays où croissent les épices". Au retour, d'ailleurs, il rapporte à son commanditaire espagnol quelques brins végétaux qu'il a pris pour des muscadiers, promet qu'au prochain voyage, il atteindra l'Ophir de Salomon, *"où il y a épices, or, métal, esclaves, rhubarbe, cannelle, résine et mille autres choses de grande valeur"*. Rien d'étonnant à ce que le pays soit aussi prometteur, puisque Hispaniola est supposée être l'antichambre du paradis terrestre...

Des essences aussi fabuleuses que les épices, on se le murmure depuis toujours, ne peuvent en effet provenir d'un terroir ordinaire : on trouvera tout ensemble, les aromates et les gemmes, l'or et l'Éden perdu ! Et ainsi sera-t-il prouvé au monde entier que l'on adorait le vrai Dieu.

L'ennui est que l'Éden se trouve chez les païens. Qu'importe, on portera la croix devant soi ; même si c'est pour en asséner de grands coups sur le crâne des réfractaires...

Aurait-on la même ferveur si l'on savait que le paradis n'est pas si paradisiaque ? On peut supposer que oui : les questions de foi deviennent secondaires quand elles se mêlent à des questions d'argent.

Quant aux habitants de "l'Éden", veinards occupants du Levant parfumé, des Moluques et de Sumatra, de Birmanie et des Indes, ils ne sauront jamais leur chance ni la vraie valeur des plantes qui poussent si généreusement chez eux. Leurs visiteurs marins ou caravaniers, qui se chargent d'exporter myrrhe et cannelle, poivre, safran, muscade, baumes, encens, se gardent bien de les tirer de leur ignorance néolithique : c'est l'éternelle histoire du producteur mal payé.

Pour que les consommateurs ne sachent pas non plus à quel point certaines épices sont abondantes, les mêmes intermédiaires gardent un épais secret sur leurs sources et les routes d'approvisionnement.

Long mystère : il tiendra plus de cinq mille ans.

Il est vraisemblable que la mode des épices est née d'abord en Mésopotamie, du lent trafic des caravanes venues de l'Est inculte et mystérieux. Elles sont remontées petit à petit, poussant à chaque voyage leur avance vers le Couchant ; et un jour, elles sont arrivées là, dans les vallées fertiles, après avoir traversé la moitié du monde. Et les Princes surpris ont découvert dans leurs couffins des feuilles et des graines, des morceaux d'écorce, des poudres vieilles de cinq ans, passées, éventées, parfois carrément pourries, mais qui gardaient en elles l'incomparable arôme qui n'existait nulle part, et dont on pensa tout de suite qu'il était don des dieux, à rendre aux dieux.

Car les temples furent le premier aboutissement de la myrrhe et de l'encens, de la cannelle et du girofle. Leur fumée enivrante s'éleva vers le ciel, avant même que fussent dressées les colonnes d'Akkad et de Sumer, de Thèbes et de Karnak. On brûlait de l'encens, qui venait de moins loin, assorti de quelques essences rares, qui rendaient son parfum inimitable et son prix fabuleux.

Dès les temps anciens, l'encens fut fortement associé aux épices. C'est qu'on le parfumait, qu'on assaisonnait - qu'on assaisonne toujours - la résine ou la poudre de l'arbre avec du camphre, de la muscade, de la cannelle, de la cardamome, du patchouli, du jasmin...

La vallée de l'Euphrate et du Tigre avait la chance de

se trouver juste sur le passage de ces denrées. La Mésopotamie restera d'ailleurs pendant quarante siècles la plaque tournante des épices, des gemmes et des métaux rares venus de l'Orient par la “route du Nord”, celle des caravanes.

Les précieuses marchandises qui y parviennent ont d'abord parcouru l'arc indonésien, de pirogues en jonques, jusqu'à l'Inde. De là, bovins, chevaux et chameaux ont pris le relais. Vallée du Gange, vallée de l'Indus... S'ajoutent au flot d'autres essences, produites par l'Inde elle-même, par Ceylan : myrrhe, cardamome, cannelle, enrichissent les ballots déjà infiniment précieux de poivre, de girofle et de muscade.

De la vallée de l'Indus, il n'est que de rares goulets vers l'Ouest, à travers les chaînes montagneuses : l'écot prélevé par les maîtres des cols de Gandhara - l'actuel Afghanistan - comptera largement dans le prix final des épices, presque autant que les gros bénéfices des marchands assez fous pour financer une caravane, assez heureux pour la voir arriver à bon port.

Passée l'épreuve afghane, il y a autant de voies que de vallées vers l'Ouest, qui mènent à la Caspienne où en Mésopotamie. Les longues files arrivent enfin, marquées par les mois de voyage comme les coques de navires le sont par les tempêtes, à Rey (l'actuelle Téhéran), à Ectabane, Suse ou Babylone.

Retenons bien cette route : dès que la Méditerranée se sera ouverte à la civilisation et jusqu'à ce que les navigateurs européens apprennent à faire le tour de l'Afrique, c'est-à-dire pendant près de quatre mille ans, le circuit se perpétuera, de la Caspienne vers la mer Noire, de l'Euphrate vers la côte du Liban. Levantins et Phéniciens, les maîtres des ports, puis après eux les

Grecs et la Byzance chrétienne, les califes de Bagdad, les sultans de Constantinople, du Caire ou d'Alexandrie bâtiront leurs fortunes sur le trafic d'Orient.

Car les pistes sont éternelles, qui voient passer les mêmes chapelets d'animaux aux paniers débordants, trébucher pendant quarante siècles les mêmes hommes voilés aux mêmes roches pointues, se perpétrer aux cols les mêmes embuscades, se négocier les mêmes pactoles aux marchés des villes d'étapes, se payer les mêmes pharamineux impôts aux seigneurs des châteaux...

Il est une seconde route, du Sud, moins fameuse, mais dont la Perse est encore un des aboutissements. Le roulis des chébecs y remplace celui des chameaux, le désert marin remplace les déserts de sable en cette autre aventure qui mène le long des côtes et parfois au large, des Indes jusqu'au golfe Persique, jusqu'à la mer Rouge, jusqu'à la péninsule arabique. Les débouchés sont à peu près les mêmes, sauf qu'il faut ajouter la vallée du Nil aux voies finales du transit.

Le prix des deux routes, en temps, en argent, en vies humaines, est équivalent, qu'on trottine là-haut ou qu'on tangue là-bas. Peut-être une dose d'inconnu un peu plus forte pour les premiers navigateurs de l'océan Indien : de la “mer des épices”, on ne connaît pas les limites, et l'imagination des marins la hante de mille monstres. Mais dans la balance du destin, les traîtrises du vent sur les sillages du Sud ne pèsent ni plus ni moins que les traîtrises des hommes sur les pistes du Nord : quel que soit le chemin, il faut payer le passage.

Aux usages sacrés, les Anciens ajoutent bientôt d'autres applications aux précieuses denrées qui leur parviennent de si loin : essences des dieux, les épices deviennent vite essences des maîtres. Il est de bon ton d'en saupoudrer ses mets, de colorer les plats de fête d'une pincée de safran ; ou, si l'on n'a pas les moyens, de poudre de curcuma qui a presque la même couleur mais sûrement pas le même goût. Les épices deviennent peu à peu des signes extérieurs de richesse ; voici venu le temps où on les exigera en impôts... et en rançon.

La mode se fait d'autant plus ardente qu'on a vite découvert que les épices n'étaient pas de vulgaires plantes. Le clou de girofle par exemple : il n'est pas de meilleur antiseptique. Il faudra attendre le XXe siècle pour qu'un chirurgien américain, Briggs, isole l'essence de girofle et expérimente ses vertus germicides (les médecins et dentistes modernes en font toujours grand usage). Mais les empiriques de l'Antiquité n'ont pas eu besoin de microscope ni de cornue pour découvrir que le clou mâché tue le mal de dents, ce fléau de l'époque, qu'il limite l'infection des plaies ouvertes, qu'il conserve aussi les viandes crues ou cuites.

De même la cannelle, elle aussi antimicrobienne - comme la plupart des épices - et qui en outre fluidifie le sang, tonifie l'organisme, rend paraît-il à l'homme et à la femme leur vigueur sexuelle.

Le gingembre partage cette émoustillante réputation, et à plus faibles doses ; par-dessus le marché, il fait digérer. Ajoutons à la pharmacopée des stimulants le poivre et le piment, ce dernier bourré de vitamine C.

Le safran est à la fois un apéritif et un digestif, vertus que partage son concurrent plus modeste le curcuma ; ce dernier aurait en outre le pouvoir de dissoudre les calculs biliaires. La cardamome au goût si vif est également radicale contre les ballonnements d'estomac. Quant à la précieuse muscade, elle aide à la digestion des plats lourds et régularise les cycles féminins capricieux.

Bref, tout ce petit monde végétal s'avère bientôt indispensable en ces deux lieux auxquels l'homme accorde tant d'importance : la table et le lit.

Les épices ont aussi des qualités antiputrides qui les font bientôt adopter pour la conservation de viandes un peu spéciales : la chair des grands de ce monde qu'on ne peut pas laisser, c'est sûr, redevenir poussière comme celle des humains ordinaires.

On sait ce que fut l'embaumement dans la civilisation égyptienne ; les épices y jouaient le premier rôle. D'autres civilisations reprirent la coutume, quand Thèbes sombra sous les invasions. Néron s'offrit le luxe de brûler, pour les funérailles de son épouse Poppée, l'équivalent d'un an de la production d'encens de toute la péninsule arabique ! Quant à l'écrivain romain Perse, il fait allusion, dans ses *Satires*, à une mode qui avait contaminé toute l'élite de l'empire :

“Ton héritier, furieux de voir rogner son héritage, lésinera sur le repas de tes funérailles ; en mettant dans l'urne tes os mal embaumés, il se souciera peu de savoir si le cinnamome est suffisamment parfumé, si la cannelle n'est pas falsifiée par un mélange d'écorce de cerisier…”

Pour bien mesurer la valeur des épices, il faut encore ajouter à ce palmarès déjà impressionnant quelques vertus magiques, réelles ou supposées, qui leur font rejoindre le cinabre et le vif-argent dans la pharmacopée des sorciers et rebouteux de tout poil, et de solides légendes qui confirment leur sceau divin.

Relisons le *Cantique des Cantiques*, dont l'auteur

inconnu versifie avec tant de grâce, cinq siècles avant notre ère :

D'ici que le roi soit à son enclos,
Mon nard donne sa senteur.
Mon chéri est pour moi un sachet de myrrhe:
Entre mes seins, il passe la nuit...

Le nard et la myrrhe venus d'Orient sont donc aussi enivrants que l'amour. Et la Bible en chante les louanges.

Il est vrai que les Hébreux ont toutes les raisons de perpétuer la magie végétale : de leurs origines araméennes, ils ont gardé le souvenir des grandes caravanes, des temples parfumés et des plats relevés de Mésopotamie. Leur passage en Égypte n'a pu que les consolider dans leurs goûts : le peuple de Moïse s'y trouvait encore quand Ramsès II, treize siècles avant notre ère, a décidé de rapprocher son pays de la “mer des épices”, en faisant creuser un canal entre le Nil et la mer Rouge (seules les remarques de ses astronomes, faisant constater que la vallée est beaucoup plus basse que la mer, firent cesser les travaux).

Digne aussi du cinémascope - qui l'a d'ailleurs reconstituée - est la plus grande caravane de tous les temps, que l’on voit arriver dans Jérusalem pavoisée, vers l'an 950 avant Jésus-Christ. Le roi de l'époque est Salomon, fils de David. Il a conforté le rassemblement national entamé par son père et fait d'Israël une puissance avec laquelle les voisins égyptiens et assyriens doivent (pour l'heure) compter. Le rayonnement de sa sagesse et la pureté de son adoration pour un dieu unique ont porté leur écho par-delà les montagnes et les fleuves, loin, très loin. Et voici que, surgis des déserts d'Afrique à deux mille kilomètres de là, arrivent la beauté, la richesse...

Et les épices.

Elle vient de loin la reine de Saba, du mystérieux pays qui se trouve bien au-delà des cataractes du Nil, plus loin encore que la Nubie. Sa capitale se trouve quelque part dans les environs de l'actuelle Khartoum. Elle reçoit l'or par d'autres caravanes, de toute l'Afrique, produit de l'encens dont l'arbre pousse comme mauvaise graine sur ses terres arides, et accueille en ses ports de la mer Rouge les audacieux bateaux venus de l'Est lointain et chargés d'aromates.

Les cinéastes modernes ont inventé un physique séduisant à la reine de Saba et quelque exotique aventure - Éthiopienne et parfumée, elle avait tout pour plaire... - entre la visiteuse et son resplendissant hôte.

La Bible ne s'attarde pas sur ces détails. Elle insiste en revanche sur l'essentiel de l'événement, aux yeux des Hébreux sidérés : l'incalculable richesse du convoi royal. "

Elle arriva à Jérusalem avec une suite très imposante, avec des chameaux chargés d'aromates, d'or en grande quantité et de pierres précieuses", lit-on dans le Livre des Rois (1, 10).

Et, plus loin : "*Elle donna au roi cent vingt talents d'or (près de 4 tonnes !), des aromates en très grande quantité, et des pierres précieuses. Il n'arriva plus jamais autant d'aromates qu'en donna la reine de Saba au roi Salomon".*

L'or fit moins impression : cent vingt talents, ce n'était guère que le cinquième de ce qu'engrangeait l'heureux Salomon en une seule année...

Trois mille ans après, on rêve encore de l'immense caravane aux couffins odorants et de la reine lointaine qu'on préfère imaginer belle. Et le souvenir de Saba hantera, avec ceux plus récents de Marco Polo, l'imagination des voyageurs du XVe siècle, partis voir ailleurs s'il y a vraiment un autre monde.

Il faut d'ailleurs voir plus qu'une coïncidence dans le fait qu'on situe dans la même mystérieuse Éthiopie l'empire du Prêtre Jean dont on parlera beaucoup au Moyen Age, et celui d'un des Mages venus adorer l'enfant Jésus : même s'il n'en reste plus grand-chose aujourd'hui, la Corne de l'Afrique fut une des clés de la richesse mondiale.

Tout le monde sait par cœur ce que les Mages ont apporté à la grotte de Bethléem : or, encens et myrrhe. Retenons : on n'offre pas des gemmes à l'enfant dieu mais des essences rares ; encore un rappel de leur époustouflante valeur.

Jésus lui-même se fera agent publicitaire des épices, si on en croit du moins l'Évangile arabe de l'Enfance (Apocryphes, 24) :

"Ils vinrent ensuite à un sycomore que l'on appelle aujourd'hui Matarea, et le Seigneur Jésus fit jaillir à cet endroit une fontaine où Marie lava sa tunique. Et le baume que produit ce pays vient de la sueur qui coula des membres de Jésus".

La légende ayant situé le bosquet sacré sur la rive droite du Nil, non loin du Caire, un astucieux sultan eut un jour l'idée de le cerner d'une barrière renforcée de quelques sentinelles et de faire payer ceux qui venaient récolter la résine : un monopole de plus était né.

Un temps allait venir pourtant où les hommes devenus plus forts et plus aventureux, ou ayant tout simplement inventé de meilleurs bateaux, auraient envie de briser les monopoles, de remonter le courant, d'aller chercher pour eux-mêmes la source des épices.

2

Les premiers explorateurs

Apanage des dieux et des rois, des nobles et des puissants, les épices se transforment en or à chaque transaction de leur long périple. Le prix et la rareté les ont différenciées en épices rares (essentiellement la cannelle, la muscade, le girofle, le poivre) et en condiments, plus accessibles. Chacun, bien sûr, aimerait s'approprier la plus grosse part possible des unes et des autres.

Si les Mésopotamiens et leurs successeurs perses et hellènes ont peu d'efforts à faire, se trouvant sur la route de l'Orient, les autres peuples doivent faire preuve de plus d'ambition pour conquérir leur place dans le fructueux commerce.

Les Égyptiens, à l'apogée de leur puissance, organisent une expédition vers le “Pays de l'Encens” (l'Éthiopie, encore, et la Somalie) dont la trace reste gravée dans un temple de la Vallée des Rois. Mais ils ne parviendront jamais à être autre chose que des clients sur la route des épices. Il faudra attendre l'époque hellénistique pour que le nouveau port d'Alexandrie devienne, en concurrence avec Byzance et la côte phénicienne, un des plus riches débouchés de l'Orient sur la Méditerranée.

Ainsi s'écoulèrent vingt siècles. Memphis et Babylone, les Hittites et les Mycéniens, la Phénicie et Carthage, la Grèce archaïque et la Perse, le vieil empire romain embaumèrent leurs cieux, leur cuisine et leurs cadavres sans jamais avoir les moyens techniques ou militaires de remonter à la source des épices. Alexandre seul, en touchant à l'Inde, put approcher le paradis. Mais Alexandre dura peu.

Au fil du temps cependant s'amélioraient bateaux et marins : les batailles navales ont aussi cet avantage. Et vint une époque où, pour quelque temps libérés des guerres, des révoltes et des famines, des hommes se dirent qu'il serait peut-être intéressant d'aller voir par soi-même...

Ce genre d'événement, disons-le tout de suite, est fort rare. En quatre mille ans, l'Occident n'enverra que trois vagues vers l'Est : à l'apogée de l'empire romain, à l'apogée de l'empire arabe et à la Renaissance, qui est aussi un apogée militaire, technique et culturel pour l'Europe sortie du Moyen Age.

Car on ne peut gambader de par le monde à la chasse aux chimères que quand les choses sont à peu près stables chez soi.

La vision européenne de l'histoire ne doit pas faire oublier qu'à l'autre bout de la planète, d'autres hommes cherchaient aussi à savoir : les Chinois furent de fameux navigateurs. Mais la menace des steppes bloquera leur élan vers l'Ouest : seule la paix intérieure permet d'aller loin...

Le point commun entre les trois grandes vagues d'exploration occidentales est qu'elles partent toutes de la Méditerranée, bassin d'apprentissage des laboureurs de planète. C'est en ses eaux familières que les grands navigateurs puisent le courage d'aller voir ce qui se passe au-delà de l'horizon.

Il faut en effet une fameuse dose de bravoure pour affronter à la fois l'inconnu, ses épouvantes, et les privilèges de marchands mis en place depuis des millénaires. La vraie voie, quelle que soit l'époque, est maritime : il faudrait conquérir la moitié du monde connu pour se permettre d'instaurer ses propres convois à la place des caravanes du Gange, du Balûchistân et du désert iranien.

Sur la longue route, les privilèges vieux de deux mille ans se défendent à chaque détour de sentier, à chaque col, à chaque gué. Ne passeront jamais par le Nord que des aventuriers isolés. Il faut être Alexandre pour rêver le grand empire qui irait de l'endroit où l'on récolte à celui où l'on consomme ; mais on sait ce que coûtent les Alexandre.

Les marchands ont une autre manière de grignoter le monde. Ils doivent remplacer par l'astuce la puissance qu'ils n'ont pas. Et l'astuce consistera, quelle que soit la “vague vers l'Orient”, à contourner par le Sud le blocus des cols et des déserts, des vallées et des gués.

Au sud il y a la mer, qui appartient à chacun osant la chevaucher - et d'abord au vent, aux dieux et aux fantômes. Mais ses montagnes et ses déserts sont mouvants, mais ses eaux et ses humeurs sont insondables et l'on craint plus les traîtrises que l'on imagine que celles que l'on connaît. Ajoutons à cela que les bateaux antiques sont taillés pour des routes plus, courtes, qu'aucun instrument de navigation n'existe et que l'audace des navigateurs méditerranéens s'est toujours appuyée sur la science de quelque prédécesseur. C'est une courageuse expédition que de piquer droit de la Crète à Alexandrie ; mais c'est un exploit surhumain que de se risquer du Bâb el-Mandeb jusqu'à la côte de l'Inde, à travers le grand inconnu.

Saluons donc à sa juste valeur la prouesse de cet

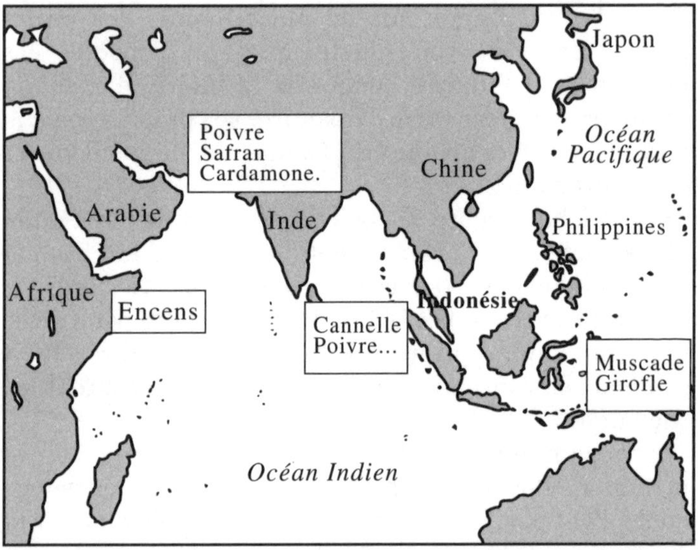

Les richesses de l'Orient. S'y ajoutent l'ivoire et les esclaves de l'Afrique, la soie de Chine, les pierres précieuses de l'Inde et de Ceylan...

Un marché qui explique que, dès l'Antiquité, des routes commerciales se soient organisées, que ce soit par terre ou par mer.

Hippalus - un Grec, évidemment - qui, en l'an 47 de notre ère, défia le premier le grand océan en cinglant en ligne directe des bouches de la mer Rouge jusqu'à l'Inde : il se déroulera quinze siècles avant que l'Europe ose la rééditer !

Une voie est ouverte, qui restera prospère. Les successeurs d'Hippalus n'ont pas tous son courage (ou son inconscience) et cabotent plus prudemment en vue des côtes d'Arabie et du Pakistan, mais de plus en plus de bateaux passent le bien nommé “cap des Aromates” (cap Gardafui), accostent à l'antique pays de Shaba (Saba, toujours elle), piquent plein est vers le nouveau pays de l'Encens et celui du Santal (les satrapies de l'Inde du Nord). Il se trouve même des équipages suffisamment fous - mélanges de Grecs, de Phéniciens, d’Égyptiens - pour aller jusqu'à Taprobane (Ceylan). Ils en laisseront des récits enthousiastes, qui feront beaucoup sourire la postérité : ces Anciens, tout de même, quelle imagination !

Car bientôt, la grande veine voyageuse se tarit. Rome, après avoir dévoré la Grèce et la Phénicie commerçantes, centralise ses appétits sur le bassin méditerranéen. Elle a pourtant besoin d'épices. Souvenons-nous de Perse, cité plus haut, des orgies chez les riches sénateurs, où les plats doivent avoir la teinte jaune du safran et où l'on ne boit pas de vin qui n'ait été parfumé d'aromates. Souvenons-nous de cette autre orgie d'épices que le barbare Alaric fit dans la capitale pillée. Mais Rome est un peu comme le pingre décrit par Perse : les griffes trop repliées sur son bassin méditerranéen, elle oublie le vent du large qui est aussi celui de l'avenir.

Quand l'empire s'écroule, il y a longtemps qu'on ne

parle plus des grandes navigations européennes. Même les Romains d'Orient, maîtres ès épices, se contenteront d'acheter et de revendre ce qui leur parvient par la mer Noire. Il est vrai que cela leur rapporte suffisamment... Jusqu'à la conquête arabe et même au-delà, Constantinople et Alexandrie abriteront les plus riches bazars du monde, et les plus parfumés.

Mais le rideau sur les routes d'ailleurs, légèrement entrouvert par les Antiques, est retombé : seuls les Persans et les Arabes, plus proches des pistes et des sources, gardent des lambeaux du grand secret, pour leur usage exclusif évidemment. Leur silence deviendra absolu quand l'Islam aura amalgamé intérêts commerciaux et hégémonie religieuse. Il est vrai que l'exemple vient d'en haut : le Prophète lui-même a été caravanier et sa première épouse, Khadija, possédait un florissant commerce de myrrhe, d'encens et d'épices.

Voici donc venu le temps de la vague musulmane, maintenant que l'Europe se recroqueville dans un Moyen Age tourmenté par ses propres conflits internes et assiégé par les cavaliers au croissant vert. Cette seconde vague vers l'Orient parfumé est d'une autre puissance et d'une autre audace que les explorations antiques. Il est vrai que l'Islam, dans son expansion, s'est très vite approprié des bases de départ privilégiées, sur la côte orientale d'Afrique, dans le golfe Persique et jusqu'au nord de la péninsule indienne. Avec les ports a été conquis l'héritage d'Hippalus et de tous ces hommes qui n'ont jamais vraiment cessé de naviguer d'ouest en est.

L'union de tout cela sous l'étendard du Prophète donne aux Arabes des moyens et une volonté d'expansion inconnus jusqu'alors, dans lesquels la motivation commerciale - et donc la fièvre des épices - n'est pas négligeable, tradition caravanière oblige. L'heure de l'Islam n'en sera que plus longue : elle durera dix siècles.

Ce ne sont donc pas d'aventureux capitaines ou d'intrépides explorateurs qui ouvrent la voie, mais de “simples” marchands. Encore ne faudrait-il pas rabaisser l'épicier de jadis à celui d'aujourd'hui : son fructueux négoce l'oblige à parler plusieurs langues, à défendre les armes à la main marchandises et numéraire, à entreprendre des voyages au long cours dont il n'est pas toujours sûr de revenir...

Vers l'an 800, deux Arabes, marchands donc, Sahiran et Ibn Wahab, poussent si loin leurs investigations qu'ils se retrouvent en Chine. Ils écrivent le récit de leur expédition, qui est le premier contact officiel avec l'Orient extrême ; ce texte, intitulé *Deux voyageurs*, est vraisemblablement à l'origine de la légende de Sindbâd le Marin, telle qu'elle est rapportée dans les *Mille et une nuits* : l'étonnante culture géographique de Sindbâd, qui situe le girofle à Sumatra et l'île du poivre au large de la côte de Malabar, montre qu'une authentique exploration a servi de support à la fiction.

Autre précurseur arabe : AI Beroni Idrisi, de Ceuta, un peu moins commerçant et un peu plus savant, celui-ci, qui fait la moitié du tour du monde et écrit en 1154 une *Récréation de celui qui désire parcourir les pays*. Si tant est qu'on puisse parler de “récréation” à propos de voyages de plusieurs années, où l'on risque cent fois sa vie et dont on ne rentre pas toujours enrichi ; quand on rentre...

Il faudrait encore parler du grand Ibn Battuta qui, au milieu du XIVe siècle, quitte Tanger pour traverser toute l'Afrique, via Tombouctou, jusqu'au cap Gardafui et, de là, cingle jusqu'à l'Inde, visite Delhi, pousse jusqu'à Pékin : à l'heure où les Européens se disputent encore sur la rotondité de la Terre, les Arabes ont depuis longtemps établi la carte du monde connu.

Mais voici venir, doucement puis de plus en plus forte, la troisième et ultime vague, qui va livrer la planète à l'Europe.

Les croisades en sont peut-être la première manifestation. Si peu efficaces soient-elles sur le plan des conquêtes, elles redonnent à la chrétienté longtemps assiégée le goût de l'expansion, de la grande aventure... et des épices. Les rudes seigneurs teutons, français ou anglais redécouvrent à Acre, Damas et Jérusalem la clarté des palais à l'antique, le confort des tapis, les délices de l'eau courante et toutes les séductions d'une civilisation infidèle, sans doute, mais nettement moins crasseuse... Le vieux Moyen Age en sortira tourneboulé, d'autant que sur les cités conquises flotte l'inimitable parfum de la cannelle et du safran.

On rentre avec de nouvelles habitudes, on fait élargir les fenêtres de la maison familiale, on n'accepte plus sur sa peau les étoffes rudes de jadis. Certains gardent même l'habitude de se laver. Et tout le monde veut des aromates dans son assiette, ou dans son hanap.

"Les heures d'hiver sont longues pour qui n'a pas une coupe réchauffée par des épices", dit un poète de l'époque. Un dicton populaire, plus terre-à-terre, lui répond : "Cher comme poivre" ; car c'est en cette denrée rare qu'on a payé les rançons en la lointaine Palestine et qu'on fera bientôt payer les impôts dans le pays de France.

À Londres, à Bruges naissent des guildes de poivriers et d'épiciers, signes d'expansion d'un marché, préfiguration de ce que seront les prochains siècles : comme chez les Arabes, les marchands d'Occident, à travers les compagnies des Indes, seront les initiateurs de la conquête du monde.

La magie des plantes se mêle, dans un bel amalgame à l'antique, à celle des gemmes et des minerais d'Orient. Un encyclopédiste du XIIIe siècle, Barthélémy de Glanvil, écrit que le saphir *"calme la fièvre et les passions cardiaques"*. Il chante avec le même enthousiasme les vertus du girofle : *"Cette épice est excellente pour l'estomac, le foie et le cœur ; elle réconforte le cerveau et guérit des maux de tête... Macérée dans le vin, elle aiguise la vue. Elle guérit l'inflammation des yeux, elle agit contre les faiblesses cardiaques et les maux d'estomac..."*

Pas étonnant que les Vénitiens, nouveaux maîtres avec les Génois du commerce méditerranéen, fassent de ces panacées leur première source de richesse. Pas étonnant non plus qu'ils détournent la quatrième croisade vers l'insolente Constantinople, une alliée pourtant, mais qui ose s'enrichir depuis vingt siècles avec le négoce d'Orient : l'or, les gemmes et les épices comptent plus, dans ces nouveaux raids barbares que sont les croisades, que la croix du Christ. D'ailleurs que rapportent les seigneurs, en plus de leurs glorieuses balafres ? Les noix de muscade et les clous de girofle pillés dans les comptoirs de Judée et du Liban...

Ils ont l'excuse d'avoir reconquis un morceau d'Éden : se trouvant à Alexandrie avec Saint Louis, le sire de Joinville s'est entendu assurer que les épices provenaient tout droit du paradis terrestre. Par un marchand arabe un peu farceur, sans doute...

N'empêche, l'Europe s'est remise à rêver au monde plus beau qui est de l'autre côté de l'horizon et aux ineffables arômes qui en proviennent.

Et elle aura très bientôt les moyens de se les offrir.

3

Le temps des caravelles

L'Occident se relève donc.

Il lui a fallu du temps, après la dislocation du grand empire romain. Il a fallu absorber, digérer les grandes invasions venues du Nord et de l'Est, repousser cette autre invasion venue du Sud, sous le fanion vert de l'Islam. Mais est venue l'heure de la vague inverse, de la grande expansion. Un des flux et reflux de l'Histoire, comme il y en a toujours eu depuis que les hommes sont hommes.

Avec les forces nouvelles reviennent les rêves d'ailleurs. C'est toujours tellement plus beau, ailleurs ! Comme au temps des Grecs et des Phéniciens, dont on relit les textes, des gens se remettent à songer au pays d'Ophir, à celui de l'Encens et même à l'Éden de la Bible, dont il resterait quelques traces derrière l'horizon.

Les croisés sont revenus avec d'étranges histoires. Quelque part en Afrique, au-delà des frontières connues, vivrait un roi de légende qu'on appelle Prêtre Jean et qui est grand chrétien. Un chrétien, derrière la barrière des mahométans ! Si l'on pouvait unir ses propres forces aux siennes, couper en deux le croissant arabe !

L'envie est d'autant plus forte que les Infidèles sont depuis six siècles les intermédiaires obligés pour tout commerce avec l'Orient, dont celui des épices : pas facile d'être forcé de pactiser avec son ennemi, même si les bourses des marchands et des rois s'accommodent sans trop de scrupule de négoce interdit.

Chacun en rajoute sur le Prêtre Jean, patriarche dont on parlera pendant trois siècles. Ainsi le moine Odoric de Pordenone ose-t-il écrire, au risque de filer en enfer pour son gros mensonge, que le lit du Prêtre Jean est *“fait d'un seul saphir bien monté en or”*. Description largement exagérée pour le petit royaume d'Éthiopie, dernier refuge après les invasions arabes des traditions chrétiennes de la Haute Égypte : le maître de Lalibela (près d'Addis-Abeba) n'est sans doute pas pauvre, grâce notamment au transit des marchandises d'Orient, mais de là à posséder un lit en saphir, il y a loin ! Qu'importe : les Européens ne rencontreront jamais le Prêtre Jean…

Mais l'un d'entre eux va donner au vieux mythe les dimensions de la réalité : Marco Polo, maître à rêver de dix générations de navigateurs, va écrire le plus fabuleux récit de voyage de tous les temps.

C'est en fait de toute la famille Polo qu'il faudrait parler : le père et les fils ont séjourné vingt-cinq ans en Chine et en Extrême-Orient. Ils ont connu les fastes du tout nouvel empire mongol, bâti sur les ruines des Song.

Les Polo ne font que succéder, en ces terres lointaines, à d'autres voyageurs, comme le franciscain italien Jean du Plan Carpin, envoyé en 1247 auprès de l'héritier de Gengis Khan, ou cet autre franciscain, Guillaume de Rubroek, un Flamand cette fois, expédié par Louis XI auprès du même personnage en une mission à la fois politique, religieuse et commerciale.

Mais le jeune Marco a la langue plus déliée que les émissaires secrets des chefs d'États ; il l'a même si bien déliée que les lecteurs de son *Livre des Merveilles*, dicté

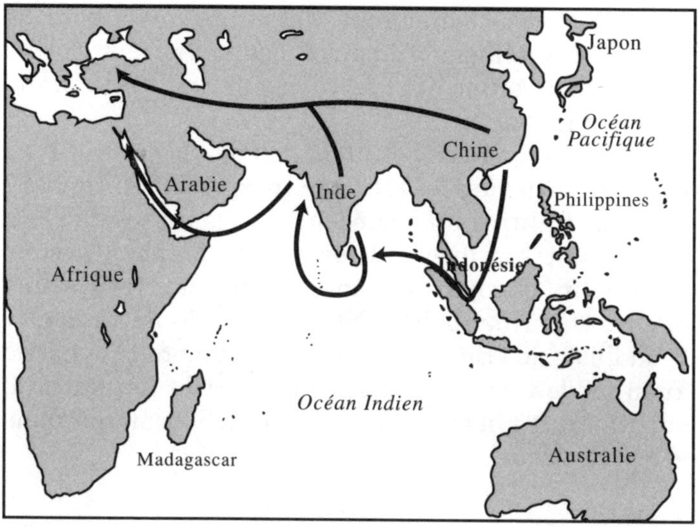

Les deux routes des épices, des matières précieuses et de la soie.

La voie terrestre, apparemment la plus sûre, sera abandonnée dès que les progrès de la navigation auront permis de mieux connaître l'océan Indien.

L'exploration de celui-ci a été très progressive : jusqu'au Xe siècle, les Arabes, plus grands navigateurs de la région, ignoraient tout ce qui se trouvait au-dessous de l'équateur. Ce n'est que peu à peu qu'ils sont descendus le long de la côte d'Afrique, installant des comptoirs et colonisant des îles désertes ou déjà occupées (Zanzibar, Comores...).

Au passage, leurs navigateurs découvrirent les Mascareignes, à une date inconnue, entre le XIIe et le XVe siècle. Ils ne s'y installèrent pas : il n'y avait aucune richesse naturelle et pas de population avec qui commercer (à la différence des Caraïbes, les Mascareignes étaient désertes et n'ont connu leurs premiers colons qu'au XVIIe siècle).

en 1298, le surnommeront *messer millione*, pour se moquer des millions d'hommes, des millions en épices, des millions en or dont le voyageur crédite le grand empire d'Orient.

Le compte-rendu trop brillant de Polo rejoindra-t-il au rayon des légendes les récits de voyages de l'Antiquité ? Non, car d'autres lui succèdent sur les routes de l'Est, accréditent ses dires : Giovanni di Monte Corvino, encore un envoyé du pape, séjournera trente ans (trente !) à Khanbalik (Pékin), capitale de la moitié bouddhiste de l'Empire mongol, qui donnera la dynastie Yuan ; et le voyage de l'écrivain marocain Ibn Battuta, qui atteint Pékin en 1349, ne fera pas du bruit que dans le monde arabe.

Voici donc les millions authentifiés de Polo qui voyagent dans les cervelles. Prodigieuse image d'un monde inconnu, aux toits d'or et aux souverains fastueux. On s'apercevra plus tard que le Vénitien, comme n'importe quel touriste, n'a immortalisé que ce qui était beau, et que pour une coupole précieuse, il y a des milliers de taudis. Qu'importe, on ne veut rêver pour l'heure qu'à un Orient grandiose... et aux moyens de l'atteindre.

Car il y a un obstacle de taille : les royaumes arabes et mongols - vite islamisés - du Proche-Orient et de l'Asie forment une barrière quasi infranchissable aux non-musulmans. Il a fallu la ruse, le don de persuasion et peut-être les reniements d'un Italien pugnace pour que le rideau s'entrouvre. Mais il n'est pas envisageable de voir des routes régulières s'installer à travers cinq mille kilomètres de khanats aux guerriers farouches : la vieille barrière continentale est toujours solide, comme aux temps obscurs de l'Antiquité.

Il faudra donc contourner le bloc arabe pour atteindre les pays de l'or et des épices que Polo a fait miroiter aux yeux de toute l'Europe. Et passer encore plus au sud que ne l'a fait Hippalus, puisque tout le Moyen-Orient est aux mains des musulmans et que la mer Rouge, aussi, est une mer ennemie. Donc avoir encore plus d'astuce et d'audace que le grand précurseur grec...

Voici semée la graine qui mènera l'Occident à la découverte du monde : le *Livre des Merveilles*, pourtant vieux de deux siècles, figurera avec la Bible au chevet d'un certain Colomb et d'un certain Gama.

Il faut en effet attendre le XVe siècle pour que l'Occident soit prêt. Tout survient en même temps : les progrès de la marine, une certaine stabilisation des états, la fin de la *Reconquista* espagnole et celle de la pression turque sur les marches de l'Est. Soudain l'Europe a envie de sortir de ses frontières et de sa grisaille, de se rénover, en un mot de réagir.

Tout cela finira par donner une Renaissance, mais il y a deux manières de refaire le monde : améliorer celui dont on dispose ou s'en inventer un autre. L'Europe bouillonnante, au sortir de la guerre de Cent Ans, va explorer les deux voies.

La métamorphose prendra du temps : on n'abandonne pas comme cela les murailles de ses forteresses pour les plaines. Mais à l'heure où les châteaux ouvrent largement leurs baies à la lumière du monde, les Occidentaux se souviennent qu'eux aussi ont été, Grecs et Vénitiens, Marseillais, Bretons et Normands, de grands navigateurs.

Il leur faudra du courage. Les bateaux n'ont guère évolué depuis les Phéniciens et ne sont encore que des coques de noix, robustes mais pansues, qui remontent mal au vent avec leurs voiles carrées ; il s'écoulera deux siècles avant qu'on réinvente les étraves effilées des drakkars. Les cartes n'existent pas : les meilleures qu'on ait, celles de Ptolémée, ont tout de même dix-sept siècles ! Quant aux cartes arabes, elles restent pour l'heure le secret exclusif de leurs propriétaires.

Sans indication de route, sur ces mauvais bateaux, il faut affronter le large, ses tempêtes, ses maladies et ses légendes, avec peu d'espoir de retour. Car on a beau suivre les conseils des Anciens (encore eux !) et observer les astres, les instruments dont on dispose pour cela sont des plus approximatifs : il n'y a pas de vrai moyen de savoir où l'on est. Pendant ce temps, les Chinois sillonnent tout l'est de l'océan Indien sur leurs jonques équipées d'aiguilles aimantées... depuis six siècles.

Mais l'Occident a le vent en poupe. Ou la faim au ventre. Cela marche un peu ensemble pour les marins-aventuriers qui veulent à la fois prendre les Arabes à revers, trouver de nouvelles terres, coloniser les Indes... et rentrer les cales pleines : dans les coulisses de l'exploit, il y a souvent l'appât du gain.

L'Europe mettra un siècle entier à contourner le bastion musulman, découvrant un continent inattendu au passage.

Et quand elle aura trouvé le coin de paradis d'où viennent l'or et les épices, elle y plantera les dents et ne le lâchera pas de sitôt...

C'est un Français qui ouvre la voie. Applaudissons, même si le sire de Béthencourt fait don des Canaries à l'Espagne, après les avoir découvertes en 1402, *"parce que la France est dans un trop grand trouble"* (la guerre de Cent Ans était loin d'être terminée) : malgré la performance de son hobereau marin, la France sera longtemps distancée dans la course aux nouveaux mondes.

Pourquoi Béthencourt choisit-il l'Espagne ?

Essentiellement parce que celle-ci a été épargnée par la grande guerre, que ses ports sont prospères, que les escales génoises les ont ouverts au monde. Mais ç'aurait pu être le Portugal, aussi impatient d'aller voir ailleurs, aussi disponible pour le faire. Le Portugal va d'ailleurs devenir quelques années plus tard le fer de lance de l'Europe sur toute la planète, grâce à un seul homme.

Cet homme est infant, c'est-à-dire prince sans espoir de couronne, il n'a pas de pouvoir réel et s'ennuie : le jeune Henri s'est taillé une belle réputation de chef de guerre en allant conquérir Ceuta contre deux armées marocaines, de l'autre côté du Détroit ; mais depuis, il n'a pas grand-chose à faire. Son besoin d'action trouve un exutoire dans les livres. Il relit les Anciens et les Modernes, les traductions des Arabes. Et se dit un jour que le monde est peut-être à portée de la main, pour peu qu'on le veuille...

Il y a au sud du Portugal une province appelée Algarve. Ce sont les Maures, en fait, qui lui ont donné ce nom : *Al Gharb*, la plaine. De ce Gharb partira une autre *Reconquista*, plus douloureuse peut-être pour la puissance musulmane que ne l'a été la reprise de l'Espagne.

À la pointe de l'Algarve, Henri fait construire une grande maison blanche, carrée. En bas, sur la plage, on bâtira une ville. Un jour. Quand on aura trouvé l'or et les épices.

Henri s'entoure aussi de cartographes, d'astronomes, de pilotes. On se penche sur Ptolémée, Ératosthène et

Anaximandre, on relit les récits de voyage, on compile et redessine infatigablement ce qui sera la base des fameux "portulans", dès que le Portugal aura ajouté ses propres informations à la connaissance du globe.

Cela ne tarde guère : dès 1435, Henri envoie un premier éclaireur, Gil Eanes, sur la côte d'Afrique. Eanes part, descend le long de l'actuel Maroc puis rebrousse chemin, de fatigue dit-il, mais en fait de peur : on raconte que l'eau bout, plus loin, sous la chaleur torride du soleil. Au retour, Henri tance Eanes, le renvoie derechef sur l'océan immense, avec ordre de ne pas revenir sans résultat.

— Comme vous voudrez, prince...

Quand le bateau rentre, Eanes a le sourire. Il a passé le cap Bojador (cap Juby) qui était depuis longtemps le "bout du monde connu" ; il rapporte surtout les premières épices de la longue quête: quelques brins de romarin, les "roses de Marie", recueillis sur la côte mauritanienne.

Henri se frotte les mains : l'autorité a parfois du bon. Et il mijote déjà le voyage suivant :

— Je veux connaître la terre qui s'étend après les Canaries et le cap Bojador, car ni par des écrits ni par des mémoires d'hommes, on ne sait encore de façon sûre la nature du pays d'après ce cap.

Sourions : à la même date exactement, l'amiral chinois Zheng He rentre de son septième et dernier voyage dans l'océan Indien. Il a reconnu la côte d'Afrique jusqu'au sud de Madagascar et on le soupçonne même d'avoir atteint le cap de Bonne-Espérance. Il a rapporté des girafes de ses expéditions, les premières girafes que Chinois ait jamais vues et que le bon peuple de Pékin, effaré, prend pour des licornes !

Pour un peu, si Zheng He avait poussé plus loin, si son empereur avait financé une huitième expédition, ce serait les Orientaux qui seraient venus surprendre l'Occident ! Mais l'empereur a d'autres chats à fouetter : il ne voulait pas conquérir le monde, il voulait juste savoir comment il était fait. Une démarche totalement différente de ce que sera celle des Occidentaux, de ce qu'est déjà celle des Portugais.

Et ils avancent vite, les Portugais ! Le record d'Eanes tient à peine un an et dès 1436, ses compatriotes sont au Rio de Oro, en 1441 au cap Blanc, en 1445 au cap Vert. Encore quelques années et vont s'organiser les premiers commerces africains : épices (médiocres), or du Ghana et surtout esclaves. Le généreux Henri lui-même n'a guère de scrupule en ce qui concerne ce dernier trafic, puisque chaque esclave arraché à son pays est christianisé de force : qu'importe les souffrances du corps quand on "sauve l'âme" ! Confortable hypocrisie qui durera quatre siècles.

Dans le même temps se poursuivent les incursions par voie terrestre aux Indes ou en Chine - la barrière continentale n'est décidément plus ce qu'elle était, la cohésion musulmane non plus - et tant de témoignages s'accumulent qu'on n'ose plus sourire, maintenant, des millions de *Messer* Polo.

Henri le Navigateur - Henri le calculateur car ses lubies commencent à être rentables - maintiendra jusque dans l'au-delà la pression sur sa cour de marins. En 1482 ses gens arrivent à l'embouchure du Congo. Ne restent que quelques vieilles frayeurs et quelques milliers de milles pour surmonter l'épreuve décisive : en

1487, vingt-sept ans après la mort de l'infant de Sagres, mais toujours sous l'impulsion qu'il a donnée, Bartolomeu Dias franchit, avec trois navires et cent cinquante hommes, le cap de Bonne-Espérance.

Il y a donc une extrémité à l'Afrique, non un gouffre en lequel s'engloutiraient les audacieux ! Il y a donc une route des Indes qui contourne l'Islam…

C'est sans doute la plus importante découverte géographique depuis cinq mille ans. La cartographie en est bouleversée, l'équilibre géopolitique de la planète bascule vers une autre distribution des cartes. Et pourtant, ce séisme scientifique ne va garder la vedette que pendant cinq ans : extraordinaire succession de coups de théâtre, on va découvrir les Amériques juste après avoir découvert le contournement de l'Afrique.

Pourtant, quel événement quand Vasco de Gama, en 1498 - l'année où Colomb atteint enfin véritablement le continent américain -, franchit non sans mal le cap de Bonne-Espérance, remonte en cabotant toute la côte orientale d'Afrique, soudoie un pilote arabe, indispensable spécialiste et, se jetant au large, traverse tout droit l'océan Indien, de Mombasa à Calicut, sur la pointe sud-ouest de l'Inde.

Le prince Henri avait raison : la seconde route de l'Inde est ouverte.

Anecdote typique et qui montre à quel point l'aventure est peu gratuite : en débarquant, Gama hurle “Christo et epiceria !” Pour le Christ et les épices : on ne peut pas être plus clair…

À Calicut, le chef d'expédition et ses hommes se remplissent les yeux d'images prodigieuses. Le roi les reçoit en simple pagne blanc, mais il est couvert de bijoux d'une démesure barbare, dont “*un diamant de la*

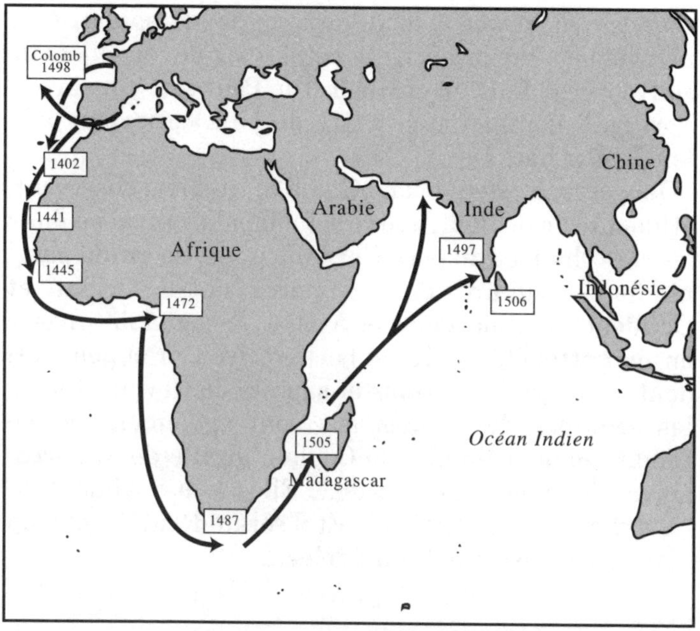

L'irrésistible avance portugaise. Les dates sur cette carte soulignent la formidable ténacité des navigateurs, qui ont mis soixante-dix ans pour contourner l'Afrique.

Hélas, Colomb préparait de son côté un coup de théâtre auquel il ne s'attendait pas lui-même…

La découverte des Amériques allait reléguer l'océan Indien au second plan des intérêts occidentaux… jusqu'à nos jours. Ce qui est fort heureux pour la paix des pays qu'il baigne.

grosseur du pouce" ; et il entrecoupe ses souhaits de bienvenue - car il mâche le bétel - par de longs jets de salive rouge dans un crachoir d'or. Pour son "cousin" du Portugal, il remet une lettre de paix écrite sur une feuille d'or battu.

Dangereuse ostentation : Gama et les siens observent, étudient et calculent, que ce soit au palais royal ou dans les rues chaudes du port. Car Calicut est un grand port : maillon séculaire du commerce entre Orient et Occident, via Asiatiques et Arabes, le comptoir amasse en ses entrepôts, étoffes et bois précieux, or et gemmes, dont les inégalables rubis et saphirs de Ceylan. Toutes les senteurs des "Indes" s'y sont également donné rendez-vous : cannelle de Ceylan, girofle de Malacca, poivre, gingembre, muscade... Elles sont vraiment là, les richesses de la légende ! Et il serait décidément trop bête de les laisser à des infidèles...

Le 27 août 1498, Gama fait demi-tour, les cales bondées de marchandises et la mémoire fiévreuse :

"Ayant découvert le pays que nous étions venus chercher, comme aussi des épices et des pierres précieuses, le moment était venu de nous en retourner. Nous fîmes donc voile pour le Portugal, grandement réjouis de la bonne fortune qui nous avait permis de faire une si grande découverte."

Gama peut se permettre de plastronner, malgré la perte d'une bonne partie de son équipage pour cause de scorbut et autres fariboles : la première liaison maritime directe entre Europe et Inde vient d'être réalisée. Aussi important que le premier pas de l'homme sur la Lune.

Vasco de Gama retournera à Calicut quatre ans plus tard. Expédition moins glorieuse que la précédente, dont les historiens ne parlent guère : il s'agissait d'incendier le palais d'un roitelet local qui ne s'était pas assez incliné, au premier voyage, devant la puissance portugaise. Cet épisode donne le ton : l'ère de la conquête succède immédiatement à celle des découvertes. Qu'ils auraient été plus beaux, les héros des sept mers, s'ils n'avaient pas voyagé les armes à la main...

Il est vrai que le roi du Portugal, au retour du premier voyage de Gama, a dit : *"Quand nous aurons arraché le commerce des épices des mains des Maures, Le Caire et La Mecque seront ruinés..."*

Et le Portugal enrichi, cela va de soi.

Tout de même, il faudra encore du temps avant que la nouvelle route des Indes soit bien connue et parcourue régulièrement. À l'obstacle de la distance s'ajoute l'opposition des Arabes, qui ont vite senti le danger : leur monopole de navigation risque bien de ne plus durer, face à cette invasion ibérique qui est comme une sorte de prolongement de la *Reconquista*. Mais de ce côté-ci du monde islamique, l'unité manque ; le front n'est fait que de petits royaumes qui se chamaillent souvent et ne sauront pas opposer une résistance cohérente à la poussée européenne.

Auraient-ils pu lutter, d'ailleurs, contre des armadas comme celle de Cabral, qui part en 1500 avec treize navires et 1200 hommes ? La décadence arabe se lira bientôt à d'autres signes : on verra des émirs s'allier à des capitaines chrétiens, dans l'éphémère espoir de manger le voisin. Peut-être est-ce là un symptôme de cette maladie qui gâtera aussi les entreprises occidentales : l'avidité.

Pour l'instant, cependant, pas de lutte intestine à l'intérieur du "front européen", et pour cause : les Portugais sont seuls sur la route du Levant. Ils placent comme des pions - et manu militari - leurs escales, qui sont autant de points d'appui sur les deux côtes d'Afrique : Arguin, Cacheo, Fernando Po, Sao Thomé, Sofàla, Mozambique, Kilona, Zanzibar, Pemba, Socotra...

Un collier de perles cernant le continent, d'où s'étendront plus tard des conquêtes territoriales - et d'où sont déjà drainés des milliers d'esclaves - mais qui sont pour l'heure des "bases de lancement" vers le grand large : de Sao Thomé vers l'Amérique du Sud (dont la pointe brésilienne a été découverte accidentellement par Cabral en 1500), de Zanzibar et Pemba vers l'Inde.

En Inde même s'édifie, sur les ruines d'une seigneurie locale - vite accaparés, les diamants et les crachoirs d'or des "sauvages" ! -, le plus puissant comptoir du Portugal : Goa, à mi-hauteur de la côte de Malabar, une place si importante qu'on y nommera un vice-roi, avec tous pouvoirs sur les "possessions d'Orient".

Car le sort en est jeté : après s'être approprié, en moins d'un demi-siècle, les voies d'acheminement de l'or, des gemmes et des épices, les Européens en veulent aussi les sources.

4

Le partage des Indes

Première étape : Portugais et Hollandais

La conquête des Indes Orientales est moins bien connue que celle des Indes Occidentales, bientôt qualifiées d'Amériques par un géographe de Saint-Dié.

Il est vrai que l'histoire des “Indes”, qui nous conduit en fait jusqu'en Chine et en Indonésie, est aussi complexe que la géographie de la région : semis d'états, multitude d'accords et de désaccords, de changements d'alliances... Même pour ce qui concerne l'Inde elle-même, la litanie des comptoirs français - Yanaon, Karikal, Pondichéry, Mahé, Chandernagor - n'est plus qu'un vieux jeu de mémoire depuis longtemps abandonné par l'école moderne.

Tout est tellement plus simple en Amérique...

D'abord, le traité de Tordesillas l'a tranchée net, avant même qu'on l'ait explorée, sur une ligne nord-sud passant à 270 milles à l'ouest des Açores: d'un côté de cette ligne, liberté de conquête aux Espagnols, de l'autre, place aux Portugais. Et les autres ? Ils n'existent pas. Pas encore.

Ou ils n'existent plus : les indigènes sont valeur négligeable et denrée destructible. Pensez, on ne sait même pas s'ils ont une âme ! On ne cherche pas toujours à le savoir d'ailleurs : il est tellement plus simple d'avoir affaire à des sous-hommes quand on veut faire place nette...

Cet axiome s'illustre de la manière la plus brutale aux Amériques, où se perpétreront des massacres qui font encore honte, aujourd'hui, à notre civilisation.

Aux Indes, en revanche, les Occidentaux ont affaire à des puissances mieux installées, à des peuples qui se laisseront peut-être dominer quelque temps, mais pas anéantir. Peut-être parce que la pratique millénaire du commerce leur a appris à résister aux étrangers ou du moins à leur survivre. Peut-être aussi parce qu'ils sont trop nombreux pour qu'on puisse les anéantir...

La concurrence entre puissances européennes va jouer aussi, en ces régions vite sorties de !'hégémonie portugaise, un rôle salvateur pour les populations : bientôt les Occidentaux en seront à s'allier les natifs pour mieux se battre entre eux.

Enfin, pour finir de détourner vers l'ouest l'attention des curieux, il y a la découverte de l'or, de cet incroyable Eldorado, le “pays doré”, qui fit entrer des milliers de galions en Espagne, redessina la carte économique et politique de l'Europe, fit rêver et massacrer, et qui aujourd'hui encore fait que le Français moyen - traditionnellement pas très fort en “histoire-géo” - connaît mieux l'histoire du Pérou ou de l'Amérique centrale, où s'illustrèrent à coups de pique les Conquistadores espagnols, que celle de Pondichéry, de Madagascar ou des Mascareignes, qui virent pourtant le passage, souvent moins sanguinaire, de quelques-uns de ses compatriotes.

Essayons tout de même de tracer, en lignes aussi simples que possible, cette histoire de l'océan Indien, théâtre immense et agité de la grande aventure des épices.

Deux empires sont hors cible : la Chine et le Japon, qui malgré quelques concessions - les Portugais à Macao en

1516, les Jésuites au Japon en 1549 - ne laisseront pas les Européens les pénétrer véritablement. Cet Extrême-Orient restera jusqu'au XIXe siècle hors du gâteau que vont se disputer le Portugal, les Pays-Bas, l'Angleterre, la France et quelques puissances secondaires.

Ce qui reste est énorme : un quart du globe, toute la côte orientale d'Afrique, le golfe Persique, l'Inde, Ceylan, la Birmanie, la Thaïlande, l'Indochine, la Malaisie et le barrage géant que forment à l'est les îles de l'Indonésie, dont les fameuses Moluques.

Encerclé par ces terres, l'océan Indien, infini presque vide : hormis quelques archipels autour de Madagascar et au ras de l'Inde, il ne compte guère que des hauts-fonds, cauchemar des capitaines.

Tout se jouera là, entre cette mer rude, mal connue, et la poignée d'escales aux peuples étranges, parfois aussi imprévisibles que l'océan lui-même. Le continent austral, l'Australie, ne compte pas encore : les conquérants de cette vague s'intéressent aux richesses établies, pas aux pays vierges.

En tête de la course, bien sûr, le Portugal, même si ce n'est que provisoire.

Premier venu, il a poursuivi sa politique d'implantation territoriale : aux comptoirs d'Afrique se sont ajoutés ceux de l'Inde (Diu, Daman, Bombay, Goa, Calicut, Cochin, Masulipatam...), de Ceylan (Jaffna, Colombo...) puis de l'Indonésie (Malacca, Philippines, Moluques...).

Une indication de cette puissance : de 1500 à 1528, au tout début donc de leur invasion des Indes orientales, les Portugais arment plus de 300 navires pour les pays de l'or et des épices !

Cet ancrage portugais est plus ou moins solide selon

les lieux. Certaines escales ne sont protégées que par un poste de garde, qu'il sera facile à de nouveaux venus d'éliminer. Ainsi Manille, qui deviendra bientôt espagnole. Mais d'autres ports, tel Goa, deviennent de véritables forteresses, quasi imprenables.

L'ennui pour le Portugal est d'embrasser trop: entre le Brésil et l'océan Indien, ses navires et ses armées s'étendent, vers le milieu du XVIe siècle, sur la moitié de la terre. En ces débuts de quasi-monopole, sa sécurité tient autant à la richesse des connaissances qu'à la puissance des armements : les "routiers", ces guides hermétiques de navigation qu'enrichissent les capitaines à chaque voyage - car il y a encore beaucoup à découvrir, même si les routes principales commencent à être bien connues - sont gardés comme secrets d'État.

Le Portugal exploite ainsi, pendant presque un siècle, l'avance que lui ont donné Gama, Cabral et compagnie. C'est qu'il a mis les bouchées doubles, alors que les autres pays d'Europe étaient encore à régler leurs conflits internes et que la rivale espagnole avalait le Nouveau Monde.

Jugez un peu :

— 1498 : Gama à Calicut.

— 1506 : Tristan de Cunha, avec quinze vaisseaux, écume l'océan Indien.

— 1509 : les Albuquerque fondent Malacca, base portugaise en Indonésie ; en 1510, ils massacrent les musulmans de Goa, établissant la prédominance portugaise sur toute la côte indienne ; ils rentrent avec cent quintaux de muscade, 530 quintaux de macis (écorce de muscade), plus, à titre de "curiosité", un lot de jolies Indonésiennes...

— 1519 : tour du monde de Magellan ; la Victoire,, *"plus criblée que la plus vieille passoire"*, ne revient qu'avec dix-huit hommes à bord, "plus fatigués que les chevaux les plus fourbus", mais elle transporte aussi des bois précieux, des aromates et des épices embarqués aux Moluques.

— 1519 : Espagne et Portugal se disputent les Moluques, que le partage papal a oubliées ; Charles-Quint a besoin d'argent pour son couronnement ; le Portugal lui en prête... en échange des îles aux épices.

— 1535 : fondation des comptoirs portugais de Diu (Gujerat) et de Damao (Daman) au nord de Bombay.

— 1543 : les Portugais débarquent au Japon ; on les en chasse.

— 1557 : les Portugais débarquent à Macao ; ils y restent.

— 1565-1571 : les Espagnols soumettent les Philippines et fondent Manille.

— 1574 : les Portugais s'implantent en Angola et intensifient le trafic des esclaves.

— 1580 : annexion du Portugal par l'Espagne (jusqu'en 1640) ; fin provisoire de l'expansion.

L'union des deux couronnes tombe mal : comment tenir en une seule poigne les trois quarts de la planète, alors que les autres pays européens, soudain, se réveillent ? L'immense empire ibérique va, nécessairement, être obligé de lâcher des miettes à tous ces gourmands. De grosses miettes... Il concentrera sa résistance sur les colonies les plus juteuses : celles qui produisent de l'or et de l'argent, en Amérique du Sud. Le reste, et l'océan Indien en premier lieu, s'effritera.

Les Anglais et les Français sont les premiers à afficher leurs ambitions.

Rien de concerté encore dans les actions de leurs

corsaires du début du XVIe siècle, qui ne sont que morsures de chien sur l'immense troupeau des galions. Ce n'est que plus tard que viendra la volonté nationale, celle des rois et des bailleurs de fonds.

Tout de même, les exploits d'un Ango ou d'un Drake sont loin d'être anecdotiques : avec leurs riches butins, ces aventuriers, mi-explorateurs, mi-pirates (avec une vigoureuse préférence pour cette deuxième option) rapportent des images des pays lointains, les secrets de certaines routes et un échantillonnage de ce qu'on pourrait empocher, si un jour l'exception devenait habitude.

À chaque pays sa sensibilité : les "études de marché" des anglais Drake et de Cavendish seront plus rapidement et puissamment exploitées que celles, pourtant bien antérieures, du père et du fils Ango, natifs de Dieppe. Mais les uns et les autres devraient figurer aux côtés du légendaire Polo au nombre des initiateurs de la grande conquête.

Survient bientôt l'inéluctable conséquence de ces piqûres d'épingles dans le flanc du géant ibérique : en 1581, les Anglais, qui avaient été les premiers à créer une Guilde des Épiciers, fondent une "Compagnie du Levant". Les marchands ajoutent le poids de leurs piastres à l'ambition des aventuriers. Les rois suivent : il y a de beaux bénéfices à la clé.

La meute déboule : l'Amérique du Sud résistera relativement bien à ses appétits, mais l'Orient va être peu à peu dévoré par les nouvelles puissances.

Les premiers à la curée sont curieusement les Hollandais. Ils n'étaient pourtant pas au nombre des "maîtres voleurs" du début du siècle, mais ils se sont tenus au courant de leurs exploits et en ont tiré bonne leçon.

Leur progressif affranchissement de la tutelle impériale des Habsbourg - la “guerre de la liberté” durera de 1568 à 1648 - leur donne les moyens de se lancer à la conquête du monde. Ils n'y mettront pas le style impétueux d'un Ango ou d'un Drake, mais leur méthode s'avérera d'une redoutable efficacité, qu'il s'agisse de la conquête de nouveaux territoires ou de la mise au pas de leurs populations : les marchands ne connaissent pas que le bruit des piastres ; quand c'est nécessaire, le canon aussi devient remarquablement expressif en leurs mains...

Les Hollandais appliquent à l'assujettissement du monde un autre style que les Portugais et les Espagnols. La pondération des provinces du Nord n'a rien à voir avec la fougue méditerranéenne. Leur efficacité opiniâtre va servir de modèle aux autres nations. Nous voici à la troisième phase de la conquête : à l'ère des explorateurs avait succédé celle des conquistadores ; commence maintenant celle des marchands-soldats.

Le virus de l'Orient a été semé aux Pays-Bas à la fin du XVIe siècle par un certain Linschoten : les Portugais ont donc bénéficié de cent ans de paix relative.

S'étant fait embaucher par ruse sur un vaisseau portugais, Linschoten parvient à sillonner l'océan Indien. À son retour, il publie deux guides maritimes. Coup de tonnerre scientifique plutôt que littéraire : voici révélées au monde les routes secrètes du Portugal !

Fausse identité, fausse mission, divulgation de secrets : l'affaire Linschoten est de l'espionnage pur. Et cela ne fait que commencer : l'histoire de l'océan Indien verra nombre d'agents doubles, de traîtres et d'aventuriers véreux dignes de figurer dans quelque roman noir.

Ces manœuvres souterraines n'empêcheront évidemment pas les guerres ouvertes d'agiter ces immensités quand les puissances d'Europe - si fréquemment en conflit - transporteront leurs querelles en ce théâtre.

Mais les Hollandais inaugurent une manière qui sera longtemps à la mode aux “Indes” : un jeu d'alliances faites et défaites, s'appuyant sur des “agents” pas toujours nets et des promesses pas souvent tenues, dont les règles sont l'avidité et les querelles de voisinage. Plus que jamais, l'or sera le nerf de ces luttes sournoises, et les épices leur but.

Ainsi commencent-ils, les Hollandais, en arrivant à Java en 1595 : ils ne sont pas des conquérants, jurent-ils, mais “d'honnêtes marchands”. D'ailleurs, ils ne cherchent pas à s'implanter territorialement : ils veulent juste acheter et revendre.

— Vous dites, monsieur le chef indigène ? Les Portugais, basés à Malacca, pratiquent une autre politique ? Ils donnent des ordres, ils veulent tout diriger ? C'est honteux, vraiment ! Mais nous, Hollandais, accrédités par une compagnie de commerce, pas par un roi, allons vous aider, malheureux que vous êtes, à vous affranchir de cette mauvaise tutelle...

Ces manières de marchands de trousseaux s'avèrent efficaces, même si elles s'apparentent furieusement à de la publicité mensongère : après une quinzaine d'expéditions purement commerciales, les Hollandais se sont fait une suffisamment bonne réputation dans la région pour pouvoir peu à peu “récupérer” certains comptoirs portugais. En 1602 ils sont à Bantam (nord de Java) et à Colombo (Ceylan) ; ils posent aussi des jalons aux Moluques, brisant le monopole portugais de la muscade et du girofle.

Leurs ambitions territoriales se traduisent bientôt par l'envoi sur place de gouverneurs : malgré tout ce qu'ils ont pu affirmer, les "honnêtes marchands" se montrent aussi colonialistes que leurs prédécesseurs…

Il faut dire qu'il y a un calcul commercial des plus tentants à la base de cette escalade : maintenant qu'on tient les routes, pourquoi ne pas s'assurer les sources des richesses de l'Orient ? Comme un trust qui s'étend, la compagnie hollandaise lance donc des tentacules partout dans l'océan Indien.

Deux "raiders" de choc, Coen (1619-1636) et Van Diemen (1636-1645), vont assurer, en un quart de siècle, une durable suprématie à leur pays. Leurs pressions, pacifiques ou brutales, viennent bientôt à bout de la présence portugaise en Indonésie : solidement implantés à Java (Batavia, l'actuelle Djakarta, devient capitale du dispositif hollandais d'Orient en 1619), ils contrôlent tout l'ouest de Sumatra, s'ancrent à Bornéo, conquièrent au canon la totalité des Célèbes et des Moluques.

La chute de Malacca en 1641 marque l'éviction définitive des Portugais de ce coin de planète. L'entêtement et le sens de l'organisation d'une nation du Nord remplacent l'impulsivité et le laisser-aller méditerranéens : les Hollandais sauront, eux, ne pas se faire expulser de leurs possessions.

Ils cherchent aussi à s'assurer, c'est logique, quelques bonnes escales sur la longue route d'Orient. Mais les Portugais s'accrochent solidement, de l'autre côté de l'océan, à leurs comptoirs ; il faut donc créer des étapes nouvelles. Les Hollandais croient avoir trouvé le port idéal dans une des îles Mascareignes, à l'est de Madagascar, qu'ils baptisent *Mauritius*, en l'honneur du prince Maurice de Nassau. L'implantation hollandaise ne sera qu'une péripétie dans le destin de cette île : elle sera abandonnée après soixante-dix ans d'occupation hollandaise pour un port autrement intéressant, Le Cap.

Récapitulons donc, avant de nous intéresser aux nouveaux venus anglais et français, la situation de l'océan Indien au milieu du XVIIe siècle.

Les Portugais, qui refluent régulièrement - ils se sont fait souffler les Philippines par les Espagnols depuis cinquante ans déjà et sont en train de perdre Ceylan - restent accrochés à leurs trois grands comptoirs de l'Inde : Goa, sur la côte de Malabar, Daman et Diu au nord-ouest de la péninsule. Hormis cela, tout est perdu, même Ormuz, reprise par les Persans.

Les escales de la côte orientale d'Afrique tiennent bon cependant ; il est vrai que personne ne les a réellement attaquées. Elles ne rapportent pas grand-chose d'autre que de l'eau fraîche aux navires de passage et une denrée qu'on peut trouver en bien d'autres endroits : des esclaves.

De l'Inde, vrai pôle de leur implantation, les Portugais importent du coton, des pierres précieuses, et aussi quelques épices : poivre et cannelle. Ils en tirent encore de beaux bénéfices, mais c'est peu par rapport à ce que fut leur grande époque indonésienne. Il est vrai qu'ils ont aussi le Brésil : l'Amérique, encore l'Amérique…

Les Hollandais apparaissent comme les nouveaux maîtres de la région. On a vu qu'ils avaient conquis en l'espace de vingt ans toute l'Indonésie et qu'ils ont établi une solide escale au Cap. À Ceylan, en Inde, ils poussent leurs pions : Ceylan sera entièrement conquise en 1664 ; à la même époque, le drapeau hollandais aura remplacé celui du Portugal dans beaucoup de petits comptoirs sur les deux côtes de l'Inde.

Ce ne sera parfois que provisoire : Grande-Bretagne et France voudront elles aussi, on va le voir, leurs parts du gâteau...

Mais avant d'en venir à leur aventure et à leurs querelles, arrêtons-nous un instant à ces îles qui ont perdu au fil des siècles leur voile paradisiaque : faisons escale au pays des épices.

En poussant leurs caravelles dans le grand océan, les Portugais se sont vite aperçus qu'il y avait épices et épices. Certaines denrées sont fort répandues et l'on s'étonne des cours pharamineux qu'elles atteignent en Europe : le poivre, la cardamome, la cannelle poussent en de nombreux terroirs.

Mais il est deux épices que les caravelles n'ont pas données à tout le monde. Les plus précieuses depuis toujours : la muscade, dont on utilise aussi bien la noix que le macis, son enveloppe parfumée ; et le clou de girofle, qui est une fleur cueillie avant maturité.

La puissance de goût et les exceptionnelles vertus curatives de ces deux épices ne suffisent pas à expliquer leurs cours fabuleux. Il faut y ajouter un exclusif géographique : elles ne poussent qu'en un seul endroit, les Moluques.

Lorsque tout sera conquis, c'est là que se jouera le dernier et le plus remarquable acte de la guerre des épices : nous verrons le héros Poivre en sa chasse têtue...

Mettons-nous d'abord la carte en tête. Elle est compliquée. Entre l'Asie et l'Australie s'inscrit un immense arc de quatre mille kilomètres de long, presque continu, dont les plus grandes terres sont la Malaisie, Sumatra, Java et Timor. Flanquant cet arc à l'Est, s'étire une barrière plus disparate, qui commence à Formose, se poursuit par le long archipel des Philippines et se termine par la Nouvelle-Guinée.

L'espace de mer - vaste comme l'Europe ! - enchâssé entre ces deux alignements est loin d'être vide. On y trouve, du nord au sud : Bornéo, l'archipel des Célèbes, celui des Moluques, plus une multitude de cailloux sans nom.

Ce sont des terres qui bougent : l'explosion végétale, née du climat équatorial et de ses pluies abondantes, est comme une réponse aux bourgeonnements du sol qui depuis l'aube des temps vibre et crache sous la pression formidable du magma terrestre. Ici est le pays des volcans et des tremblements de terre, et les hauts-fonds apparaissent et disparaissent devant les navires comme décors de théâtre : ce qui reste de l'Éden est l'enfer des capitaines.

Bouillonnent aussi les hommes. La grâce divine - si tant est qu'elle ait un jour effleuré ce coin de planète - paraît bien oubliée en ces régions où chaque île a son roitelet, ses coupeurs de têtes et ses dégustateurs d'ennemis. Même les Chinois, pourtant pas timides, ont renoncé à s'y aventurer depuis longtemps et laissent aux Malais le soin d'être leurs intermédiaires dans le trafic des épices.

Ceci explique que, malgré quelques escales étrangères (Drake, Cavendish et autres), ces archipels n'aient pas été disputés autant que l'Inde ou Ceylan. Il faudra la patience hollandaise pour en faire des colonies. Encore verra-t-on que ce joug n'est que partiel.

En cette moitié du XVIIe siècle où nous visitons la région, on est bien loin d'avoir tracé la carte précise du fourmillement d'îles qui constelle l'immense mer de Banda. Il y en a des centaines, de toutes tailles. Celles qui délimitent ce territoire, Nouvelle-Guinée sur une rive, Bornéo sur l'autre, sont chacune une fois et demie vastes comme la France. Les plus petites ne sont que des points sur les atlas, des écueils sur la route des navires. Sans compter tous les rochers et bancs de sables qu'on ne cartographiera jamais, et qui apparaissent et disparaissent encore de nos jours au caprice des volcans.

Au centre de cette nébuleuse, enchâssé entre Florès et Timor au sud, entre Célèbes la biscornue à l'ouest et au nord et la Nouvelle-Guinée à l'est, se trouve le groupe des Moluques.

Il comprend sept îles principales (Halmahera, Morotaï, Amboine, Ternate, Buru, Obi, Ceram) et tout un semis d'îlots. Surface totale: 135 000 km2 - vingt-cinq départements français - saupoudrés sur une mer plus vaste que la France.

Les Moluques n'ont rien d'extraordinaire par rapport aux autres îles de la région. Ce sont des pics volcaniques aux fortes pentes, fortement arrosés par les ondées équatoriales et couverts d'une végétation luxuriante au point d'en être agressive. Mais un caprice de la nature leur a donné l'exclusivité des deux épices les plus précieuses du monde, qui y poussent à profusion.

Aucune autre denrée n'est si étroitement localisée : même le café, qui fera la fortune des compagnies, existe à la fois en Arabie, en Afrique et à Bourbon (sous forme sauvage). Il y a bien un peu de muscade ailleurs, en Indonésie, mais ce sont des sous-espèces inférieures en goût : le “cru” des Moluques est bien inimitable.

Les “îles aux épiceries” sont donc convoitées. Elles, ou ce qu’elles produisent ? Que girofle et muscade soient introduits ailleurs et les précieuses Moluques ne vaudront plus rien.

Les Hollandais le savent bien et, sitôt arrivés en ces terres lointaines, ils ont tout fait pour protéger leur monopole. Comme il n'est pas possible de surveiller cet immense territoire, ils ont payé les indigènes pour qu'ils arrachent impitoyablement tous les plants d'épices des îles éloignées. Ceux qui n'étaient pas d'accord ont été quelque peu bousculés : les “honnêtes marchands” ont la main lourde.

En peu d'années, une grande partie de l'archipel a été débarrassée de ses muscadiers et girofliers. La culture de ceux-ci a été concentrée en quelques points faciles à contrôler, comme Amboine, une île de quarante kilomètres de long située au nord de Ceram, ou Ternate, un îlot ancré au large de la grande Halmahera. Et tant pis pour les autochtones qui ne sont pas d'accord : une sagaie ne pèse pas lourd en face d'une arquebuse.

Ainsi, pensent les Néerlandais, la suprématie dans ce domaine leur sera-t-elle assurée pour longtemps : seuls à bien connaître la région, seuls à la surveiller, avec leur trésor végétal bien comptabilisé, protégé par mille canons, ils n'ont rien à craindre, croient-ils…

De fait, leur système est d'une telle efficacité que le monopole tiendra presque un siècle et demi, du début du XVIIe siècle à la moitié du XVIIIe : de quoi donner déjà la mesure de l'exploit de Pierre Poivre le bien nommé et de ses successeurs, quand ils parviendront…

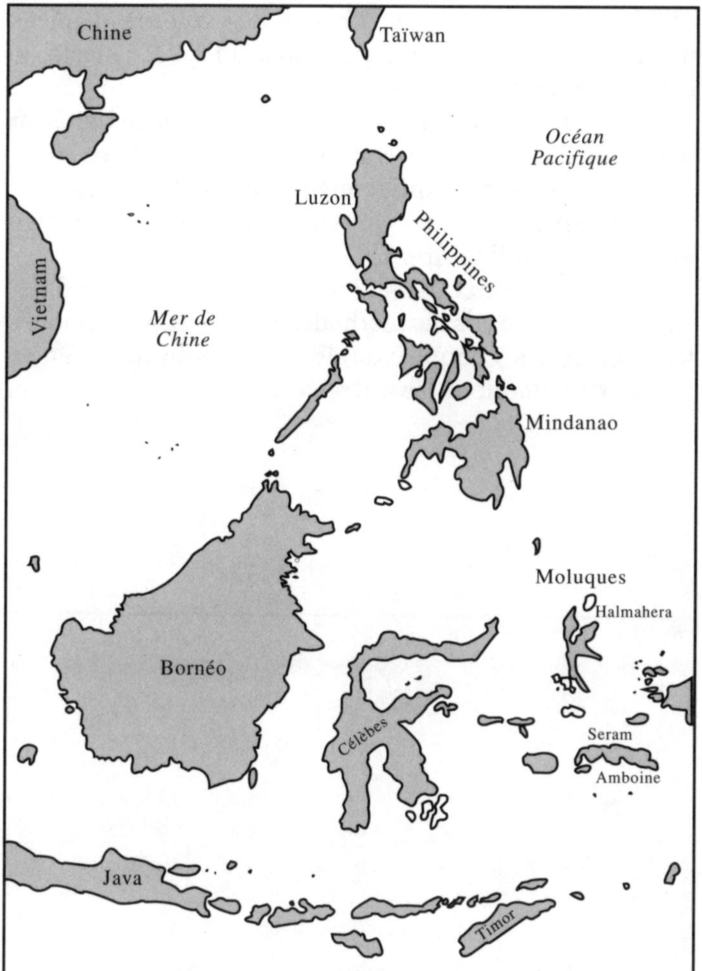

Les îles de l'Indonésie et les Moluques : un fouillis de terres au dessin contourné, plus vaste que l'Europe et totalement inconnu d'elle. C'est là que va se jouer le plus palpitant épisode de la "guerre des épices".

Mais n'anticipons pas : l'heure des voleurs d'épices n'est pas encore venue ; au milieu du XVIIe siècle, le père de Poivre n'est même pas né.

Il faut d'abord voir, avant de s'intéresser à ce héros, et pour que le décor soit complet, ce que font les deux autres gourmands qui convoitent l'océan Indien : l'Anglais et le Français, qui transposent sur ce théâtre leur rivalité millénaire.

On reste avec eux dans l'ère des “marchands-soldats-explorateurs”, mais les méthodes ne seront pas toujours les mêmes : à chaque peuple sa “sensibilité”... et sa manière de dominer les autres.

5

Le partage des Indes

Deuxième étape : Anglais et Français

Les temps changent : nous sommes toujours à l'époque des marchands - pour preuve, ces multinationales plus ou moins efficaces que seront les compagnies - mais la concurrence se fait brutale. Il y aura guerres, alliances et contre alliances, il y aura de plus en plus souvent mort d'hommes car le gâteau n'est plus assez grand maintenant pour gaver tous les appétits.

Troisième grande puissance dans la course aux Indes, les Anglais. Ils n'arrivent vraiment qu'au début du XVIIe siècle, dans les basques des Pays-Bas, dont ils deviendront bientôt - avidité oblige - les plus farouches adversaires.

Ils sont pourtant passés dans l'océan Indien avant les Hollandais : on a vu Drake écumer cette mer, au cours de sa grande expédition de 1577-1580. Mais Drake chassait les vaisseaux espagnols, pas les comptoirs à épices ; le loup s'est contenté de jeter un regard, de noter les bonnes routes et les bons courants, de bourrer ses soutes de muscade et de girofle à l'escale des Moluques. Répit pour les "Indes" : au temps de Drake, la Grande-Bretagne ne possédait pas encore la suprématie maritime qui fera sa gloire ; les dents ne lui ont pas encore tout à fait poussé.

Vingt ans après, les Anglais soutiennent les Pays-Bas dans leur lutte d'indépendance contre l'Espagnol ; rien d'étonnant donc à ce qu'on retrouve certains d'entre eux comme *partners* dans le *business* indien des Hollandais. Mais les initiatives individuelles durent peu : l'Angleterre elle aussi crée (en 1600) sa compagnie de commerce et de navigation, l'*East India Company*, héritière autrement efficace et puissante de la toute première compagnie de 1581.

Aucune nation n'a échappé à ce système des compagnies, qui semble avoir été un “passage obligé” lié à la nécessaire rentabilisation de si lointaines expéditions.

C'est le grand retour des marchands, un moment évincés des devants de la scène par un quarteron d'aventuriers. Seule une compagnie rassemblant les moyens de nombreux actionnaires, et soutenue par la puissance royale, peut à la fois commercer, guerroyer, entretenir des flottes au sort souvent incertain et des comptoirs lointains où les hommes meurent comme mouches, d'ennui et de fièvres. C'est du moins ce qu'on pense à l'époque. On verra que, second pouvoir ou même contre-pouvoir, les compagnies ne sont pas toutes des modèles d'efficacité.

Voici donc, à l'aube du XVIIIe siècle, l'*East India Company* liée à la *Vereenigde Oostindische Compagnie* hollandaise. Le mariage d'argent dure autant que l'amitié anglo-batave, c'est-à-dire une trentaine d'années. Ensuite, les appétits se heurtent ; cela commence par une concurrence plus ou moins hargneuse, avant de déboucher sur la guerre ouverte.

Quelques points de repère, pour montrer l'extension de l'emprise anglaise (on ne peut pas encore parler d'empire) : l'*East India Company* implante un premier comptoir sur la côte Est de l'Inde, à Masulipatnam, en 1611, puis un autre à Surat, au nord-ouest de la péninsule, en 1615. Suit toute une série d'installations provisoires, qui traduisent une politique encore hésitante : a-t-on besoin de simples relais, d'accords de chargement avec des roitelets locaux, ou faut-il créer des enclaves véritables, défendues comme des forteresses, de vrais territoires anglais en terre étrangère, autrement dit des dominions ?

La seconde option prend peu à peu le pas : en s'ancrant à Madras (1639), les Anglais manifestent leur volonté de s'installer durablement sur le sub-continent. Cela finit de les brouiller avec les Hollandais. Cependant, ils ne sont sur la côte de Coromandel que par le bon vouloir d'un potentat indigène. Il faudra encore un demi-siècle de lente fortification, de marchandages, de pressions et de promesses avant que les invités se transforment en maîtres.

Ayant goûté aux richesses de l'Inde, les Anglais oublient bien vite les politesses à la mode flamande. Les renversements d'alliance et les conflits larvés ou ouverts seront le jeu classique en Orient et l'Angleterre ne fait en cette matière qu'ouvrir le bal : déjà en froid avec les Pays-Bas depuis une sombre affaire de massacre à Amboine, la Grande-Bretagne achève la rupture au milieu du XVIIe siècle et s'allie au Portugal (l'ennemi d'hier !) pour mieux écraser la Hollande. Commerce et morale, on le sait, ne font pas toujours bon ménage...

Disons-le tout de suite, ces trahisons seront vaines : les Néerlandais sont tenaces et ne se laisseront pas bousculer, ni en Europe, ni en Indonésie. Et ne honnissons pas les fourberies anglaises : la France ne sera guère plus élégante.

Elle arrive justement, la France, avec deux bonnes longueurs de retard. Ce n'est pourtant pas faute d'hommes audacieux : les frères Parmentier, héritiers des Ango, ont exploré l'océan Indien dès 1521, dans le sillage des premiers Portugais. D'autres les ont suivis, avec des fortunes diverses. Ils sont revenus avec des marchandises plus ou moins vendables, des récits fabuleux et surtout des cartes de régions inconnues, des débuts d'alliances locales avec les indigènes...

Mais le rêve s'est enlisé dans les marécages de la petite administration et de la grande politique : il faut presque un siècle, après les Parmentier, pour que le pays se donne sa première compagnie de commerce (1604).

À l'instar de ses modèles étrangers, elle regroupe des marchands, des armateurs et de riches nobles ; elle jouit aussi de la faveur royale. On la baptise *"Compagnie des Moluques"*, ce qui affiche l'objectif : comme chez les concurrents, la fièvre des épices est bien le premier moteur de l'expansion française en Orient.

Il y a loin, hélas, de la coupe aux lèvres. Les bonnes places sont prises depuis belle lurette. Les Moluques sont fort bien gardées, le reste de l'Indonésie aussi. Derniers venus, les Français devront-ils se contenter de miettes ? Même l'île Maurice est occupée par la Hollande et sa voisine, sur laquelle le drapeau français est planté en 1638 (on l'a baptisée Bourbon, c'est l'actuelle Réunion) n'offre pas de port sûr. Faute de comptoir rentable, la première compagnie se révélera un échec ruineux.

Mais on ne baisse pas les bras, surtout quand un certain Richelieu se met de la partie... La seconde compagnie, créée en 1642, se veut plus musclée : la gloire du cardinal - et par hyperbole celle du roi - est associée à sa réussite, et Armand du Plessis aimerait que les résultats commerciaux de sa protégée soient aussi resplendissants que le papier à en-tête qu'il a fait fabriquer pour elle.

L'enfant de Richelieu se nomme *"Société de l'Orient et de Madagascar"*. Oui, on a changé de cap : Portugais, Hollandais et Anglais semblant vouloir s'accrocher fâcheusement à leurs comptoirs d'Inde et d'Extrême-Orient, les ambitions françaises se sont réorientées, faute de mieux, vers d'autres buts : on en est encore au partage du monde, pas à son dépeçage. Et il y a justement, au bas de l'Afrique, cette immense Madagascar, la vieille " Ile de la Lune ", plus vaste que la France, reconnue mais jamais occupée et dont la surface seule semble une promesse de fortune.

Tragique erreur, souvent renouvelée en ces temps où la conquête s'organise à partir de bureaux feutrés, à grands traits de crayon sur des cartes imprécises. Si on avait un peu plus écouté les capitaines, on saurait que Madagascar est doublement malsaine : les Occidentaux y périssent de fièvres et les indigènes, à la souveraineté chatouilleuse, lardent de coups de sagaie les visiteurs qui s'incrustent.

Qu'importe : "il n'y a qu'à" coloniser Madagascar qui permettra à la fois de recréer une Beauce tropicale et d'acclimater ces fameuses épices dont il faut, vraiment, s'approprier une partie du commerce ; d'ailleurs ne trouve-t-on pas un poivre d'honnête qualité dans la grande Ile Rouge ? Le reste ne peut que suivre !

C'est ce qu'on pense à Paris. On le pense si bien qu'il n'est guère difficile de rassembler les subsides pour lancer une première flotte ; il est vrai que Son

Éminence et Sa Majesté contrôlent qui paie et surtout qui ne paie pas…

Nous n'entrerons pas dans le détail de la “colonisation” malgache : ce n'est qu'une triste suite de navires “rompus”, d'expéditions décimées par la malaria et les guerres, de querelles mesquines entre les survivants. Et pourtant, la compagnie, les compagnies plutôt - car celle de Colbert suivra un moment la même politique - continueront longtemps à envoyer à Madagascar des marins et paysans naïfs, des “filles repenties” et des aventuriers désireux de se faire oublier, attirés par un ailleurs qu'on leur décrit toujours plus beau, plus riche. Comme personne ou presque ne revient pour démentir, le mirage durera un demi-siècle.

Les Grands, parfois, ajouteront une couche de vernis au grand mirage : ayant crée sa compagnie en 1664, voulant aspirer vers Madagascar des gogos plus nombreux, le grand, le si honorable Colbert fait pondre par un académicien un *“Discours”* de propagande farci de mensonges :

"L'Isle de S. Laurens ou de Madagascar […] est dans le climat le plus doux de toutes les Indes. La terre y est admirable pour toutes sortes de grains et d'arbres, […] les eaux y sont excellentes, les fruits délicieux, et l'on peut dire sans exagération qu'il est aisé d'en faire un vray Paradis terrestre.

"Elle a outre cela des mines d'or si abondantes, que durant les grandes pluyes et ravines d'eaux, les veines d'or se découvrent d'elles-mêmes le long des costes et sur les montagnes […]

"Elle est peuplée de gens d'humeur assez traitable Ce sont des hommes qui sont humbles, sousmis […]. Ils font paroistre beaucoup de disposition à recevoir l'Évangile… "

Revoici le paradis terrestre et ses bons sauvages. Et de l'or à fleur de terre pour faire bon poids…

Malgré ces descriptions pour le moins outrées, les “volontaires” se font un peu tirer l'oreille : ils filent en douce, pour peu qu'un calme retienne leur navire au port, après avoir touché leur prime de départ.

On en embarquera quand même quelques centaines, marins et paysans, trop misérables chez eux pour ne pas espérer mieux ailleurs. Pauvre bétail : les attendent de maigres établissements sur la côte Est, pourris de fièvres, pourris surtout de mesquineries, de luttes d'influence. Le chef de cent colons se prend pour un gouverneur ; que l’un d'eux élève la voix et le voici taxé de mutin ; qu'il se rebiffe et on le déporte !

Où ça ? Dans l’île Bourbon, huit cents kilomètres à l'est. Elle est déserte et fait une prison parfaite. Heureux rebelles : là-bas l'air est sain et on leur fiche la paix ; certains n'en voudront plus partir et s'il n'y avait manque de femmes, personne ne pourrait les arracher à leur éden.

Il n'en est pas de même du côté du Fort-Dauphin, principal comptoir français sur la Grande Ile : la terre n'y est pas bien riche et l'or ne jaillit pas spontanément des montagnes. Mais le plus grave est qu’on a trompé aussi les colons sur le compte des indigènes : ceux-ci sont loin d'être “sousmis” et ont la sagaie facile.

Il est vrai que les Français se sont crus en terrain conquis et n’ont pas traité les fiers Malgaches avec tous les égards qu'ils attendaient. Malgré les tentatives de conciliation de quelques capitaines moins abrutis que les autres, le dialogue avec les tribus tourne à l'aigre. Il se terminera dans le sang : le 27 août 1674, alors qu'un débarquement de jeunes filles enfièvre la “colonie”, les guerriers attaquent. Ne restent que soixante-trois survivants, qu'embarque à la hâte un navire en rade. C'en est fini des ambitions françaises à Madagascar... pour quelque temps.

Seul bénéfice du long entêtement à vouloir annexer la Grande Ile : Bourbon, de pis-aller et de prison verdoyante, est devenue une véritable colonie. Chaque revers à Madagascar y a apporté des "débris" qui l'ont enrichie.

Île déserte, progressivement peuplée à partir de 1665, Bourbon accueille dès le départ une population cosmopolite : certains anciens de Madagascar sont arrivés avec une compagne indigène (tous les Malgaches ne s'étant tout de même pas montrés réfractaires à la "culture française"...) et l'on a fait venir pour d'autres colons des Indiennes de Goa (parfois métissées portugaises), de Surat et de la côte de Malabar ; enfin il y a, pour assister les colons bourbonnais en leurs travaux agricoles, des "serviteurs" malgaches ou africains, qu'on reconnaîtra bientôt pour ce qu'ils sont : des esclaves.

Nous retrouverons Bourbon et sa voisine Maurice : Mahé de La Bourdonnais en fera les "clés" de l'Inde et elles seront les points de chute de Poivre, le dernier chasseur d'épices, les terroirs où il tentera de faire fructifier ses prises.

Car Madagascar ne fait pas oublier les épices, évidemment. Avant même l'effondrement de Fort-Dauphin, la France a manifesté de nouvelles ambitions en baptisant la compagnie de Colbert, *"Compagnie des Indes orientales"* : il est plus que temps pour le plus grand pays d'Europe d'aller montrer sa puissance sur le

Madagascar et les Mascareignes.
Les distances sont immenses ; 800 km entre Madagascar et La Réunion, 850 km entre La Réunion et Rodrigues, la troisième Mascareigne. Seules quelques îles parsèment l'océan (Seychelles, Saint-Brandon...), ce qui explique l'occupation tardive de ces terres, dont la plupart, Madagascar excepté, étaient désertes quand les Portugais les découvrirent au début du XVIIe siècle.

seul théâtre qui compte vraiment, les “Indes”, dans leur sens le plus large, qui vont de l'Arabie aux Moluques.

Hélas, la “compagnie de Colbert” porte dès sa naissance les germes de l'échec. On a vu le manque d'enthousiasme de ses actionnaires ; il se traduira dans leur politique, frileuse et hésitante. La règle sera toujours de ne point trop risquer. Or les mers lointaines ont besoin d'aventuriers, pas de grippe-sous.

La structure administrative conçue par Colbert s'avérera aussi extrêmement lourde à l'usage et favorable à des querelles internes : les perpétuels changements de majorité au conseil d'administration ne faciliteront pas la tâche des capitaines qui, souvent, ne sauront plus à quel vent naviguer.

Tout cela aboutit à des incohérences : visant l'Inde, la compagnie continue à vanter allégrement les “mines d'or” de Madagascar aux paysans naïfs qui s'embarquent vers la mort. Cet entêtement dans la dispersion et les désastreuses hésitations qu'on verra plus tard en Inde traduisent une gestion anarchique : il y a à Versailles les partisans de Madagascar et ceux de l'Inde, ceux de l'action résolue et ceux des compromis, et tout ce monde envoie des ordres, se chamaille, saoule de dépêches contradictoires les acteurs lointains de la grande conquête.

Après une vaine tentative pour s'ouvrir une route terrestre vers l'Inde, via Perse ou Égypte (l'Égypte, un bon siècle avant Bonaparte !), la Compagnie se rabat sur le chemin maritime classique et expédie escadre sur escadre.

C'est échec sur échec : de la flotte de l'amiral de Beausse (4 navires, 1665-67) ne rentre aucun bateau ; ils ont été coulés ou pris. L'odyssée de Montdevergue

(10 navires, 1666-70) se termine par l'embastillement du chef d'expédition, pour manque flagrant de résultats.

L'expédition de Jacob Blanquet de la Haye (9 bateaux dont 5 vaisseaux de haut rang, 1670-74) ne connaît pas un meilleur sort : l'amiral peut tout juste consigner la déconfiture de Madagascar et renforcer la petite colonie de Bourbon ; pour le reste, le bilan n'est pas fameux.

Son seul résultat, après de vaines attaques contre des comptoirs portugais et hollandais de Ceylan et d'Inde, est l'obtention d'un droit de comptoir, près d'un village, à 150 kilomètres au sud de Madras, le point fort anglais de la région.

Il n'y a pas de port, mais on fera avec ce qu'on a : les pirogues des indigènes permettront de charger cotonnades et cannelle sur les bateaux ancrés en rade. D'ailleurs, les Français espèrent bien ne pas rester là mais grignoter, du nord au sud, des lieux plus accueillants, et peut-être Madras. Ils ne savent pas qu'ils vont rester jusqu'au XXe siècle, malgré de nombreuses péripéties, à Poudoutchéry, dont ils feront Pondichéry.

C'est tout de même beaucoup de dépenses pour peu de bénéfice. De la Haye ne rapporte pas l'Inde dans les cales des navires qui lui restent - bien fatigués par les tempêtes et rongés de tarets - mais juste un petit point sur son immense carte. Sur les milliers d'hommes qu'il avait embarqués, il n'en rapatrie que 530 : les batailles, les fortunes de mer et surtout le scorbut et les fièvres ont prélevé leur terrible moisson.

Ces deux derniers fléaux continueront longtemps encore à tuer beaucoup plus que les boulets et les naufrages ; ils seront accessoirement une chance pour les Mascareignes et surtout pour Bourbon, dévolue au rôle d'escale reconstituante, grâce à son “bon air” et à l'abondance des légumes produits par son sol volcanique.

Signalons, tout de même, que les efforts français ont aussi permis de prendre pied à Chandernagor, dans le delta du Gange. En revanche, la France a raté une tentative d'implantation à Bangkok et Mergui, en Birmanie ; échec aux conséquences durables : elle ne retournera pas dans cette région avant un siècle.

Un mot au passage sur les Danois, qui ne se manifestent guère, malgré un début prometteur, que par la présence de quelques citoyens oubliés, en Inde et à Java, résidus de comptoirs éphémères, et qui n'ont plus pour survivre, à la fin du XVIIe siècle, que la location de leurs talents.

Bref, les grands acteurs de la région - les grands fauves ! - ne seront, durant toute l'ère coloniale, que quatre : Portugal, Hollande, Angleterre, France.

Et c'est à celui qui donnera le plus beau coup de dent…

6

Les parts du gâteau

Les quatre grandes puissances européennes se sont battues comme chiffonniers pendant deux siècles pour accaparer les meilleures sources de richesses. Mais au début du XVIIIe siècle, la situation est quasi stabilisée.

Anglais et Français continueront bien sûr à se déchirer longtemps pour la première place coloniale, sur une planète où la puissance ibérique est définitivement reléguée à des rangs accessoires (l'Amérique exsangue, vidée de ses forces et de son or, glisse à grande vitesse vers la pauvreté).

Mais le théâtre oriental des opérations ne verra pas de grand bouleversement, hormis le basculement de l'Inde dans l'escarcelle britannique. Encore la Grande-Bretagne n'éliminera-t-elle pas les comptoirs hollandais, portugais et français du sub-continent : “Le magasin reste ouvert malgré la guerre”, pourraient afficher les commerçants de tous les pays, qui continuent à sucer ce qui reste des richesses de l'Orient.

Même si les loups se chamaillent entre eux, on sait bien à la fin du conte qui est à chaque fois dévoré…

Que se disputent-ils donc, Portugais, Hollandais, Anglais, Français, tous ces avaleurs d'Inde ?

Des cotonnades, qui proviennent principalement du Dekkan, via la côte de Coromandel et accessoirement celle de Malabar. La présence de comptoirs français, anglais, portugais et hollandais dans le sud de la péninsule assure une forte concurrence dans ce domaine, bien que l'Angleterre domine le marché dès le début du XVIIIe siècle. La multitude de transporteurs et l'abondance de la production provoquent d'ailleurs une saturation du marché : Angleterre et France devront réduire leurs achats de cotonnades indiennes, qui menacent leurs propres industries textiles.

L'Inde fournit aussi du poivre, mais n'en possède pas l'exclusivité. Cette épice se trouve également en Extrême-Orient et même à Madagascar. La concurrence ne joue que sur des questions de goût.

Le monopole du sucre est paradoxalement mieux tenu : au début du XVIIIe siècle, l'Indonésie hollandaise - essentiellement Java - est encore le pôle mondial d'une production dont on a peine à imaginer, en notre époque surabondamment sucrée, combien elle a été réduite pendant des millénaires. Mais la suprématie du sucre indonésien - et ses cours fabuleux - ne durera pas : la canne va bientôt se multiplier tout au long de la ceinture tropicale.

S'ajoute au sucre, dans l'escarcelle néerlandaise, une partie du café : les productions de Java concurrencent modestement le café d'Arabie, dont la mode commence à faire fureur.

On ne pourrait en dire autant du thé, dont la Chine a la production exclusive : il n'a pas encore été véritablement “lancé” en Europe. Ce n'est qu'à la fin du siècle, quand les Anglais auront définitivement supplanté les Hollandais dans ce commerce et acquis dans le nord de l'Inde et à Ceylan les terroirs adéquats à sa plantation, qu'ils en feront une promotion quasi forcée, chez eux du moins.

Citons encore, au nombre des produits riches, la soie.

Elle est chinoise, indonésienne ou persique et toutes les nations sont en compétition pour son importation. Mais ici aussi les Anglais sont en tête, déjà.

Restent enfin, toujours, les épices rares, muscade, cannelle et girofle.

On a vu que la cannelle poussait à la fois en Inde, à Ceylan et en Indonésie. Cela rend difficile l'établissement d'un monopole, même si la cannelle de Ceylan (hollandaise donc) se distingue, de l'avis des connaisseurs, par un goût particulièrement raffiné.

Il n'en est pas de même pour la muscade et le girofle, toujours étroitement localisés aux Moluques, lesquelles restent farouchement tenues par les Hollandais.

À l'aube du XVIIIe siècle, la “fièvre des épices” n'est cependant plus ce qu'elle était deux cents ans plus tôt : les cours, s'ils restent confortables, n'atteignent plus les sommets fabuleux de jadis. Cela n'empêche pas les “épiceries rares” de rester parmi les denrées les plus coûteuses de la planète, et chaque compagnie de désirer une part de l'odorant trésor.

La fièvre des Indes a également changé de ton. Il y a belle lurette qu'on a constaté que les récits à la Marco Polo, qui avaient si longtemps fait rêver l'Europe, n'étaient que des mirages. Les coupoles d'or des temples, souvenirs de temps prospères, ne trompent plus.

L'Orient n'a pas été aussi brutalement ruiné que les “Indes occidentales”, certes, mais on n'y ramasse pas l'or à la pelle. De plus en plus, comme partout ailleurs, il faut y gagner durement sa vie. Bien sûr, les nouveaux venus peuvent piller et ne s'en privent pas ; mais les signes extérieurs de fortune ayant été vite écrémés, il faut bien se résoudre à travailler… ou faire travailler les autres, bref à “mettre en valeur”.

Ce sombre constat a une “conséquence majeure : toutes les puissances en présence adoptent le système des compagnies de commerce, c'est-à-dire de l'exclusif ; pour faire des bénéfices, il faut être seul. Les marines occidentales feront donc longtemps la chasse aux “interlopes”, transporteurs indépendants aussi abhorrés que des pirates.

Très vite, à l'exclusivité de commerce s'est ajoutée celle de la production : éliminer les intermédiaires, contrôler la chaîne fabrication-transport, s'assurer des monopoles sont des recettes éternelles de rentabilité. S'y ajoute, chez la totalité des compagnies, le désir unanime de gagner beaucoup en investissant peu. Cette politique quelque peu frileuse de spéculateur à l'ancienne mode, doublée de la paresse du Blanc pour des “travaux de sauvages”, débouchera sur une recette d'apparence peu coûteuse, mais qui se révélera fort chère à l'usage : l'utilisation d'une main-d'œuvre esclave.

Tous ces efforts ne suffiront pas à enrichir sérieusement les compagnies, sauf peut-être la hollandaise, qui tient les épices, et l'anglaise quand elle tiendra l'Inde.

Les bonnes années, la *Vereenigde Oostindische Compagnie*, la compagnie orientale hollandaise, malgré cinquante expéditions, ne rapporte à ses actionnaires que 40 % de dividendes. Idem pour l'*East India Company*. Les autres sont loin derrière et même si la situation n'est pas catastrophique pour les marchands de Londres et d'Ostende, on est quand même loin des 800 % que grattaient les Portugais sur le girofle au XVIe siècle.

Ces taux de rentabilité, qui ne dépassent pas ceux de bons placements en Europe, sur des terrains plus sûrs, expliquent la tiédeur des investisseurs et du grand public vis-à-vis d'expéditions lointaines dont on ne revient pas obligatoirement riche... quand on revient.

En fait, et ce mouvement d'opinion sera fort net en France, il y a un fossé entre le désir des rois, qui rêvent d'embrasser la Terre entière, et les calculs des bailleurs de fonds, qui ont vite constaté que ces étreintes coûtaient plus qu'elles ne rapportaient.

Le médiocre enthousiasme des financiers donne le ton à toutes les entreprises européennes aux “Indes” : sauf exception, sous l'impulsion d'un gouverneur de choc ou la pression d'une guerre, les comptoirs des uns et des autres se développent à l'économie, sans gros moyens, comme si l'Europe, après avoir tellement eu envie de l'Orient tant qu'il était mythique, s'assoupissait maintenant qu'il est entre ses mains.

Il y a en effet comme une maladie du sommeil qui frappe toute la chaîne des escales, d'Algoa la portugaise, sur la côte d'Afrique, à Batavia la capitale hollandaise de l'Indonésie : on s'endort en cent ports dont la griffe occidentale ne consiste, parfois, qu'en un entrepôt et un fortin. Il faut dire qu'il y fait chaud, que la lenteur des bateaux fait que les escales y sont rares, que les fièvres ajoutent leur hypnose. On y vit au ralenti, on s'y enlise, on y meurt doucement, entre deux tractations avec les indigènes.

Les premières victimes de l'assujettissement de l'Orient sont bien sûr les autochtones, pressurés, massacrés, déportés. Mais il faudrait leur ajouter le troupeau des pauvres diables, marins, soldats, paysans et filles assorties dont on veut faire des “colons”. Ils se sont embarqués sur des visions de fortune et ne connaissent qu'une fin parfois brutale, souvent médiocre, en des pays lointains. On les oublie un peu trop, ces fantassins de la grande conquête qui ont bâti sur leur sueur et leurs illusions des empires grandioses et éphémères...

Tous ne partagent pas le même triste sort, cependant : certains sauront se tailler en ces terres nouvelles de véritables royaumes. Ici, comme ailleurs, la fortune rapide passe souvent par l'exploitation des autres : l'esclavage est la marque et la tare des “Indes”, qu'elles soient orientales ou occidentales. Ajoutons-y, pour ce qui est des relations des Blancs entre eux, la concussion, les abus de pouvoir, les rançonnements en tout genre et tout un arsenal de passe-droits féodaux, joyeusement remis à la mode des tropiques par quiconque possède une parcelle de puissance.

L'extension planétaire des rivalités du Vieux Monde, les résultats financiers des compagnies les plus riches - et l'envie des autres de faire de même - expliquent que malgré l'évidente différence entre la chimère indienne et la réalité, les puissances européennes continuent à se battre pour les routes et les ports de l'Orient.

Cette compétition est à la base de toute une série de guerres nées en Europe, mais dont les motifs essentiels sont de s'approprier les places abandonnées par les Portugais ou de s'assurer de fructueux monopoles - celui des épices notamment.

Ces guerres voient d'étonnants retournements d'alliances : Hollande et France contre Angleterre en 1672, Angleterre, Hollande et Espagne contre France en 1689, France et Espagne contre Angleterre, Hollande et Autriche en 1702…

Les bateaux qui rentrent des Indes, pas toujours bien informés de la dernière actualité politique, en prendront l'habitude d'éviter prudemment toute voile venant en face, dans la crainte que quelque conflit nouveau n'ait fait un ennemi de l'allié d'hier…

Malgré toute cette poudre dépensée, la première moitié du XVIIIe siècle ne voit pas de coup de théâtre : les parts de planète sont bien distribuées désormais, même si chacun continuera longtemps à intriguer pour agrandir la sienne.

L'évolution la plus frappante est alors la montée de la puissance anglaise, de plus en plus ouvertement assortie d'ambitions territoriales.

Les Anglais passent en effet progressivement d'une politique purement commerciale, à la hollandaise, à une annexion à la portugaise. Ils sont servis en cela par l'effritement politique et militaire des grandes puissances d'Asie : déclin de l'empire moghol en Inde, effondrement de la Turquie, usure de la Perse. Seules les querelles de voisinage du Sud-Est asiatique profitent aux Hollandais. Partout ailleurs, les Anglais sont les grands gagnants. Sauf provisoirement en Inde, où la situation restera quelque temps encore hésitante, entre France et Grande-Bretagne.

Il reste cependant une aventure à courir, en ces temps où tout semble joué. En deux siècles, l'Europe a mangé le monde et l'on pourrait croire la partie terminée ; mais il reste des ajustements à faire, des miettes mal partagées. L'Inde, par exemple, qui ne peut appartenir à deux puissances. Et les épices, qui pourraient bien appartenir à tout le monde.

On a vu ce qu'il en était de presque toutes les épices : chacun des trois grands concurrents des Pays-Bas a su accaparer un peu de leur commerce. Mais restent les divines, les suprêmes : muscade et girofle sont - et les autres fulminent à cette seule pensée ! - l'apanage de ces balourds de Hollandais qui en tirent des piastres, des couronnes et des florins à ne plus savoir qu'en faire.

La parade est pourtant connue : il suffirait de prélever en ces lointaines Moluques des graines ou des plants viables, de les transplanter en quelque territoire adéquat, de les couver de soins. Et de produire un jour chez soi ses propres épices, comme on est en train de le faire pour le café, le poivre ou la canne à sucre.

Rien de bien compliqué. Si la France, parmi d'autres, s'est accrochée à ces bouts de cailloux que sont les Mascareignes, perdues au large de Madagascar, c'est bien pour avoir quelque part sur la planète des terroirs pas trop dissemblables des mythiques Moluques : il est évident que le girofle ne poussera jamais en Normandie, et qu'on ne pourra pas, sauf à déclencher une conflagration majeure, voler lesdites Moluques à leurs maîtres bataves. Or les épices, si précieuses soient-elles, ne valent pas un tel risque.

Là où la force ne passe pas, la ruse a ses chances. Et pour une fois, la France va passer en tête du peloton.

Cela ne sera pas facile : les derniers chasseurs d'épices auront à faire face à l'opposition étrangère, mais aussi aux pesanteurs et aux trahisons de leur propre camp.

C'est que la haute politique commerciale est comme toutes les autres: le fantassin ne comprend pas toujours les marches et contremarches des grandes manœuvres.

Clin d'œil du destin ou prédestination, le maître chasseur, celui qui va briser deux siècles de monopole néerlandais et donner les épices à la France, s'appelle Pierre Poivre.

Sans doute quelqu'un de ses lointains ancêtres, déjà, s'était-il illustré dans le commerce aromatique ? Ses descendants étaient passés à la mercerie, mais dans les veines de Pierre devait couler quelque souvenir lointain de voyages et d'Orient mystérieux. Comment expliquer autrement son formidable entêtement, cette passion des épices qui mena toute sa vie ?

Ouvrons donc le roman de ce personnage. Non, ce n'est pas un roman, c'est une saga, avec toute la dose nécessaire d'action, d'amour et de rebondissements. Avec, en plus, presque pas de morts. Et une “happy end”.

Un vrai cadeau de l'Histoire !

DEUXIÈME PARTIE

POIVRE LE CHASSEUR

7

Un casse-croûte pour les mouettes

L'aventure de Pierre Poivre se situe en des temps fort agités.

La rivalité franco-anglaise voit le prolongement outremer de quelques vigoureux conflits : guerre de Succession d'Autriche (1740-48), guerre de Sept Ans (1756-1763), guerre d'Indépendance américaine (1775-1783), en attendant le grand acte final de la Révolution et de l'Empire.

Si pacifique et si idéaliste que soit notre aventurier-botaniste, il ne lui sera donc pas possible d'oublier la guerre partout présente, dans la voile d'un vaisseau rencontré, derrière les arquebuses des gardiens d'épices.

Elle serpente en Inde, et surtout elle couve entre hommes du même camp, entre un Dupleix et un La Bourdonnais, entre gouverneurs aux idées différentes. Elle éclatera même - et avec quelle fureur ! - entre Poivre et certains de ses rivaux.

C'est d'ailleurs un épisode de guerre qui marque le grand virage dans la vie de Poivre, le jour où il bascule d'une carrière religieuse - fort hésitante il est vrai - à une vocation épicière des plus ardentes.

Transportons-nous quelque part en mer de Chine méridionale, un jour torride de l'an 1745…

— Voiles devant !

Sûr qu'il fait la grimace, le capitaine du *Dauphin*, en entendant le cri de la vigie : on ne peut attendre grand-chose de bon d'une rencontre dans ces eaux. Le pauvre homme aimerait bien être huit jours plus tard et plus loin, en plein océan Indien, où les routes des navires se croisent moins souvent.

Mais ici, en cette mer cernée de toutes parts, comment éviter les autres, qui se postent aux goulets, aux passages obligés entre Malaisie et Sumatra, entre Sumatra et Java ?

Le chef de la flottille française a pourtant choisi la route la plus sûre et la plus directe, qui les fera passer par le détroit de Bantâm, entre Java et Sumatra : la région est contrôlée par les Hollandais - profitons-en : pour une fois, on est en paix avec eux - et les cargaisons de soieries chinoises du *Dauphin*, du *Jason* et de l'*Hercule* pourront être avantageusement complétées par des épices de Batavia. La fortune de tous sera assurée au retour en France.

Mais, au lieu de cela, c'est le malheur, peut-être, qui se lève à l'horizon. Des voiles, alors qu'on est à deux jours du port !

Les trois navires français fuiraient, s'ils le pouvaient. Mais pour aller où, avec des marchands pansus qui remontent mal au vent ? De toute façon, fuite ou pas, il faudra bien finir par aller au sud-ouest, vers Batavia. Alors, autant poursuivre la route, en espérant...

Il y a un bref instant de soulagement quand on identifie dans les longues-vues les phares carrés de navires occidentaux. Au moins ne s'agit-il pas des pirates malais, terribles écumeurs des mers du Sud. Au moins ne sera-t-on pas massacré jusqu'au dernier... Il court de si terribles histoires sur ces régions brutales, où la vie d'un marin, qui ne vaut déjà guère lourd en Europe, pèse moins que rien…

La joie cependant est de courte durée : avant même d'apercevoir les drapeaux de ceux qui arrivent en face, le capitaine du *Dauphin* a reconnu les fines étraves, les focs aigus de navires fabriqués sur les rives de la Tamise.

On aurait pu avoir la chance de rencontrer des Hollandais, des Portugais, voire des Français. Il a fallu qu'on tombe sur des Anglais, en pleine guerre de Succession d'Autriche ! Et des plus redoutables, s'il faut en juger à l'inclinaison dans le vent, et à leur moustache d'étrave : aucun espoir d'échapper à des bateaux de ce calibre-là.

— Branle-bas de combat !

On a beau être marchand, on ne manque pas de courage : seuls des hommes solides peuvent affronter des années d'aventure en ces mers mal connues. Et l'envie de rester libre, de rentrer quand même chez soi est un bon stimulant pour ceux qui ont survécu à vingt mois de scorbut, de disette et de solitude.

Au cri des maîtres, bondissent les matelots de la bordée d'en bas, hors de leurs coffres humides. À ceux d'en haut, on distribue déjà mousquets et piques, et aussi des clous à trois têtes qu'ils sèmeront sur le pont en cas d'abordage. Dans l'entrepont, les canonniers se hâtent de décapeler leurs pièces, d'y pousser un chiffon sec, d'y enfoncer gargousse de poudre, bourre et boulet. On installe des seaux d'eau pour lutter contre les incendies et une épée apparaît à la main du capitaine, telle la baguette du chef d'orchestre.

D'un coin du pont, un jeune homme observe toute agitation.

Il ne faut pas trop croire ce que racontent ses biographes de son comportement ce jour-là : l'auteur de la première *Vie de Monsieur Poivre*, Pierre Samuel Du Pont de Nemours - ce même Du Pont qui fonda un empire financier aux États-Unis - fut plus tard un grand ami du savant-aventurier...au point d'épouser sa veuve. On ne peut donc accorder qu'un crédit mitigé à ses affirmations, dont se sont inspirés tous les historiens qui ont suivi. Mais on peut déduire du passé et de l'avenir de notre héros qu'en ce jour de février 1745, en voyant approcher l'ennemi, il ne tremble pas plus que les autres. Il a déjà derrière lui beaucoup de philosophie et quelques aventures.

Ce garçon de vingt-six ans qui regarde approcher l'ennemi dément la légende qui veut que les Lyonnais n'aiment pas la mer : voici quatre ans qu'il est parti et il a parcouru la moitié du globe, de France en Chine. Il a connu la pauvreté et la richesse, la trahison, la prison.

Le doute aussi : il était parti pour être missionnaire, mais sa vocation s'est émoussée au fil du temps. Poivre a l'esprit trop curieux pour se plier à la discipline des Missions Étrangères. D'ailleurs il a étudié les peuples côtoyés au fil de son périple, et en tire des conclusions peu orthodoxes : ces gens-là aussi ont à nous apprendre, notamment dans le domaine de la démocratie, ose-t-il écrire en ses carnets. Cela ne peut guère plaire, même au Siècle des Lumières. Le jeune homme a eu de graves ennuis avec sa hiérarchie et s'il retourne en France, c'est pour y être puni, destitué peut-être.

Enfin, Poivre s'est découvert une passion de plus en plus envahissante pour la botanique. Il est de ceux qui pensent que la promesse de paradis dans l'au-delà ne doit pas faire négliger le mieux-être de l'homme sur terre ; or il y a, dit-il, des plantes qui, intelligemment cultivées, pourraient aider à ce mieux-être...

Là réside, pense-t-il, le véritable trésor du légendaire Éden : dans une agriculture triomphante qui donnerait à chaque homme de quoi se remplir l'estomac. Ne sourions pas : deux siècles et demi après, on rêve toujours à ce Graal. Admirons plutôt : en 1745, l'égalité des ventres, même si elle est réclamée par d'autres grands esprits, a quelque chose de révolutionnaire.

En un mot, c'est un drôle de jeune missionnaire qui arpente le pont du *Dauphin*, un missionnaire qui oublie ses images bénites pour le rameau vert des cultures de demain.

Que pense Pierre Poivre en observant l'approche de l'ennemi ? Il en a vu d'autres. Son biographe préféré laisse entendre qu'il eut ce jour-là tous les courages. Supposons donc qu'il ait senti la peur et qu'il ait su la vaincre.

Poivre ne se battra pas : ce n'est pas son rôle. Aussi attend-il, aidant peut-être à rouler le long du bordé les matelas qui serviront de dérisoire protection contre la mitraille, préparant de la charpie pour les blessés à venir, jetant comme les autres un œil furtif à l'ennemi de plus en plus proche. Et de plus en plus effrayant.

C'est en effet toute l'escadre du commodore Barnett, un dur à cuire, qui leur tombe dessus: un vaisseau de haut bord, avec trois rangs de canons, des frégates, un brick ou deux. Malchance des malchances, vraiment : la moitié de cette meute suffirait déjà à dévorer les trois bateaux marchands.

Chacun des capitaines du *Dauphin*, du *Jason* et de

l'*Hercule* penserait peut-être, voyant maintenant le déséquilibre des forces, à se rendre sans combat, s'il était seul. Mais il y a le regard des autres, leur jugement, le rapport qu'ils pourraient faire un jour à Versailles et qui marquerait au fer l'honneur du vaincu. On se battra donc, pour l'œil des voisins et la gloire du roi, même si c'est inutile.

Scène classique : les vaisseaux de guerre s'alignent à quelques encablures, au vent des marchands qui se sont regroupés pour mieux associer leur maigre puissance de feu. Ils ont tout pour eux : la maniabilité, la vitesse et la force. Ils s'approchent doucement, découvrent leurs gueules de bronze ; en ces siècles de guerre lente, on a le temps de voir la mort venir.

Le spectacle de ces monstres qui roulent leurs mécaniques ne fait pas fléchir les capitaines français : il y a l'honneur à sauver. Aux semonces ennemies on répond donc par des mots orgueilleux : pour ce qui est des phrases fleuries, on est heureusement à égalité.

Deux injonctions, deux refus. Les épées des capitaines se lèvent, les chiens des mousquets s'arment, et s'approchent les porte-mèches des fûts noirs de poudre des canons : le bal peut commencer.

Les marchands tirent, trouent quelques voiles. Peut-être même tuent-ils en face une poignée de fusiliers mal camouflés. Mais ils ne font pas le poids : en riposte, boulets et grenaille en rafale martèlent les flancs épais des bateaux, hachent les matelas roulés contre le bastingage, vont chercher leurs victimes à plat pont ou dans la mâture. Du sang coule, pour des soieries d'Orient et des épices qui ne sont pas encore chargées. Ce n'est pas la première fois, ni la dernière.

Que fait Poivre, dans tout ce vacarme ? Son travail d'homme de Dieu et d'honnête homme tout court : il se glisse d'un blessé à l'autre, pose ici un garrot, prononce là quelques paroles de consolation ou une prière, s'il n'y a rien d'autre à faire.

Le capitaine sans doute l'incite à la prudence : ne manquerait plus que par-dessus le marché, il se fasse abîmer un passager ; il aura déjà assez de comptes à rendre !

Mais Poivre persévère. Il a peut-être pensé, tout à l'heure, à la futilité des guerres entre les hommes. Ce serait bien dans son genre. Mais maintenant, il n'est plus temps de méditer, mais de courir d'un corps à l'autre et d'espérer que cela finira bien vite, pour qu'on puisse étancher tout ce sang qui fuit.

Il ne sent même pas le choc qui lui secoue soudain le bras. Les anciens de l'une ou l'autre guerre vous le diront : un soldat dans le feu de l'action peut marcher des mètres avant de constater qu'il a perdu un membre.

Rien qu'un soubresaut peut-être et le vent du boulet tout près de ses oreilles.

Machinalement, il regarde sa main droite.

Il n'a plus de main, plus de poignet. Le boulet l'a emporté.

C'est de son bras maintenant que le sang coule à gros bouillons.

Cruel clin d'œil du sort : il n'y a pas de séminariste pour voler à son secours. En sourit-il, Poivre, ou se contente-t-il de sentir sa jeune vie fuir de lui, dans le tonnerre de plus en plus assourdi de la bataille ?

Il sombre, glisse tout doucement dans le coton de l'inconscience...

Il se réveille, longtemps après, avec la douleur. Cette fois, il le sent, son avant-bras mutilé ! Et pour cause : un chirurgien est en train de le charcuter, retirant à la pince les esquilles d'os, nettoyant les lambeaux de chair et essayant de donner à la plaie tout entière un aspect moins terrible.

L'homme opère vite et mal : au temps de la saignée et des clystères, la médecine ne travaille pas dans la dentelle. Et puis, il y a tous les autres blessés qui attendent : le temps presse, chaque minute perdue par le praticien est une minute gagnée par la gangrène.

La gangrène. Elle est déjà à l'œuvre, apportée par la crasse omniprésente, facilitée par le climat torride. En quelques heures, elle a pourri les bords de la plaie. Il faut faire la part de la maladie, si on ne veut pas la voir remonter sournoisement et tuer. Le chirurgien coupe plus haut que le poignet arraché, beaucoup plus haut : au-dessus du coude ! On est vite raccourci en ces guerres anciennes.

On est vite effacé aussi : il ne survit pas un amputé sur trois, qu'ils aient été opérés dans un hôpital terrestre ou en mer. La faute aux "miasmes", dont on suppose qu'ils s'installent dans les plaies par génération spontanée : Pasteur ne naîtra que dans cent vingt-trois ans.

Qu'importe donc si le blessé gémit sous la brûlure du tafia - encore heureux qu'il y ait du tafia - qu'un assistant verse sur son moignon mal recousu. C'est un éclopé de plus, un bon à rien pour la vie. S'il vit.

Et puis, ce n'est qu'un ennemi…

Car Poivre est à bord d'une des frégates britanniques, dans cet entrepont obscur et répugnant qu'on ose baptiser du nom d'infirmerie. En temps normal, cet endroit mal aéré sent déjà plutôt fort. Aujourd'hui, il empeste : vomissures, odeur putride des ventres hachés, aigre sueur de ceux qui se sentent partir, sale parfum de la mort.

Poivre ouvre les yeux, reconnaît l'uniforme de celui qui le soigne. Il esquisse peut-être un faible sourire de remerciement. Cela aussi serait dans son style.

Quelques biographes ont écrit que l'Anglais lui aurait dit, dans le rude langage des gens de mer, que l'amputation avait été facile, vu que le boulet avait emporté la main comme casse-croûte pour les mouettes. Ce à quoi Poivre aurait répondu, en regardant le linge rougi qu'on enroulait autour de son moignon:

— Je ne pourrai plus jamais peindre…

Dialogue peut-être un peu trop édifiant pour être crédible. D'ailleurs Poivre parlait-il anglais ? Mais accordons-lui d'avoir eu quelque pensée de ce genre, même s'il ne l'a pas exprimée : elles étaient bien de son temps, ces réparties de champs de bataille, simples et grandioses à la fois. On mourait si vite qu'il n'y avait parfois, pour se survivre à soi-même, qu'un bon mot…

Mais ce n'est pas fini. Poivre ne va pas mourir et ses aventures sont loin d'être terminées.

Car voici qu'on crie au feu, sur le bateau anglais. Un prisonnier audacieux a-t-il jeté une torche du côté de la sainte-barbe ? Accusons plutôt un boulet chaud qui aurait enflammé des chiffons, ou une gargousse qui aurait fait mèche toute seule. Ce sont choses qui arrivent dans la confusion d'un combat naval.

Toujours est-il que des fumées suspectes flottent ici et là, avec cette méchante odeur, présage d'explosion et de naufrage. On s'affole à bord de la frégate : le feu, c'est la hantise du marin. Des hommes courent dans tous les sens, les chefs appellent aux seaux et aux pompes, mais tous ceux qui peuvent éviter la corvée se pressent sur le pont, lorgnant les canots, prêts à plonger si cela empire.

Les blessés ne sont pas oubliés, heureusement. Mais on n'a guère le loisir de les transporter en douceur. Ballotté comme un paquet dans ce déménagement express, hissé dans les escaliers et cogné aux chambranles, Poivre s'évanouit une fois de plus.

Il se réveille à fond de cale, parmi les ballots du bord.

Plus rien ne bouge et l'on n'entend que le bruissement de l'eau de l'autre côté de la coque et les gémissements du bois de la pointe des mâts à la quille.

Des heures ont passé. L'incendie a été maîtrisé et la flotte du commodore Barnett vogue maintenant au sud-ouest avec ses prises : la destination sera quand même Batavia, mais ce sont les Anglais qui en tireront tout le bénéfice...

Poivre ne pense pas si loin : sa blessure et le rude traitement qui a suivi l'ont dangereusement affaibli. Il flotte dans demi-conscience peuplée de cauchemars. La fièvre le brûle.

Il a perdu beaucoup de sang. Est-ce une chance ? On n'hésite pas à écrire que oui dans la "Notice" préfaçant ses *Voyages d'un philosophe* : l'auteur anonyme assure que *"cette énorme saignée put prévenir la fièvre inflammatoire, dont le danger est extrême sous le climat brûlant de l'Inde"*. Médecine de cheval pour hommes d'un autre temps... et d'une autre trempe.

Quelques jours plus tard, le Deptford, vaisseau-amiral de Barnett et toute la flotte font escale à Batavia. Les Anglais y débarquent les prisonniers et vendent les trois bateaux marchands français : la chasse n'est pas finie et il n'est pas question pour eux de s'encombrer de voiles et de bouches inutiles.

Voici donc notre Poivre à terre, avec un morceau en moins.

À vingt-six ans, on a la vie chevillée au corps. L'air n'est pas des plus sains à Batavia, mais les Hollandais ont du cœur et soignent de leur mieux le novice blessé.

Et Poivre survit. Sa blessure se cicatrise.

Le jeune homme a été trop mal amputé cependant pour qu'on puisse adapter un quelconque appareil à son moignon. Quelle prothèse, d'ailleurs ? Un faux bras en bois ? Cela ne ferait qu'ajouter le ridicule au douloureux.

Notons bien ce prodige, pourtant : personne, absolument personne, ne fera jamais allusion, dans les innombrables lettres et rapports qui vont concerner Pierre Poivre jusqu'à la fin de ses jours, à son infirmité.

Ne mettons pas cela sur une quelconque pudeur de l'époque : certains ennemis de Poivre seront plutôt rudes à son égard. Mais c'est comme s'il n'était pas manchot, comme s'il était parvenu, par ses qualités humaines et sa débordante activité, à faire oublier qu'il n'a plus de main droite.

Et pourtant, cette dextre perdue entre Sumatra et Bornéo va tout changer dans sa vie.

En quittant la Chine, déjà, il se demandait ce qu'il allait raconter à ses supérieurs de la congrégation des Missions étrangères, rue du Bac à Paris. On n'avait guère apprécié, en Chine et en Cochinchine, qu'il y ait en ses travaux beaucoup plus de botanique, de philosophie et de politique comparée, que de rapports sur la suprématie de la religion chrétienne. Voilà qui sentirait Rousseau, si Poivre connaissait Rousseau : le même vent souffle sur tous les esprits d'Europe.

Il n'est pas bon, pour un élève missionnaire, d'avoir

des conceptions trop modernes et les supérieurs du jeune homme ne se sont pas gênés pour le lui faire sentir. Un fort doute plane d'ailleurs sur les conditions de son départ : si on ne l'a pas exclu de la communauté, c'est juste pour laisser ce soin à Paris. Ce garçon n'est pas un vrai missionnaire et il y a peu de chances pour qu'il le devienne jamais, pensent ses chefs.

Le boulet anglais a cet avantage de régler définitivement la question : Poivre ne pourra plus peindre (encore qu'on le verra se débrouiller plutôt bien avec sa seule main gauche), mais surtout il ne pourra plus bénir : le geste sacré ne peut s'accomplir que de la main noble. Impossible donc de rester missionnaire : un cas de conscience réglé au bistouri !

D'ailleurs Poivre, dès qu'il a pu quitter sa couchette de malade, est allé flairer le monde nouveau qui se montrait à lui. Et une odeur à nulle autre pareille est venue chasser ses dernières hésitations : à Batavia s'entreposent le girofle et la muscade, ces rarissimes épices que les Pays-Bas produisent et commercialisent depuis un siècle et demi pour le privilège exclusif et la plus grande fortune de la *Vereenigde Oostindische Compagnie*.

Enivre ses narines, en cette lointaine escale de la prospère Hollande, l'odeur la plus chère du monde : celle des ballots que gardent, en des hangars de pierre, des rangées de hallebardiers.

Poivre ne peut voir ni toucher mais il se fait raconter : les cales parfumées des navires, les plantations, la récolte... C'est là sans doute que se révèle sa vraie vocation, qui n'est pas de christianiser le monde, mais de lui faire partager cette fabuleuse richesse. En commençant par la France, évidemment !

Pense-t-il aux piastres que ce commerce pourrait lui rapporter ? Ou à l'enrichissement de son pays, par compagnie des Indes interposée ? Rien n'est moins certain. On l'imagine plus, à travers ses écrits, rêvant d'une fortune équitablement répartie entre des paysans heureux, sur toutes les terres du globe. Car Pierre Poivre gardera toujours cela de ses humanités chez les Frères : une indéracinable générosité.

Le sort en est donc jeté, en cette année 1745 : le missionnaire change de camp ; il passe à l'agriculture !

Et l'agriculture, contrairement à ce qu'on pourrait croire, peut être synonyme d'aventure...

8

Pierre, fils d'Hilaire et de Marie...

C'est à cet obscur séminariste, manchot de surcroît, que va revenir l'honneur d'être le dernier grand aventurier des épices ou, du moins, le maître à penser des conquérants de la muscade et du girofle.

Son rôle est pourtant discret dans la grande tragédie des Indes. Mais il nous laissera un héritage plus durable que celui de certaines divas : de Dupleix, il ne nous reste que le souvenir d'une gloire éphémère ; de Poivre, il y aura toujours un parfum dans nos assiettes.

Les Poivre pourtant sont de paisibles merciers lyonnais, ayant bien oublié le condiment qui leur a donné leur nom, et attachés depuis des générations aux rues étroites de la vieille ville. De simples revendeurs, pas des Marco Polo.

Mais il arrive parfois qu'un bizarre, qu'un oiseau de long vol, naisse tout d'un coup au sein d'une couvée tranquille... La loterie de la vie donne à Pierre Poivre une formidable énergie, une vive intelligence, une infatigable soif d'ailleurs.

Ajoutez à cela une générosité sans fin, qui le pousse à vouloir rendre le monde entier heureux, et l'optimisme de croire qu'un jour il pourra l'être.

Bien sûr, il n'est ni très grand ni très beau, ni très patient ni très diplomate, mais il arrive quand même que les fées soient moins généreuses : si Poivre n'est pas un géant, il n'est cependant pas Monsieur Tout-le-monde.

Cet intéressant bébé est baptisé le 23 août 1719 en l'église Saint-Nizier de Lyon.

Rien ne dit qu'il soit né ce jour-là, bien qu'on ait l'habitude de baptiser les enfants très tôt en ces temps de forte mortalité infantile, et les biographes de Poivre hésitent entre le 19 et le 23 août pour date de naissance, sans qu'aucun document vienne à leur secours : on ne dressait jadis que des actes de baptême, pas des actes de naissance.

Les amateurs d'astrologie auront remarqué au passage que, quel que soit le jour exact, Pierre Poivre est né sous le signe du Lion. Et c'est vrai qu'il y a dans son caractère quelque chose de la prodigalité, de l'enthousiasme, de la fragilité aussi et de l'aimable vantardise qu'on accorde généralement à ces natifs. Écoutez-le d'ailleurs se dorer les ancêtres, après être devenu célèbre :

"Ma famille, établie à Lyon depuis environ trois cents ans, est connue depuis ce temps-là dans le Commerce de la Soyerie en gros, qu'elle continue encore avec succès..."

Nette exagération : Hilaire Poivre, le père, est petit marchand mercier, tenant échoppe rue de la Mercerie, dans la vieille paroisse Saint-Nizier. Là où Poivre essaie de nous camper un riche "soyeux", il n'y a qu'un modeste commerçant, époux d'une Marie Pompallier également humble, puisqu'elle aussi fille de mercier.

Il y a plus pauvre, c'est sûr, mais notre Pierre, quoi qu'il en dise, n'est pas issu de la grande bourgeoisie : son enfance s'est plus vraisemblablement passée en culottes déchirées dans les venelles et les "traboules" de Lyon qu'en hauts-de-chausses immaculés dans les salons de la ville.

Pour en finir avec la famille, qu'on ne reverra guère, signalons que Pierre est l'aîné de trois frères et une sœur, nés curieusement au rythme d'un tous les deux ans, en février ou en avril : Denis en 1722, Jean en 1724, “Jaque” en 1726, Claudine Magdeleine en 1727. À croire qu'Hilaire et Marie avaient inventé le planning familial...

Retenons le nom de Denis, le cadet : c'est lui qui héritera du commerce paternel après la mort d'Hilaire, puisque Pierre sera parti de par le vaste monde. C'est grâce à lui aussi que le grand frère rencontrera sa future et charmante épouse... Mais n'anticipons pas.

On apprend sans doute à lire et à écrire au petit Pierre. Mais sa véritable éducation ne commence qu'à quatorze ans, quand il entre chez les missionnaires de Saint-Joseph, à la Croix-Rousse. Il latinise et apprend la philosophie, en leurs sombres salles de cours aux fenêtres à vitraux. Il respire aussi l'odeur de la nature dans leur jardin, un grand jardin de moines plein de fleurs discrètes et d'herbes parfumées.

Est-ce là que déjà germe sa vocation ? Ses professeurs disent de lui qu'il est un des meilleurs élèves, excellent en tout, travailleur et intelligent. Et bon chrétien. On en fera peut-être un prêtre : il semble avoir des dispositions. Du moins, il ne court pas la gueuse comme les adolescents de son âge.

Hilaire Poivre, en recevant ces rapports, doit se frotter les mains : son aîné aura un meilleur sort que lui. Personne ne se doute que, dans le jardin des missionnaires, Pierre ne pense pas toujours à Dieu et que le parfum des fleurs, déjà, le transporte loin des oraisons.

En 1740 - Pierre a vingt ans passés, c'est un homme fait, capable de choisir - la porte de Saint-Joseph-de-Lyon s'ouvre sur un élève exemplaire : c'est décidé, le jeune Poivre va devenir novice aux Missions étrangères, rue du Bac à Paris. Il ira semer la bonne parole à travers le monde.

Pourquoi les Missions Étrangères ? Notre homme, fort discret sur ce sujet délicat (on verra pourquoi), ne s'en est jamais expliqué. Peut-être parce que les soies que vend son père, que tissent les Lyonnais en cent ateliers obscurs, gardent, même transformées en rubans, un incomparable parfum d'ailleurs, d'horizons lointains et de peuples étranges ?

Car on parle, dans les soirées lyonnaises, de ces curieux Chinois qui élèvent les vers, des voyages au long cours qui ramènent fil et toile brute, des accidents de mer, des escales embaumées.

Un signe : Pierre, quand il s'agira de partir en mission, choisira l'Extrême-Orient, méprisant les mirages pourtant autrement dorés des Indes et des Amériques ; son rêve est plus lointain et plus mystérieux...

Les récits des veillées familiales y sont sans doute pour quelque chose.

Pour l'heure, le voici à Paris, toujours bon élève, raisonnablement dévot, fort en théologie et en philosophie. Mais il se passionne aussi pour la botanique et les sciences naturelles. Peut-être les senteurs du jardin de la Croix-Rousse sont-elles restées dans sa tête, ou bien celles de l'Orient mystérieux s'y forment-elles déjà...

Des biographes un peu trop enthousiastes ont écrit qu'à la rue du Bac, Poivre avait été “condisciple” de Bougainville et de La Bourdonnais. Peu vraisemblable :

Bougainville, cet autre futur grand voyageur et botaniste, n'avait alors que onze ans, ce qui en aurait fait un compagnon de conversation plus que précoce pour Pierre Poivre. La Bourdonnais était effectivement à Paris en 1740 (en disgrâce provisoire), mais il était alors âgé de quarante et un ans, ce qui était un peu trop pour aller s'user les fonds de culotte dans les salles de cours de bons pères qui en savaient sans doute moins que lui.

Concédons que Poivre et lui ont pu se croiser, qu'une conférence a peut-être amené le gouverneur rue du Bac, encore que ses biographies n'en fassent pas mention. Détail : Poivre et La Bourdonnais se retrouveront plus tard, et ce sera autrement riche...

Le séjour rue du Bac dure peu. Dès la fin de 1740, après quelques mois de formation, Pierre Poivre s'embarque pour son premier voyage. Monseigneur Lefèbvre, alors vicaire apostolique de la Cochinchine, explique :

"M. Le Poivre s'était disposé dès sa jeunesse à l'état ecclésiastique ; il se présenta aux Messieurs des Missions Étrangères pour être envoyé dans la Mission des Indes. On condescendit à ses désirs quoiqu'il fût encore très jeune ; on se persuada que, dans cet âge tendre, il lui serait plus aisé de faire de grands progrès dans l'étude des langues, en attendant qu'il pût travailler à se mettre en état de recevoir les Saints Ordres..."

En un mot, le novice a la bougeotte et l'on a espéré lui mettre du plomb dans la cervelle en l'envoyant sur le terrain. La recette, on le devine déjà au ton de Mgr

Lefèbvre, ne sera pas des plus efficaces.

D'ailleurs Pierre s'est-il fait novice pour pouvoir voyager ou voyage-t-il parce qu'il est novice ?

La suite des événements nous laisse pencher pour la première hypothèse : Poivre est né avec un bateau dans la cervelle et de cette maladie-là, même les Missions étrangères vous guérissent rarement.

9
Le premier voyage : légende et vérité

Il est déjà difficile d'écrire la biographie exacte d'un contemporain : aux absences de documents et aux trous de mémoire s'ajoutent les déformations plus ou moins volontaires qu'introduisent l'intéressé ou les témoins ; ce n'est pas toujours aussi contradictoire qu'un procès d'assises, mais il est bien rare d'avoir un concert de voix unanimes.

Plus délicate encore est la tâche quand il s'agit d'un personnage ayant vécu il y a deux siècles et demi, et autour duquel, de son vivant, se sont tissées d'ardentes polémiques : aux exagérations de Poivre s'opposent celles de ses adversaires, chacun en rajoutant pour avoir le dernier mot. Quelques partisans pas très objectifs se sont jetés dans la mêlée, apportant le grain de sel de la confusion - parfois du pur mensonge - à un tableau déjà peu clair. Nous avons vu Du Pont de Nemours, ami intime et futur époux de la veuve Poivre, et un extrait de ses œuvres. Et comme beaucoup de biographes ont paraphrasé Du Pont sans toujours prendre la peine de vérifier…

Ceci pour dire qu'il n'est pas aisé de déceler la vérité dans la masse de témoignages concernant notre héros. Même les documents originaux - lettres de Poivre et de ses contemporains, rapports à la Compagnie, etc. - doivent être abordés avec circonspection : certaines pièces manquent et celles qui sont conservées à la Bibliothèque nationale, aux Archives de l'Ile Maurice et de la Réunion, à la Bibliothèque de Saint-Denis, de Lyon ou d'ailleurs, sont souvent marquées par le parti pris qui a entouré Poivre. Car une chose est sûre : Poivre a soulevé des passions.

En soulèverait-il encore aujourd'hui ? Sans doute. Il est de la race de ceux qui dérangent, de ces savants enthousiastes qui ne savent pas ménager le politique et qui heurtent même le grand public, ce public dont ils cherchent pourtant le soutien.

On en voit toutes les semaines à la télé, de ces chercheurs-philosophes, têtes bien pleines et esprits bien faits, qui bousculent le monde sur des questions de santé, de sécurité, d'avenir de notre civilisation, à grands mots rageurs, pour mieux secouer le troupeau. Ils n'auront peut-être pas tous leur biographie, dans deux siècles et demi - peut-être parce qu'ils ne risquent pas tous leur peau pour leurs idées - mais ils sont de la même race que Poivre : celle des perturbateurs de génie.

Vous aurez compris que nous aimons assez notre héros...

C'est qu'à force de lire les “pour” et les “contre”, on finit par se faire une idée, même s'il y a parfois du flou dans les détails. Poivre n'était sans doute pas l'homme totalement généreux, altruiste à l'extrême, oublieux de sa personne, de son confort et de sa gloire qu'ont voulu en faire certains idolâtres. Ce n'était pas non plus le tricheur qu'a tenté de décrire Fusée-Aublet, son noir ennemi.

Plus simplement il devait s'agir d'un homme comme les autres, avec ses qualités et ses défauts, capable du meilleur un jour et de pas grand-chose le lendemain. Sans doute guère porté sur la fortune personnelle - on en a de bonnes preuves -, mais, comme les savants contemporains évoqués plus haut, soucieux de son image de marque. Ce qui explique qu'il ait parfois rajouté un petit peu de dorure au tableau de sa vie : hyperboles méridionales que tous ceux qui habitent au sud de la Loire - et même les autres... - comprendront parfaitement.

L'embrouillamini de la vérité et de la légende commence au premier voyage de Pierre Poivre.

Il est vrai qu'on a peu de documents sur cette époque où notre jeune homme n'était pas encore célèbre. D'où un certain délire des biographes, qui ont brodé sur la *"Notice sur la vie de P. Poivre"* parue en préface de ses *Voyages d'un philosophe* en 1797 et qui est vraisemblablement due à l'excellent mais quelque peu lyrique Du Pont de Nemours.

On y raconte par exemple que Poivre, arrivant à Canton, fut emprisonné, qu'il apprit le chinois en prison, si remarquablement qu'il attira l'attention et fit la conquête du vice-roi de la région par son langage et son esprit, qu'il consacra les années qui suivirent à faire progresser à la fois sa religion et la réputation de la France chez les indigènes et que, si on le rapatria sur le *Dauphin* en 1745, c'était *"pour ne pas faire attendre une telle recrue"* : il fallait ordonner ce super missionnaire, et vite.

Beaucoup de galéjade pour un peu de vérité : n'en déplaise à la mémoire de Du Pont et de ceux qui l'ont recopié, quelques documents publiés par Charles Maybon dans *Études asiatiques* en 1965 jettent une lumière tout à fait différente sur le premier voyage de Poivre et le comportement de celui-ci.

Il est établi qu'il quitta la France à la fin de 1740 sur un bateau qui emmenait également quelques confrères, dont un certain Jean-Baptiste Maigrot, missionnaire ordonné, lui, et son aîné de quinze ans.

On ne sait rien du voyage proprement dit, mais le témoignage littéraire de Bernardin de Saint-Pierre, que nous retrouverons plus loin dans ce récit et qui navigua trente ans plus tard - et pour aller moins loin - donne une idée de ce genre d'aventure. On n'en était plus aux mauvais bateaux du siècle précédent, mais un départ pour les Indes restait quand même une odyssée dont on n'était absolument pas sûr de revenir.

La route part de Lorient, contourne le redoutable golfe de Gascogne, passe au large des Açores, reconnaît les îles du Cap-Vert.

Ne vous laissez pas tromper par la rapidité du trait sur la mappemonde : il faut déjà un bon mois pour arriver à la Ligne (l'équateur).

Et là, ce ne sont que vents contraires, calmes suivis de grains, longs jours de navigation erratique sous un soleil de plomb. Bien malin le capitaine qui sait exactement où il est : ce n'est qu'en passant le cap de Bonne-Espérance qu'on se repère vraiment.

Encore faut-il le passer. Certains doivent s'y reprendre à plusieurs fois, s'ils n'ont pas su se glisser dans les grands vents qui soufflent vers l'Est : trop au Nord et l'on a la brise dans le nez ; trop au Sud et ce sont les tempêtes géantes des Quarantièmes...

Franchi le cap, le bateau pour l'Extrême-Orient glisse tout penché sur la grosse mer, le long du trentième parallèle. Il ne remontera qu'arrivé en plein cœur de l'océan Indien, vent de côté cette fois, coupant les alizés du Sud-Est.

Puis c'est à nouveau l'équateur et ses humeurs changeantes, le dangereux slalom entre des îles mal connues, pleines de récifs et d'autochtones pas toujours très recommandables, et l'arrivée enfin en Indonésie ou en Chine, après cinq à six mois de mer, souvent sans escale.

Les conditions de vie à bord des navires sont des plus inconfortables. Écoutons Bernardin de Saint-Pierre en témoigner, dans son *Voyage à l'Isle de France* :

"L'équipage loge sous les gaillards et dans l'entrepont, prison ténébreuse où l'on n'y voit goutte [...]. Il serait impossible de vous peindre le désordre de notre vaisseau. On ne sait où passer. Ce sont des caisses de vin de champagne, des coffres, des tonneaux, des malles, des matelots qui jurent, des bestiaux qui mugissent, des oies et des volailles qui piaulent sur les dunettes..."

Ce vacarme de basse-cour se tait vite : au fil des jours passés en mer, le troupeau diminue sous le couteau du boucher. Puis, la dernière bête sacrifiée - au bout d'à peine un mois de route - on commence à manger de la viande séchée (et ses premiers vers !) tandis que l'eau pourrit peu à peu dans les tonneaux. Survient alors le fléau de tous ces voyages, cette maladie qui restera longtemps inexpliquée : le scorbut.

Bernardin de Saint-Pierre l'attribue à la mauvaise qualité de l'air et de la nourriture. Il ne se trompe que de peu : c'est l'absence d'aliments frais, viandes, fruits et légumes, c'est-à-dire une carence en vitamine C, qui provoque le scorbut. Mais les médecins de l'époque, qui ne connaissent pas les vitamines, ne savent comment lutter contre ce fléau qui semble inéluctablement lié aux longs voyages.

Comme l'ingestion de denrées avariées et les mauvaises conditions d'hygiène s'ajoutent à l'avitaminose proprement dite, il est difficile de savoir ce qui provoque vraiment la mort. Car on meurt beaucoup à bord des voiliers du XVIIIe siècle.

Jugez-en encore à ce que relate Bernardin : au premier mois de mer, on immerge le premier défunt, quelque part au large de l'Afrique. Au passage du Cap, ils sont vingt-et-un malades à bord ; et au quatrième mois de mer, comme le bateau quitte le trentième parallèle pour remonter vers les îles, l'état des hommes empire de manière foudroyante : quarante-cinq malades le 7 juillet, soixante le 10 juillet, quatre-vingts le 13 juillet... Heureusement qu'on arrive enfin ! Mais il y aura eu onze morts semés en mer au cours de ces quatre mois et demi de navigation : une personne sur huit.

Le mal épargne relativement les officiers et passagers, mieux nourris en principe. Relativement... Une phrase traduit son aveugle cruauté :

"Le 29 (juin) un enfant né depuis huit jours mourut scorbutique. On compte aujourd'hui vingt-huit matelots sur les cadres (malades). On a pris pour faire le quart tous les domestiques du vaisseau et les passagers qui ne sont pas dans la grande chambre."

Deux semaines plus tard, le navire est au bord de la catastrophe :

"11 juillet. Vent favorable. Nous avons aujourd'hui soixante-dix scorbutiques forcés de garder le lit. Si nous restons encore huit jours à la mer, nous péririons infailliblement. On a jeté à l'eau un jeune homme de dix-sept ans.

Le 12, beau temps, belle mer. Il n'y a plus que trois matelots de chaque quart. Les passagers et les officiers aident à la manœuvre [...].

Le 13, on vit la terre à huit heures et demie du matin. Nous sommes si accablés que cette nouvelle n'a réjoui personne."

À l'arrivée, on soigne les survivants comme on peut. Le bouillon de tortue a grande réputation. C'est une erreur : la tortue de terre n'a pas la vertu de guérir les scorbutiques. Elle a par contre celle de pouvoir survivre beaucoup plus longtemps que n'importe quel animal dans l'entrepont d'un navire, ce qui est une prévention contre la maladie : tant qu'ils mangent de la viande fraîche, les navigateurs sont préservés. Pour cette raison, les capitaines en relâche à l'Ile de France, à Bourbon ou aux Seychelles embarquent les tortues par centaines : ainsi la méconnaissance de la vitamine C sera-t-elle la cause de l'anéantissement des tortues de terre dans tout l'océan Indien.

Bernardin de Saint-Pierre se soigne, lui, aux végétaux frais : heureuse intuition, qui le guérit en quelques jours. Il était temps : il arborait depuis trois semaines une plaie qui du doigt s'était étendue à la main, menaçant ses capacités d'écriture. Virginie l'a échappé belle.

Notre Poivre a sans doute subi, lui aussi, les attaques du scorbut, cette "lassitude universelle", souffert des ulcères aux bras, aux jambes, à la poitrine, qui s'ajoutent aux furoncles dus au trop long contact avec l'eau salée. Peut-être a-t-il senti ses dents de jeune homme branler dans ses gencives : on reconnaît, en ces temps, les loups de mer à leurs mâchoires vides. Un voyage, une dent, tel est le tarif minimum.

À l'arrivée de Poivre en Chine se situe un des épisodes les plus invérifiables de sa longue carrière. Son premier biographe, dans la préface aux *Voyages d'un philosophe*, raconte cette surprenante et si exemplaire aventure :

"Dans une relâche qu'il fit avant d'arriver à Kanton, il reçut d'une main trompée ou perfide une lettre en chinois, qu'on lui dit être de recommandation, et dans laquelle, au contraire, un Chinois qui avait été offensé par un Européen, dénonçait cet Européen, qu'il croyait devoir être le porteur de la lettre, comme un coupable dont la nation chinoise avait à se plaindre, et qui méritait la mort.

Le jeune homme, rempli de confiance, se hâta de présenter la lettre au premier mandarin qu'il put approcher, et fut mis en prison.

Les prisons sont très douces à la Chine (ainsi qu'au Japon, comme on peut s'en convaincre par les détails curieux rapportés par Thunberg) ; il y apprit la langue. Le vice-roi de Kanton, intéressé par sa contenance noble, douce, patiente, grave, presque asiatique, touché de son ingénuité, indigné d'une si odieuse trahison, devint son protecteur et lui procura toutes les facilités qu'on refuse ordinairement aux Européens pour voir l'intérieur du pays."

L'ennui est que les archives de la Société des Missions Étrangères ne font aucune mention de cet incident de parcours. Au contraire : un certain père Favre, prêtre suisse installé à Canton, envoie en septembre 1741 à la Mission de Macao ses vœux de bonne santé au père Maigrot et à *"mon cher Le Poivre"*. Aucune allusion à un quelconque ennui judiciaire. Pourtant, si Poivre avait eu des ennuis à Canton, Favre aurait été un des premiers à le savoir !

Par ailleurs, le rapprochement des dates laisse peu de temps pour un emprisonnement et une "étude de la langue" : en effet, appareillant de France à la fin de 1740, Poivre n'a pu arriver à destination avant le milieu de 1741 ; or la lettre de Favre permet de constater qu'en septembre, il est déjà reparti à Macao, après escale à

Canton. Où situer dans ce court délai son incarcération si studieuse ?

La remarque sur la "douceur" des prisons chinoises aurait dû aussi mettre la puce à l'oreille des biographes trop crédules qui ont repris cette fable : tout ce qu'on a pu savoir, depuis cette époque, sur les geôles chinoises et japonaises en donne un tableau fort éloigné du paradisiaque.

Quant à l'apprentissage de la langue... Mgr Lefèbvre, vicaire apostolique de Cochinchine, écrit en 1750, bien après le départ de Poivre et son séjour complet en Chine et Cochinchine :

"Il ignorait la langue du pays, ne s'étant pas donné la peine de l'apprendre."

Début de la cabale dont Poivre se dira - et sera parfois réellement - victime tout au long de sa vie ? Il est certain que le départ du jeune homme des Missions ne dut pas lui faire des amis au sein de cette auguste maison. Mais de là à dire que les affirmations de trois prêtres sont mensonge pur, il y a un pas que nous hésitons à franchir.

Plus vraisemblablement, car toute légende a souvent un fond de vérité, Poivre a peut-être été l'objet d'un malentendu à son arrivée : on n'entrait pas si facilement en Chine. Les tracasseries administratives, grossies par Poivre lui-même ou un de ses panégyristes, ont été montées en martyre.

Personne en revanche n'a relevé l'incident qui opposa, au cours de ce premier séjour cantonnais, Poivre à un certain M. de la Barre, responsable de la petite communauté française.

Problème mineur, sans doute, et qui semble limité à un manque de courtoisie :

"Ce jeune homme s'est brouillé avec moi sans vouloir m'embrasser avant de s'enfuir, écrit le père Favre le 15 décembre 1741.
Il sait d'autre part que M. de la Barre n'est pas content, qu'il souhaiterait avoir l'occasion de lui faire plaisir s'il le méritait un peu mieux qu'il ne l'a fait [...].
Pour moi, il ne me dégoûte pas d'une faute, mais les gens du monde se scandalisent facilement et reviennent plus difficilement que nous.
Ce n'est pas le tout d'avoir de l'esprit, il faut savoir l'employer pour se conduire."

Indice précieux : Poivre semble avoir le caractère vif et manque parfois de diplomatie. Une explication peut-être au nombre d'adversaires qu'il sèmera sur son chemin ?
Mais il sait aussi à l'occasion gagner son monde: en janvier de l'année suivante, le même père Favre, décidément bien bavard sur Poivre, écrit qu'il est redevenu *"le mignon de M. de la Barre, malgré tout ce que j'ai pu dire auparavant"*.
N'allons pas voir dans le mot "mignon" une quelconque connotation graveleuse : il s'agit ici d'un simple synonyme de favori. Poivre est donc parvenu à se faire pardonner sa gaucherie : des qualités à la hauteur de ses défauts...

Après quelques mois à Macao, le jeune séminariste part pour sa véritable mission, à "Fai-Fo" (Haï-Phong), en Cochinchine. Le père Favre, bon bougre, lui fait porter à Canton un mémoire sur le pays, qui devrait lui être utile. Le missionnaire a décelé la tendance qu'a Poivre de sortir du sentier, même s'il se force à espérer que la grâce divine touchera son bouillant protégé :

"On croit qu'il ne fera pas un long séjour dans les Indes [...]. Je pense tout le contraire de ceux qui le croient plus amateur du monde que de la mission et j'espère que le Bon Dieu qui l'a tiré des plaisirs de l'Europe lui fera goûter dans la vie les doux charmes de la grâce de Jésus-Christ, surtout et dès aussitôt qu'il combattra sous les étendards de son aimable croix au pays de la Zone torride."

Illusion : Poivre ne se laissera pas tenter par les "plaisirs", du moins pas par ceux qui émeuvent la plupart des hommes, mais cela ne l'empêchera pas de vite déposer "l'étendard de Jésus-Christ"...

Notre novice quitte donc Canton pour Haï-Phong au lendemain des fêtes de la nouvelle année chinoise, soit dans le courant de février 1742. Il restera de quinze (selon ses supérieurs) à dix-huit mois (selon lui) à son poste.

À travers les lettres et les rapports qui le concernent, on sent que ce séjour en Cochinchine est tout sauf une mission apostolique : Poivre se passionne pour l'endroit, ses habitants, ses coutumes, son commerce, les produits de sa terre, il se fait ami de marchands européens, d'hommes en place et de chefs locaux, il arpente l'arrière-pays, prend force notes. Il prépare même un rapport pour la Compagnie des Indes, sur l'intérêt d'une relation commerciale régulière avec la Cochinchine. Bref, beaucoup de mouvement mais peu de conversions : on ne le voit nulle part évangéliser les foules.

Les observations de Poivre, recueillies par la suite dans son premier rapport daté de 1744 et les Voyages d'un philosophe, ne manquent pas d'intérêt. Il y fait des rapprochements entre prospérité des nations et démocratie qui préfigurent Rousseau :

“Le vaste continent de l'Asie offre une région immense toute en friches, habitée par un peuple de brigands plus occupés de vol que de culture. Là un grand empire (la Perse, l'empire moghol des Indes ?), autrefois si florissant et si bien cultivé, aujourd'hui désolé par les guerres civiles, habité par un reste de population qui meurt de faim faute de culture, et qui répand son sang, non pour recouvrer sa liberté, mais pour changer de tyran.

Presque toute cette belle et riche partie du monde, qui fut le berceau du genre humain, voit ses terres dans l'esclavage et ses cultivateurs enchaînés, ou sous le despotisme aveugle des souverains qui la partagent, ou sous le joug destructeur des lois féodales.

Enfin, l'extrémité orientale du continent de l'Asie, habitée par la nation chinoise, donne une idée ravissante de ce que serait toute la terre, si les lois de cet empire étaient également celles de tous les peuples.

Cette grande nation agricole réunit à l'ombre de son agriculture, fondée sur une liberté raisonnable, tous les avantages différents des peuples policés et de ceux qui sont sauvages.

Princes, qui jugez les nations, qui êtes les arbitres de leur sort, venez à ce spectacle, il est digne de vous [...]. Voyez cette multitude innombrable qui couvre les terres de la Chine, qui n'en laisse pas un pouce sans culture: c'est la liberté et son droit de propriété qui ont fondé une agriculture si florissante, au moyen de laquelle ce peuple heureux s'est multiplié comme le grain dans ses campagnes.

Aspirez-vous à la gloire d'être les plus puissants, les plus riches, les plus heureux souverains de la terre ? Venez à Pékin, voyez le plus puissant des mortels, assis sur le trône à côté de la raison. Il ne commande pas, il instruit ; ses paroles ne sont pas des arrêts, ce sont des maximes de justice et de sagesse [...]. Il est appelé le fils du Tien ; il est la vraie, la plus parfaite image du Ciel dont il imite la bienfaisance. Son peuple reconnaissant l'adore comme un dieu, parce qu'il se conduit comme un homme... "

Tableau enjolivé, sans doute. Et langage vraisemblablement arrangé au fil des années : les Voyages ont été publiés à une époque où Poivre était célèbre et où les “idées nouvelles” avaient fait leur chemin.

Retenons quand même la philosophie profonde de ce texte : fraternité et justice sont les bases de la prospérité des nations, laquelle, pour Poivre, ne peut passer que par l'agriculture.

Cela restera son credo, jusqu'à la fin de sa vie : il se battra avec beaucoup plus de conviction pour faire passer ce message d'une planète verte et bien nourrie que pour endoctriner les Asiatiques.

Peut-être se dit-il aussi - comme ses écrits peuvent le laisser penser - que les Chinois et Cochinchinois sont heureux en leur état actuel, et que le prosélytisme parfois autoritaire qu’exercent les missionnaires ne leur sera pas de grande utilité ?

Ou bien a-t-il déjà basculé, comme l'en accusera Mgr Lefèbvre, dans le camp des matérialistes, uniquement occupé à bâtir des projets commerciaux entre France et Cochinchine ?

Toujours est-il que notre novice ne reste pas aussi longtemps qu'il l'aurait dû à Haï-Phong. Charles

Maybon, dans *Études asiatiques*, et un autre biographe de Poivre, le père Launay, laissent entendre qu'il aurait été chassé de la mission, sans en laisser paraître la cause.

Accusation grave, qui permet de supposer quelque faute contre l'Église: Poivre est-il allé au-delà de la tiédeur, a-t-il agi contre les intérêts des missions ? Ou bien son inaction en matière de catéchèse a-t-elle fini par lasser ses supérieurs ? On peut encore penser, comme le suggère la lettre de Mgr Lefèbvre citée plus loin, que la vivacité de tempérament du jeune novice lui a fait dépasser les bornes du respect hiérarchique, impardonnable écart pour un apprenti missionnaire...

Chassé ou parti de son plein gré, Poivre se retrouve à Macao vers le milieu de l'année 1743 et, de fait, n'y manifeste plus guère d'activité religieuse.

Au contraire, on le voit beaucoup avec un certain Friell, neveu par alliance de Dupleix, installé depuis plusieurs années dans la région.

Friell a quelques idées sur le commerce qu'il faudrait établir entre la France et ces contrées ; il connaît les denrées qu'il serait rentable de transporter, les contacts à établir. Des idées qui rejoignent celles que Poivre commence à exposer dans son mémoire destiné à la Compagnie des Indes...

D'où une question : Poivre a-t-il copié Friell ?

La réponse n'est pas évidente. Côté accusation, on souligne qu'il y eut de “fréquentes conversations” entre Friell et Poivre pendant le second séjour de ce dernier à Canton, de la mi-1744 à son départ en février 1745. Et Friell présenta, à son retour en France, son propre rapport sur le commerce avec la Chine et la Cochinchine... qui eut la malchance d'être évincé par celui de Poivre.

Côté défense, on soulignera que Poivre s'était intéressé au commerce et à l'agriculture dès Haï-Phong, donc avant la rencontre avec Friell, comme le prouvent les lettres de ses pairs et de ses supérieurs. En outre, son rapport à la Compagnie est daté de 1744, année qu'il passa en grande partie à Macao, où n'était pas Friell.

Sachant enfin que bien d'autres Français de Macao, de Canton ou d'ailleurs se souciaient de la question commerciale, qu'ils étaient même là uniquement pour ça (comme ce M. de la Barre que nous avons vu tout à l'heure), il n'y a rien d'étonnant à ce que deux d'entre eux aient présenté les mêmes suggestions à la même époque. Le surprenant est plutôt qu'il n'y ait pas eu plus de rapports sur le bureau de Compagnie. Que les idées de Poivre et de Friell se soient rejointes est tout à fait logique et nous ne suivrons pas les détracteurs de Poivre quand ils suggèrent qu'il a pu copier sur son camarade : la suite de sa vie le montre suffisamment original et décidé pour qu'il n'ait pas eu, même en son jeune âge, à voler les idées des autres.

D'ailleurs ne faut-il pas une certaine force de caractère – et une toute aussi certaine indépendance d'idées - pour s'arracher aux pressions amicales ou hiérarchiques qui tendent à le ramener au sein de la Mission ? Car Poivre ne devient pas le prosélyte modèle qu'on voudrait qu'il soit et la rupture est consommée, en 1744, ainsi que le prouve cette missive très sèche de Mgr Lefèbvre au père Maigrot, datée du 3 novembre :

"Je vous donne avis par la présente que j'ai exclu ce Monsieur de notre petite Congrégation [...] et en conséquence je vous signifie de lui fournir ce qui lui sera présentement nécessaire pour son retour et, s'il refuse de partir par la première occasion que vous lui fournirez, vous devrez l'abandonner et le faire sortir de notre maison comme un Monsieur qui ne mérite pas les moindres égards [...].

Comme je me confie dans le Seigneur qu'il aura déjà ouvert les yeux sur de si grands égarements où la vivacité a quelquefois plus de part que la malice, je vous exhorte à prendre tous les moyens pour que son retour se fasse sans bruit..."

Le brave père Maigrot doit être bien embarrassé, entre ce supérieur qui abhorre Poivre et ce jeune homme qu'il aime bien, au fond.

Les fautes du novice sont-elles si graves ? Poivre écrit à Maigrot, à la veille de Noël 1744 :

"Oubliez le passé, n'ayez plus contre votre frère ni préjugé ni ressentiment, effacez de votre cœur toute rancune [...]. Je vous quitte : je ne suis plus votre confrère, mais je ne cesserai d'être votre ami.

Un calomniateur a pu vous prévenir contre moi, il n'aurait jamais pu m'indisposer contre vous. Je vous prie, au nom de Jésus naissant, de revenir de vos préventions à mon égard ; brûlez jusqu'au moindre morceau de ces lettres iniques enfantées par la discorde et pleines de mensonges.

Je prie le Seigneur de pardonner au malheureux qui les a écrites et je lui pardonne de tout mon cœur."

Surprenant message. Poivre l'a écrit à Canton, quelques semaines avant son départ sur le *Dauphin*. Pourquoi prend-il, s'il ne se sent mal jugé, tant de peine à convaincre de ses bons sentiments un simple petit missionnaire de Chine ? Puisqu'il rentre sur la France, il aurait tout loisir d'y conter ce qu'il veut. Et la voix d'un Maigrot, il le sait, ne pèse rien face à celle du vicaire apostolique de la région.

Il faut donc croire à un fond de sincérité de sa part, même s'il en "rajoute" un peu, en bon Méridional (on verra que ce n'est qu'un début). Croire aussi que malgré une foncière bonté, ce jeune homme de vingt-cinq ans a la faculté de se faire des ennemis redoutables (et ceci aussi ne fait que commencer).

Ne pas croire en revanche au "signe divin" associé au boulet anglais qui, bientôt, va fracasser la main droite de notre séminariste : même s'il a encore quelques remords, même s'il restera un profond croyant toute sa vie durant, Poivre a bien consommé la rupture avec les Missions Étrangères avant son départ de Chine.

Il ne s'est pas embarqué, comme on l'a souvent laissé entendre, parce qu'il était urgent de consacrer sa vocation par une ordination, mais parce que Mgr Lefèbvre, pour mille raisons - et pas toutes avouées - ne le supportait plus et l'avait chassé.

Sans doute choisit-il de ne pas révéler les détails de son conflit avec la Mission et en cela seulement le boulet anglais se montra "providentiel" : en mutilant Poivre, il évitait toutes les questions embarrassantes...

10

L'incomparable parfum des épices

Nous avons déjà vécu l'épisode suivant: le voyage sur le *Dauphin*, la bataille, le boulet...

Nous savons aussi ce qu'il faut penser de la phrase de Poivre quand il écrit, à propos de sa mutilation : *"Ce me fut un signe non suspect que la Providence ne me destinait pas à l'état que j'avais tout d'abord embrassé."* La Providence avait déjà parlé depuis longtemps, en ce qui concerne la vocation ecclésiastique du jeune Pierre.

Mais on porte mieux l'image de martyr que celle de réprouvé et même Mgr Lefebvre, l'ennemi de Macao, ne cherchera pas à rétablir la vérité, qui restera enfouie dans les archives secrètes des missions étrangères.

Forcé par le destin ou divorcé de Dieu - mais n'est-ce pas un peu la même chose ? - toujours est-il que voici notre héros, manchot et encore tout fiévreux, déposé comme un paquet à Batavia par ses vainqueurs anglais, qui ont d'autres chats à fouetter sur les mers de Chine.

Il avait déjà perdu, en deux années d'Orient, un certain nombre d'illusions. En cette dernière aventure, il a laissé, outre son avant-bras droit, une partie de son herbier et la plupart de ses notes : dommage dont il se plaint plus que de son amputation. Mais ses réclamations auprès du commodore Barnett sont sans résultat : qui s'est soucié d'une poignée d'herbes et d'une liasse de papiers, dans la pagaille de l'abordage ?

À vingt-six ans, avec un bras en moins, avec derrière soi quelques années qui pourraient sembler gâchées et la désapprobation d'une institution qu'on a abandonnée, avec tout autour de soi des regards étrangers pour la plupart hostiles, un jeune homme pourrait se laisser aller à quelque désespoir. Pas Poivre. Et cela aussi traduit cette force de caractère d'un personnage sans doute pas toujours facile à vivre, mais auquel on ne peut nier solidité et volonté.

Poivre ne reste que quatre mois à Batavia. C'est assez pour se rétablir et cicatriser son bras, assez aussi pour qu'il reprenne ses observations géographiques, botaniques et humaines. Puisqu'il ne peut pour l'heure ni écrire ni dessiner - encore qu'il s'entraîne, déjà, de la main gauche - c'est de mémoire qu'il enregistre ses notes.

Comme en Cochinchine, il accorde beaucoup d'intérêt aux institutions, à la religion et à la politique. Mais surtout il étudie les plantes. Et quelles plantes !

Il a pu sauver de son aventure quelques débris de son herbier chinois, qu'il offrira à Bernard de Jussieu à son retour. Il a aussi remarqué, en Cochinchine, tout le bien que la culture du "riz de montagne" pourrait apporter à la France. Il a également étudié la canne et la manière dont on en extrait le sucre : Poivre a le sens pratique, c'est sûr, et s'intéresse de préférence à des végétaux qui pourraient améliorer le sort des hommes... et l'économie de son pays.

Mais que valent riz, canne ou "indigotier de Chine" auprès de ce qu'il découvre à Batavia ? Car les Hollandais, on le sait, détiennent le monopole du girofle et de la muscade. Ceux-ci se cultivent aux Moluques, mais on essaie de les développer autour de Batavia et, surtout, c'est là qu'on en stocke une grande partie,

Batavia étant la plaque tournante de la navigation locale : des caboteurs armés y apportent la récolte annuelle des Moluques, et des vaisseaux plus gros la transfèrent une fois l'an vers l'Europe, en des convois aussi bien protégés que ceux des galions d'or.

Les plus solides et les mieux gardés des bâtiments de Batavia sont donc les hangars à épices.

Un garçon curieux comme Poivre ne peut que s'y intéresser, comme il s'intéresse aussi aux plantations qui environnent la ville. Mais les sentinelles sont vigilantes : on ne vole pas d'épice, pas un grain, sous peine de mort. Pas fous, les Hollandais : ils savent bien qu'une seule noix de muscade encore dotée de son germe peut suffire à faire un muscadier...

Poivre se contente donc de regarder, de questionner autant que faire se peut, et de mémoriser.

Peut-être assiste-t-il aussi à cette fête barbare qu'est la destruction des excédents de production. Car il arrive fréquemment qu'il y ait *overgroot*, trop bonne récolte. Dans ce cas, les Hollandais éliminent le surplus pour ne pas faire tomber les cours : bonne gestion commerciale, même si cela paraît du gaspillage.

Un voyageur français, Blancard, a été témoin en 1772 de cette extraordinaire cérémonie, où brûlent en quelques heures de quoi faire la fortune de milliers d'hommes :

“Au-dehors de la citadelle et le long de la rive droite de la rivière en venant de la mer, se trouve une grande esplanade au milieu de laquelle on construit un vaste enclos avec des bambous ; on élève, dans l'un des côtés de cet enclos, un grand hangar que l'on divise en deux parties, formant deux salles. L'une est destinée pour le bal et l'autre pour le souper, après lequel on distribue, pendant le reste de la nuit, des rafraîchissements pour les dames et diverses boissons pour les hommes ; on y fume aussi, suivant la coutume hollandaise.

Les choses ainsi disposées, les épiceries sont portées au milieu de deux haies de soldats qui sont rangés depuis la porte des magasins jusqu'à celle de l'enclos, dans la forme d'un carré long. Ce qui fut brûlé en 1772 formait une masse d'environ cent pieds de long sur vingt-cinq de large et quinze de hauteur, ce qui produit 37 500 pieds cubes faisant 912 tonneaux de mer.

À l'entrée de la nuit, le “Shandabaer” et quelques-uns des principaux employés de la Compagnie, une torche à la main, mettent le feu à divers foyers qui communiquent l'incendie à toutes les parties ; tous les convives, rassemblés ensuite dans la salle du festin, se mettent à table ; après le repas, le bal commence et ne finit que le lendemain, dans la matinée.

La compression de cette masse d'épiceries ne laissant que peu de vide, l'incendie ne produit pas une grande flamme ; elles se consument lentement, ce qui fait durer le feu pendant près de deux jours ; leur combustion répand dans l'atmosphère une odeur très suave qui est portée fort loin par le vent de terre qui règne pendant la nuit.”

Imaginez cette scène étrange.

Sous un hangar de palme ouvert aux quatre vents, la petite communauté hollandaise a revêtu les épais habits de fête d'un autre monde et d'un autre climat et transpire en dansant lourdement, aux musiques de la lointaine mère patrie. Se mêlent là des capitaines de passage, des fonctionnaires venus d'Europe, quelques nouveaux colons et tout le troupeau de ceux qui sont nés là, ou s'y sont installés pour toujours, déjà plus qu'à demi asiatiques, métissés parfois, et qui regardent avec un mélange de mépris et d'envie les vrais blancs venus d'ailleurs, qui auront la chance, eux, d'y repartir.

Au milieu de cette petite foule, à la grande table, le gouverneur en habit à dentelles essaie de faire honneur au repas de fête, entouré des plus belles dames de la ville et de quelques chefs indigènes drapés de cotonnades criardes, auxquels il a fallu faire plaisir et dont on aimerait qu'ils se tiennent mieux.

Bourdonne, un ton au-dessous de la musique, le récit cent fois ressassé des quelques petits scandales de la ville, assorti de quelques nouvelles d'Amsterdam vieilles de six mois. On se fait des sourires et des mines gourmandes, même si les fards dégoulinent par la transpiration.

Et par-dessus tout cela, omniprésente, entêtante, écœurante, flotte partout, dans le grand hangar, sur la ville, sur la baie et loin au large, l'odeur grasse des quintaux d'épices qui brûlent trop doucement.

Des convives sortent parfois, entre deux danses, pour voir le monceau rougeoyant, dont la lueur transforme les gardes en soldats de plomb. Ils tournent vite le dos, excédés par ce parfum trop fort et l'insupportable spectacle de cet or qui grésille. Car c'est une montagne de ducats, de florins ou de piastres qui crépite et fond au souffle lourd du vent...

Qu'il ait assisté ou non à cet autodafé végétal, Poivre n'a pu qu'en entendre parler : c'est la seule fête païenne de l'année, une nuit formidablement parfumée - la fumée la plus chère du monde ! - qui doit tourner bien des têtes... et des cœurs.

Aussi est-il plus décidé que jamais, quand, quatre mois plus tard, un navire l'embarque vers le Siam, à revenir dans ces régions, pour y voler un peu de ce trésor que les Hollandais gardent si jalousement.

11
Le voyage au long cours d'un jeune homme peu chanceux

Le bateau choisi par Poivre ne va pas loin, ni vraiment dans la bonne direction. Mais il faut bien sortir de Batavia, faire quelque chose, se remettre à vivre.

Après un mois de navigation prudente en ces mers dangereuses, Poivre se voit débarqué à Mergui (actuel Myeik) sur la côte sud-ouest de Birmanie.

C'est un tout petit port, à deux cents kilomètres à vol d'oiseau de Bangkok, juste de l'autre côté de la péninsule indonésienne. Ici encore notre voyageur observe et il notera, quand il en aura le temps et la force, quelques phrases incisives sur cette nouvelle escale, qui vont bien au-delà du simple souvenir de voyage : le jeune Poivre, décidément, est un philosophe...

“Les Malais sont gouvernés par les lois féodales, ces lois bizarres imaginées pour défendre, contre le pouvoir d'un seul, la liberté de quelques-uns, en livrant la multitude à l'esclavage. Ils ont les mœurs, les usages et les préjugés que ces lois donnent.

Un chef qui a le titre de roi ou de sultan commande à de grands vassaux qui obéissent quand ils le veulent. Ceux-ci ont des arrière-vassaux, qui en usent souvent de même à leur égard. Une petite partie de la nation vit indépendante, sous le titre “d'orang-caïo” ou noble, et vend ses services à celui qui les paye le mieux ; le corps de la nation est composé de serfs et vit dans l'esclavage.

Avec de telles lois, les Malais sont un peuple inquiet,

aimant la navigation, la guerre, le pillage, les émigrations, les colonies, les entreprises téméraires, les aventures, la galanterie.
Ils parlent sans cesse d'honneur, de bravoure et, dans le vrai, ils passent chez ceux qui les fréquentent pour le peuple le plus traître et le plus féroce qu'il y ait sur la terre ; et ce qui m'a paru fort singulier, c'est qu'ils parlent la langue la plus douce de l'Asie...”

On comprend que notre voyageur n'éprouve pas le désir de rester très longtemps en un pays de mœurs aussi brutales. Il se présente avec d'autant plus d'impatience aux capitaines de passage que les escales sont rares en ce port perdu.
Le navire qui accepte de l'embarquer n'est guère fameux. Il est même franchement délabré, depuis des années qu'il fait le cabotage “d'Inde en Inde”. En outre il ne se rend pas en Europe mais seulement à Pondichéry, le comptoir français de la côte de Coromandel. Poivre n'hésite pourtant pas : ce seront toujours quelques milliers de milles de plus, et une nouvelle étape, de nouvelles découvertes.
Mais cette fois, la traversée est rude : on essuie tempête sur tempête et le vieux bateau menace de se disloquer. Mal entretenus, rongés par les tarets qui travaillent plus vite en ces eaux chaudes, les navires sont comme les hommes et s'amollissent rapidement dans les mers du Sud.

Au plus fort des ouragans, tout le monde - passagers comme matelots - doit prêter la main aux manœuvres. Sauf Poivre, auquel son infirmité interdit même de monter sur le pont : quand la mer est grosse, tous les marins vous le diront, il faut avoir une main pour soi et une main pour le navire...

Alors le manchot attend que cela se passe, dans quelque coursive puante. Installé le plus loin possible des paquets d'eau qui dégringolent par les panneaux mal ajustés, on l'imagine bien oubliant, au fil des heures interminables de gros temps, le fracas de la mer et la mort toute proche, pour penser à demain, à son rapport qui se structure dans sa tête, aux peuples qu'il a rencontrés, au chemin qu'il a parcouru.

Oubliée aussi, sans doute, la Mission qui s'éloigne derrière lui : il prie, peut-être, pour son salut et celui des autres, mais il n'essaiera plus de convertir les gens. Du moins, pas en matière religieuse. Son seul regret, pour l'heure : n'avoir même pas un clou de girofle caché au fond d'une poche. Mais il reviendra, il se le jure, et alors...

Le bateau ne coule pas et c'est presque miracle. Il parvient un beau jour devant l'immense côte rectiligne de l'Inde, face à une petite ville ocre et blanche au soleil : Pondichéry. Beaucoup plus d'ocre que de blanc, d'ailleurs : pour quelques maisons en maçonnerie, vaguement alignées en quadrilatères dans la "ville française", il y a beaucoup de cabanes en branchages, en terre et en palmes, qui abritent une multitude miséreuse.

Le débarquement est encore une aventure. Comme il n'y a pas de port, les navires jettent l'ancre en rade et il faut pour se rendre à terre franchir une grosse barre de lames qui déferlent. On a le choix entre les chaloupes à l'européenne, d'apparence plus sûre, mais qui chavirent parfois, et les embarcations indigènes, grossiers assemblages de poutres, que chaque vague inonde mais qui ne coulent jamais. Dans l'un et l'autre cas, émotion garantie et douche quasi assurée.

Passé ce baptême, le voyageur se retrouve sur la plage grise de la petite colonie, face aux bureaux de la Compagnie. Une rue de terre, quelques hangars, un fortin de pierre et une ou deux batteries de canons sont les seuls signes de civilisation en ce comptoir qui est pourtant le fer de lance de la présence française en Inde.

Poivre estime la population de Pondichéry, à l'époque de son arrivée, à cent mille âmes.

Parmi elles, quelques centaines de Français tout au plus, employés de la Compagnie, marchands et soldats. Les autres sont des Indiens de la région, qui s'agglutinent là dans l'espoir de ramasser quelques miettes de la richesse occidentale.

Certains, marchands ou nababs, jouent un rôle dans l'entreprise coloniale, en fournissant des marchandises ou des hommes.

D'autres sont les indispensables bras pour charger les navires ou porter des fusils, mais la plupart sont simples spectateurs, témoins flegmatiques de l'agitation des nouveaux arrivés. Ils fuient ou changent de maître quand par malheur les Européens se livrent bataille à grands coups de canon. Un jour pourtant, un certain nombre d'entre eux se sentiront français...

Sorti d'une tempête, Poivre atterrit dans une autre. Non seulement Français et Anglais sont en conflit (comme d'habitude), mais c'est la guerre aussi entre les deux grands chefs français : Dupleix et La Bourdonnais.

La Bourdonnais, sa disgrâce passée, est redevenu gouverneur des îles de France et de Bourbon, c'est-à-

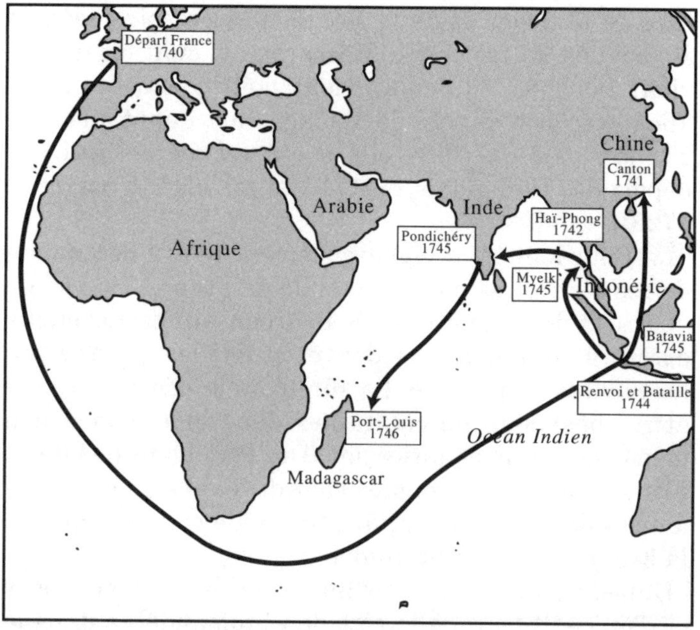

Le premier voyage de Poivre : une formidable odyssée qui lui fait découvrir la Chine, le Vietnam, l'Indonésie, la Birmanie, l'Inde, les Mascareignes et, au retour, les géôles anglaises.

Ajoutons qu'il perd un bras en route et qu'il hume l'incomparable parfum des épices à Batavia : voilà un voyage qui forme la jeunesse ! À condition de survivre, naturellement.

dire de Maurice et de la Réunion (accessoirement de Rodrigues, la troisième Mascareigne, dont on ne fait rien). Bourbon, on s'en souvient, a été colonisée depuis 1665 avec des “débris” de Madagascar ; quant à l'Ile de France, ex-*Mauritius*, elle a été récupérée après le départ des Hollandais, en 1715, et colonisée à partir de 1722.

La Bourdonnais a vigoureusement relevé l'économie de ces territoires, faisant de l'Ile de France un port de guerre et de commerce et de Bourbon, aux terres mieux arrosées, un potager verdoyant et fertile, apprécié par les navires de passage. La sûreté de la double escale a attiré beaucoup de capitaines dans la région. On a même ouvert un chantier naval au Port-Louis de l'Ile de France : les Mascareignes sont devenues en quelques années de gestion énergique un solide point d'appui de la France dans l'océan Indien.

Dupleix, gouverneur “des Indes” (en fait de Pondichéry et d'un petit bout de la côte de Coromandel) a dans le même temps de sérieux problèmes : il est parvenu à s'attirer la sympathie - parfois sincère, souvent spéculative - de nombreux chefs indigènes, mais la France fait piètre figure dans la région, soumise qu'elle est aux coups de pique des Anglais, dont la suprématie navale est écrasante. Maîtres des mers, les Britanniques viennent quand ils le veulent arroser de boulets les camps français et même Pondichéry, et cela fait mauvaise publicité.

Au début de l'année 1746, alors que notre Poivre en était encore à se faire gourmander par Mgr Lefèbvre, Dupleix, bien qu'il lui en coûtât, s'est résolu à demander assistance à son collègue des Mascareignes. Hélas pour l'image de marque de l'orgueilleux maître de Pondichéry, La Bourdonnais a trop bien réussi. Venu de l'Ile de France avec une demi-douzaine de navires, il s'est d'abord heurté bruyamment - et avec un certain succès - à la flotte anglaise. Puis, débarquant devant Madras, la plus grosse escale britannique de la région - une vraie ville celle-la, cernée de murs épais et bien défendue de canons - il en a fait le siège, appuyé par des populations locales ravies de voir l'Anglais se faire tailler des croupières. Il n'a pas pris la peine de demander son avis au susceptible Dupleix, ni l'appui de ses forces terrestres : ces deux têtes de bois font campagne chacune pour leur compte.

Contre toute attente, La Bourdonnais a pris Madras, en septembre 1747, pratiquement sans un coup de feu: neuf blessés seulement dans les rangs français. Belle victoire donc, qui redore le blason national.

Mais Dupleix ne pavoise pas. Il accepte mal que son collègue des Mascareignes - pour tout dire un inférieur - ait ainsi joué les Zorro à la tête de son escadre. Il aurait aimé un peu de déférence, quelques marques de vassalité... Au lieu de cela, La Bourdonnais est allé faire sa guerre tout seul, a eu l'audace de la gagner et maintenant est en train d'échanger Madras - qu'il n'a pas assez de forces pour tenir et ne veut pas détruire - contre une rançon !

Poivre arrive sur ces entrefaites, en octobre 1746. De l'amabilité tendue des premiers mois, les rapports entre Dupleix et La Bourdonnais ont tourné au conflit ouvert. Dupleix ne pardonne pas à La Bourdonnais d'avoir joué cavalier seul. Il ne lui pardonne pas non plus de garder ses capitaines sous ses ordres et de leur interdire de s'embarquer pour les expéditions que lui, Dupleix, rêve de lancer. Il ne lui pardonne pas surtout d'avoir rendu Madras, qui aurait été un si beau point de départ pour la conquête de l'Inde...

Enrichie de toutes les aigreurs que peut distiller une petite colonie isolée, l'affaire tournera au procès et mènera La Bourdonnais à la Bastille, d'où il aura bien du mal à sortir.

Quand Poivre débarque, la dispute des chefs met en ébullition toute la petite communauté française, qui n'a jamais eu si belle scène de ménage à se mettre sous la dent. Voici notre jeune homme plongé sans transition dans l'ambiance des Indes : ragots et médisance, et beaucoup plus de donneurs de bons conseils que d'acteurs véritables. Macao, où l'on ne faisait que murmurer ses critiques dans l'ombre des chapelles, doit lui sembler un paradis...

Sent-il déjà tout ce qu'un homme d'action et de pensée indépendantes risque en ce panier de crabes où, surtout, il ne faut pas se faire remarquer, où, pour réussir, il ne faut pas être intelligent mais savoir se faire des amis - se les acheter si nécessaire - et écrire des rapports haineux sur les confrères et concurrents ?

L'affaire La Bourdonnais, certes, incite à la réflexion. Car voilà deux hommes aux grandes qualités, aussi avides de bien faire l'un que l'autre, qui se déchirent pour un simple désaccord sur la manière de le faire, et parce que quelques “bonnes âme” ont su verser du fiel sur leurs blessures d'amour-propre.

La Bourdonnais est partisan du bâton et de la carotte. C'est un militaire en même temps qu'un grand ingénieur civil, on l'a vu aux Mascareignes qu'il administre depuis dix ans.

Pour ce qui concerne Madras, son idée est d'être magnanime après avoir été ferme : l'Anglais, après ce coup de semonce, sera peut-être prêt à négocier. Après tout l'Inde est grande et il peut y avoir part pour tout le monde...

Dupleix pense, lui, que le gâteau est trop riche pour

que quiconque ait envie de le partager. Sur ce point, il a sans doute raison, même si ses conclusions sont cruelles : on ne peut pas se faire de cadeau quand on est en guerre, même pas celui d'une ville sans défense.

La Bourdonnais parti, on verra Dupleix employer des méthodes plus “modernes” que l'épée et le canon : se pliant aux usages locaux, se fondant dans la population, il deviendra nabab parmi les nababs et il régira en toute légalité, en tant que “seigneur indien”, un territoire de plus en plus vaste, jusqu'à ce que le déséquilibre des forces, la mollesse du pouvoir central et quelques mauvaises querelles parisiennes l'écartent de la scène.

Peut-être l'Inde aurait-elle été française si les deux grands hommes s'étaient entendus, s'ils avaient associé leurs efforts pour exiger de la Compagnie et du Roi qu'ils envoient plus d'armes, plus de soldats et plus de navires. Mais ces deux caractères trop forts ne peuvent pas se supporter et, à la lecture de leurs rapports si contradictoires, la Compagnie se contenta de faire ce à quoi elle était si bien habituée depuis sa création : attendre sans bouger.

Poivre retrouve donc (si on admet qu'il avait pu le rencontrer six ans plus tôt, rue du Bac), en cette fin d'année 1746, un La Bourdonnais aigri et déçu. Certains biographes affirment qu'il essaya en vain de réconcilier les deux gouverneurs. Peu vraisemblable : quelle importance pouvaient avoir les conseils d'un petit ex-séminariste de vingt-cinq ans dans ce duel de géants ?

Ce qui est attesté, en revanche, est que Poivre suit La Bourdonnais, quand celui-ci quitte Pondichéry à la fin d'octobre 1746.

Est-ce parce qu'il a choisi son camp ? Comme il ne prend pas parti dans ses écrits, sinon pour regretter les énergies perdues, on peut présumer qu'il a tout simplement profité de l'occasion qui s'offrait à lui de quitter la côte indienne, décidément malsaine, et d'ajouter une étape à son long périple.

Dupleix lui gardera pourtant rigueur de ce départ “avec le traître”. Il saura se souvenir, quand l'occasion s'en présentera, du” mauvais choix” de Poivre, qui n'est qu'une hâte de continuer sa route - pour pouvoir mieux revenir, un jour.

C'est que son projet démange notre jeune homme. D'ailleurs le bateau de La Bourdonnais est à peine arrivé au Port-Louis de l'Ile de France, le 10 décembre 1746, que Poivre se met en quête d'un embarquement pour l'Europe : il faut vite parler de tout ce qu'il a vu aux seigneurs qui gouvernent, là-bas à Versailles, et les décider à cueillir cette richesse mythique qu'il a eue, lui, Poivre, sous les yeux, presque à portée de la main !

Car il y a des moyens. Il doit y en avoir : l'expérience asiatique et coloniale de Poivre, consolidée à chaque escale, lui souffle qu'on peut toujours trouver des arrangements avec les règlements. Les défenses mises en place par les compagnies, si redoutables vues de loin, ont toutes leur défaut. Il suffit d'un peu de ténacité... et Poivre n'en manque pas, on le verra.

Une chance pour lui, enfin, dans son odyssée (n'oublions pas que de Macao au Port-Louis, il lui a déjà fallu quatre bateaux !) : un navire est en partance. Clin d'œil du destin : c'est un hollandais ! Rien d'étonnant : on n'est pas en guerre contre les Pays-Bas. C'est donc à bord de ce paisible marchand, qui transporte peut-être des épices en cale, que notre Poivre va porter et mûrir son grand projet de vol.

Ruses et secrets, petites tricheries et grandes traîtrises: on reste en plein roman d'espionnage…

Certains biographes affirment que notre héros était à bord du Hollandais dès le lendemain de son arrivée, faisant voile vers l'Ouest. Accordons-lui quand même quelques jours d'escale : sinon comment aurait-il pu rassembler ses notes sur l'Ile de France, qu'il pressentait déjà comme le lieu idéal pour acclimater la muscade et le girofle qu'il donnerait un jour à la France ?

À un ou deux jours près, voici donc Poivre reparti. Récapitulons : cela fait six ans qu'il voyage et, depuis la Chine, il en est à son cinquième navire. Et ce n'est pas fini…

La longue traversée est presque terminée, avec son tribut habituel aux fortunes de mer et au scorbut, quand apparaît une voile, à l'entrée en Manche. Un français ! Mais un corsaire, de ceux qui ne font guère de cadeaux et qui glissent parfois vers la piraterie. On n'est pas vraiment en conflit avec les Pays-Bas, mais qu'à cela ne tienne : après un vigoureux abordage, le bateau est pris. “Contrôle des marchandises !” On sait ce que cela veut dire : pillage “légal” d'une partie de la cargaison.

Poivre ce coup-ci a eu la chance ou la sagesse de se mettre hors du chemin de la mitraille. Il se tire sans blessure de l'échauffourée. Et comme il n'a ni notes ni graines dans ses poches, il n'a rien à perdre. Si, la liberté. Car une autre voile soudain pointe à l'horizon. Un Anglais cette fois et du genre redoutable. Répétition de la scène précédente avec le corsaire dans le rôle de la victime...

Voici Poivre à nouveau prisonnier, mais l'affaire va tourner plus mal qu'à Batavia.

Les Anglais, en effet, se méfient un peu de ce manchot qui affirme avoir connu la Chine et la Cochinchine, la Malaisie, Sumatra, l'Inde, l'Ile de France : à tant voyager il a dû apprendre beaucoup de choses, trop de choses, et l'on n'a nulle envie de voir cette tête si pleine aller débiter ses renseignements à Versailles. Moins les Français en savent et mieux cela vaut pour l'Angleterre...

— Libérez-moi sur parole ! supplie Poivre.

C'est une coutume fréquente : ceux qui en bénéficient respectent en général leur engagement de ne pas porter les armes et de payer rançon. Mais, allez savoir pourquoi, les autorités britanniques ne suivent pas la suggestion de Poivre, quand celui-ci est débarqué par son vainqueur. Peut-être est-il parvenu une fois de plus à se faire des ennemis ? Son mauvais caractère a-t-il ressurgi, à cet ultime coup du sort ? Il est vrai qu'on s'énerverait à moins, quand on a l'âme gonflée d'autant d'impatience.

Toujours est-il que notre héros se retrouve en prison, à Guernesey.

On a peu de détails sur ce séjour anglo-normand, ou des informations si contradictoires qu'il faut se résoudre à imaginer la vérité. Les dates, d'abord, se recoupent mal. Quant aux conditions d'incarcération, Poivre lui-même n'en parle pas. L'a-t-on réellement jeté dans une forteresse aux murs épais, par les meurtrières de laquelle il voyait, au loin, les voiles des pêcheurs français ? Possible. Mais pas nécessaire : il est si difficile de s'évader de l'île qu'il n'est pas indispensable d'y enfermer les prisonniers à double tour.

Guernesey, on le saura dans un siècle et des poussières, se montre propice aux méditations.

Qu'il contemple la mer par un trou dans une muraille ou depuis le rivage, Poivre sans doute s'abandonne parfois à la morosité : que de temps perdu ! Il bâtit aussi son plan, à ses heures d'optimisme, calcule son futur itinéraire dans les bureaux parisiens et les antichambres versaillaises, presque aussi compliqué et périlleux que la course entre les îles de l'Indonésie.

Combien de temps reste-t-il là, à attendre ? Certains disent qu'il fut emprisonné d'octobre 1747 à la mi-1749, soit plus d'un an et demi. Visiblement faux : en juillet 1748, une ordonnance renvoie Poivre aux îles à épices. On peut difficilement croire que la Compagnie ait pu prendre ce genre de mesure en faveur d'un prisonnier inconnu, qui n'avait pas eu le temps de remettre son rapport. De même, la version des *Voyages d'un philosophe*, qui affirme que Poivre fut libéré au bout de huit jours à la signature de la paix, ne tient pas non plus : la paix (très provisoire) d'Aix-la-Chapelle ne fut signée qu'en octobre 1748, soit trois mois après la décision citée plus haut.

Peut-être faut-il préférer la version de quelques autres biographes, selon laquelle Poivre rentra à Lyon en juin 1748. C'est un minimum : il a bien fallu quelques semaines à notre aventurier pour convaincre ces messieurs de la Compagnie, entre son arrivée et l'ordonnance de juillet !

Si on retient cette dernière hypothèse et si on compte quatre à cinq mois de mer de l'Ile de France, quittée en décembre 1746 ou janvier 1747, à l'Angleterre, Poivre aurait donc été retenu à Guernesey à peu près un an, du printemps 1747 au printemps 1748. C'est bien assez pour cultiver son impatience.

Et cela porte le grand voyage de Poivre à sept années.

Après cette longue attente (son séjour à Batavia date de deux ans !), notre homme prend à peine le temps d'aller saluer sa famille à Lyon, d'expliquer, en brandissant son moignon, qu'il ne pourra plus jamais être prêtre, de raconter la Chine à quelque neveu né pendant son absence : il piaffe, son grand projet mijote depuis trop longtemps dans sa tête.

Et si un autre, un de ces marchands imaginatifs qu'il a rencontrés là-bas, un Friell par exemple, lui avait soufflé" son" idée sous le nez ?

Il s'agite, il court de Lyon à Paris, de Paris à Lyon, promène sa redingote élimée de salon en antichambre. Il écrit et il parle, beaucoup, décrivant à grands gestes, sous le nez de fonctionnaires médusés, les tas d'épices de Batavia, la richesse de l'Orient.

De cet Orient dont il est malade : à peine en est-il revenu qu'il veut déjà repartir...

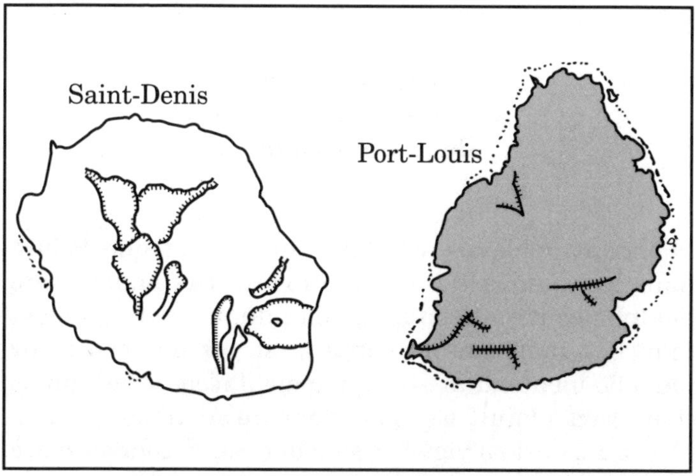

La Réunion (ancienne île Bourbon) et Maurice (ancienne Ile de France), les deux principales îles ds Mascareignes (la troisième île, Rodrigues, très éloignée et petite, n'a joué qu'un rôle très secondaire dans l'histoire coloniale).

Maurice est la plus ancienne et a eu le temps d'user son relief volcanique : il y a beaucoup moins de montagnes et la côte découpée offre beaucoup de ports naturels.

La Réunion reste une "montagne dans la mer" et culmine à 3069 m d'altitude, pour une île qui ne mesure que 60 km de diamètre. Peu de terres y sont cultivables et elle ne possède pas de port naturel : un handicap au temps de la marine à voile.

Les îles ont été rapprochées pour les besoins de la carte. En réalité, elles sont éloignées de 250 km, ce qui a empêché tout développement combiné. Elles sont "sœurs", mais sœurs distantes...

12

Deuxième voyage : Monsieur l'agent secret de la Compagnie...

Pendant quelques semaines, on ne voit que Poivre dans les couloirs des gens influents. Ses manches de dentelle couvrent son moignon : nul n'ignore qu'il est manchot, mais son infirmité n'est pas une chose sur laquelle il entend insister ; jamais il n'en parle, jamais il ne s'en plaint. Ce qu'il veut qu'on remarque, au contraire, c'est sa vigueur, sa jeunesse, sa connaissance de l'Orient, son énergie, la justesse de ses idées.

Et son honnêteté, dont il devine qu'elle sera un puissant argument : en ce monde de tricheurs qui grouillent dans et autour de la Compagnie, un garçon altruiste fera figure de curiosité…

“Ceux qui présentent des projets ont souvent un intérêt personnel à leur réussite, écrit-il à la fin de son mémoire sur la Cochinchine. Je suis si peu dans ce cas que si la Compagnie trouve quelqu'un de plus capable que moi, elle peut l'envoyer là-bas à ma place…

Habile manœuvre ou cri du cœur ? Il y a un peu des deux : Poivre refera plus tard le coup du “prenez quelqu'un d'autre si vous ne me trouvez pas capable”…

Toujours est-il que l'argument porte : le 25 juillet 1748, Poivre est choisi parmi plusieurs candidats (dont le fameux Friell, neveu de Dupleix, qui lui en tiendra longtemps grief) pour *“ouvrir un commerce en Cochinchine et découvrir des épiceries fines destinées à être transportées aux îles de France et de Bourbon”* :

“Il a été unanimement délibéré que M. David, gouverneur des îles de France et de Bourbon, serait autorisé à armer une frégate de l'Ile de France sur laquelle il fera charger vingt-cinq à trente mille piastres qui seront prises sur les cinquante mille marcs (17 tonnes d'argent !) destinés au commerce de la Chine. Laquelle frégate sera aux ordres de M. Poivre principalement chargé de cette expédition.”

Voici donc Poivre, à même pas trente ans et sans états de service, devenu chef d'expédition pour la puissante Compagnie des Indes !

Cela parle en faveur de son habileté et de son don de persuasion.

Mais la promotion spectaculaire de l'ex-petit séminariste n'attirera pour la postérité que ce commentaire amer de son ancien confrère, le père Favre, maintenant retiré en Suisse, qui écrit au père Maigrot, toujours en Chine :

“L'inconstant M. Poivre est devenu marchand, et ami par intérêt des Pères des Richesses (les “missionnaires de la Compagnie”, ainsi baptisés par dérision).

Je n'ai rien à vous dire de bon sur son compte.

Que Dieu le bénisse.”

On garde la rancune tenace chez certains ecclésiastiques. Il est vrai que si Poivre avait consacré autant d'énergie à semer la parole du Christ qu'à promouvoir son girofle et sa muscade...

Pour expliquer par autre chose que son bagout l'étonnante confiance dont Poivre est l'objet, notons tout de même deux choses. Tout d'abord, l'expédition ne coûtera guère à la Compagnie, qui en fait porter la charge à l'Ile de France. Ensuite, le “plan Poivre” est arrivé à point nommé…

Cela fait en effet fort longtemps que la Compagnie, ayant enfin renoncé à Madagascar, devinant ce que coûteront ses rêves indiens, et solidement implantée aux Mascareignes, utiles bases dans la mer des Indes, guigne de nouveau vers les Moluques et leur trésor végétal.

On n'a pu jusqu'à présent y porter la main. Il est vrai qu'on est en assez bonnes relations avec les Pays-Bas et qu'il faut agir en souplesse. Une première expédition officielle avait pourtant été prévue dès 1719, année de naissance de Poivre ; elle avait été abandonnée à cause d'un obstacle typiquement administratif : le conseil de Pondichéry, pressenti pour envoyer le navire vers les Moluques, avait répondu que *“ce projet exigeait un secret profond et impénétrable et qu'il ne lui était pas possible de faire un armement dont la destination ne fût connue”*. Habile manière de ne pas risquer un bateau et un équipage en une entreprise aventureuse. Et intéressante démonstration du marécage bureaucratique dans lequel devaient s'enliser tant de projets.

Dix ans plus tard, un administrateur dynamique ranima l'idée. On allait utiliser deux vaisseaux de trois cent cinquante tonneaux, partis livrer des Noirs aux îles de Bourbon et de France, après escale à Gorée ; sa “marchandise” une fois débarquée à l'Ile de France, un des deux bateaux se constituerait, avec les hommes les plus valides des deux équipages et vingt-cinq soldats pris au Port-Louis, une petite force de dissuasion. Le capitaine, après avoir ouvert en mer les ordres secrets à lui destinés, irait *“toucher à une des isles désertes des Moluques”…*

Une lettre des directeurs au ministre de la Marine (A.N., col. C2, 7 juillet 1729) précisait que ce bateau serait *“armé entièrement en guerre, pour être hors de toute insulte"*. Elle donnait aussi quelques détails sur les *"isles aux épiceries"* et la mission :

"Ces Isles sont en très grand nombre.
Dans les unes, des Holandois y ont des forts et des comptoirs et il ne convient pas d'y aller.
Les autres sont de deux espèces. Les premières sont habitées par des Naturels avec lesquels les Holandois commercent, les secondes sont absolument désertes, et c'est dans ces dernières qu'il faut du moins tenter, si on ne trouve pas de quoy se satisfaire dans celles habitées.
Sitost que le Capitaine aura mouillé, il fera descendre une partie de ses soldats et une partie de ses matelots avec des bailles qu'il aura fait faire à l'avance.
Les matelots couverts et deffendus par les soldats enlèveront le plus promptement qu'il leur sera possible des plans de Muscadiers et Gerofliers avec autant de terre qu'il sera jugé nécessaire, qu'ils mettront dans les bailles, et les transporteront abord du vaisseau qui mettra sur le champ à la voille pour les rapporter aux Isles, de Bourbon et de France.
Et pour mettre ceux qui seront chargez de l'execution de ce projet en état de connoistre les Epiceries, il leur sera remis des desseins de plans figurez, au moyen desquels il n'est pas vraysemblable qu'ils se puissent tromper dans ce qu'ils auront à enlever..."

C'est une véritable opération de commando qui est décrite ici, avec instructions secrètes et "enlèvement" d'arbrisseaux, en un territoire théoriquement allié. Quand on sait la valeur qu'avaient à l'époque muscade et girofle, et l'importance de leur monopole pour les Hollandais "amis" de la France, on peut la comparer aux plus beaux coups de l'espionnage industriel moderne.

Mais cette tentative de 1729 n'a pas eu lieu, on ne sait pourquoi. Les compagnies proposent, en leurs bureaux lambrissés d'Europe, mais les capitaines, les équipages et surtout les vents, la mer, les récifs et les mauvaises rencontres disposent. Personne n'a pu voler l'or vert des Moluques. Il faudra attendre Poivre... et encore, ce n'est pas pour tout de suite.

On comprend donc l'intérêt - même si on n'ose pas parler d'enthousiasme concernant une vieille dame aussi lymphatique - de la Compagnie pour tous ces messieurs qui viennent en chœur, au bout de vingt ans, dépoussiérer le rêve...

Pourquoi Poivre l'emporte-t-il devant des concurrents aussi solides et puissamment soutenus que Friell, le neveu du grand Dupleix ?

Sans doute le sérieux avec lequel il expose son projet, sa manche vide peut-être, qui affirme son courage, ses affirmations désintéressées. Mais à coup sûr aussi sa fièvre botanique : il ne parle pas qu'en termes de rentabilité et de piastres encaissées. Il parle d'abord et surtout de méthodes de culture, de techniques de transport, de terroirs adéquats. Son amour des plantes n'est pas feint, ni le souci qu'il a de multiplier celles qui lui semblent les plus utiles au bien-être du monde. Qu'importe si la Compagnie, en matière de bien-être, pense d'abord au sien propre : avant toute chose, il faut se procurer des graines et des plants et les faire fructifier, et dans ce dessein, il est préférable de faire appel à un botaniste, fût-il amateur, qu'à un homme d'affaires. Et si le botaniste se double d'un aventurier au long cours, c'est tant mieux...

Prudente, et ne voulant peut-être pas trop s'enferrer en une affaire qui, mal menée, pourrait assombrir les relations avec la Hollande, la Compagnie ne s'engage cependant qu'à demi : on n'ira pas aux Moluques mais en Cochinchine - puisque Poivre en a vanté les mérites et les perspectives commerciales - et, de là, on se renseignera discrètement sur les possibilités d'une expédition aux "isles de l'épicerie". Pas question de risquer un navire - et de bonnes relations commerciales - sur un coup de dé...

Tout de même, Poivre a gagné : il repart vers son Orient aux mille parfums, bien décidé à en rapporter la fortune et la gloire.

On n'a pas la date de son appareillage, mais il est certain qu'il n'a pas traîné en France : en août 1749, onze mois donc après l'ordonnance qui le fait chef d'expédition, il est en Cochinchine, après une escale à l'Ile de France.

Cela laisse tout juste le temps d'embrasser la famille à Lyon et d'ébahir le voisinage avec quelques histoires du grand large avant de s'embarquer. L'automne 1748 voit le départ d'une nouvelle aventure.

Poivre n'aura pas passé six mois en France, malgré sept ans d'absence...

Sur le navire qui pique vers le Sud, tâtant dans sa poche l'ordre de mission qui le charge de quelques pouvoirs et de beaucoup de responsabilités, notre jeune homme se laisse aller à méditer, au fil des lentes journées de la traversée.

À vingt-neuf ans sonnés, il n'a pas un sou en poche et un bout de manche vide. Mais il a le sentiment que les mauvaises années sont derrière lui, que l'avenir lui apportera la réussite. Il est vrai qu'il a maintenant un but précis, vers lequel il tend de toute son énergie : finie l'ambiguïté de son état de missionnaire, où il se sentait partagé entre son devoir et ses envies.

Il doit souvent relire son ordre de mission et imaginer ce qu'il fera pour concrétiser ses promesses. S'en gonfle-t-il la tête, se prend-t-il pour un petit chef ? Il sait que dans une lettre à M. David, gouverneur général des îles de France et de Bourbon, la Compagnie a donné des instructions pour qu'on lui fournisse une frégate commandée “par des officiers intelligents et qui connaissent les mers de Chine”. Il ignore par contre que la missive contient quelques réserves à son sujet, des tournures dubitatives qui montrent bien qu'on ne rêve pas autant que lui, à Paris, aux fortunes de l'Orient :

“Si M. Poivre rencontre à Mindanao les plants d'épiceries fines qu'il se flatte d'y trouver...”

Bref, ces messieurs de la Compagnie, échaudés par quarante ans d'échecs, attendent de voir pour croire. Ils n'ont pas tout à fait tort.

Après le long voyage habituel, Pierre Poivre se retrouve au Port-Louis de l'Ile de France. Cette fois, il a le temps d'observer un peu le pays, tandis qu'on arme le navire qui le mènera en Cochinchine. Il se renseigne même sur l'île Bourbon, sa voisine, qu'il ne visitera pas, et couche de sa main gauche quelques notes sur ces Mascareignes, qui seront publiées plus tard dans ses *Voyages d'un philosophe*.

On a vu que les Mascareignes forment un groupe de trois îles : Bourbon (La Réunion), à 800 km à l'est de Madagascar, l'Ile de France (Maurice), 250 km plus loin et Rodrigues, 650 km à l'est de Maurice. Il ne s'agit donc pas d'un véritable archipel, d'autant que ces îles fort éloignées les unes des autres se ressemblent peu.

Bourbon, la plus grande, possède un relief tourmenté, héritage d'une activité volcanique qui ne s'est pas encore interrompue ; les terres y sont bonnes et les hautes montagnes arrêtent les nuages, mais il n'y a pas d'abri pour les navires ni de baies profondes. À l'époque où Poivre revient dans la région, ses quelques milliers d'habitants vivent essentiellement d'agriculture, produisant du blé, du riz, du maïs et des légumes destinés aux navires de passage et du café pour l'exportation - le “Café le Roy”, un des meilleurs du monde.

L'Ile de France est très différente. Elle est légèrement plus petite, mais son relief moins tourmenté y réserve beaucoup plus de terres cultivables. Surtout, elle est géologiquement plus vieille et l'érosion, conjuguée à la lente construction de barrières coralliennes, y a aménagé de nombreux abris côtiers et deux grands havres naturels.

La Bourdonnais en a judicieusement fait le port et la forteresse de la région. Choix logique, qui tiendra les Anglais hors de portée pendant trois quarts de siècle, mais qui a eu quelques effets secondaires fâcheux : les habitants de l'Ile de France, se prenant pour des citadins, traitent avec quelque mépris leurs voisins “paysans” de Bourbon ; en outre, plus portés sur la spéculation que sur la culture, ils négligent quelque peu la mise en valeur de leurs terres, malgré une abondante main-d'œuvre servile. On verra ce que cela donnera, quand il s'agira d'acclimater les épices...

Rodrigues, qui ne mesure qu'une quinzaine de kilomètres de long sur la moitié de large, ne compte pas : ses faibles potentialités naturelles ne lui donneront jamais, malgré l'existence d'un port, de véritable espoir de développement.

La plume sans complaisance de notre voyageur brosse en quelques lignes le portrait des deux îles. À Bourbon l'agricole, les habitants *"ont conservé des mœurs simples"*. À l'Ile de France, plus ouverte sur le monde, *"l'administration et les mœurs de l'Europe ont plus d'influence"*. Ce qui ne veut pas dire que Poivre l'en admire plus. Car il juge, on s'en souvient, les peuples à leur agriculture. Et si les Bourbonnais, obscurs mais travailleurs, suscitent son respect, il n'a que des mots durs pour leurs voisins, qui bénéficient de terres presque aussi bonnes et bien arrosées mais n'en tirent rien, ou si peu, que l'île *"est presque toujours dans la disette"* :

"Depuis le célèbre La Bourdonnais, qui l'a gouvernée pendant dix à douze années, et qui doit être regardé comme le fondateur de la colonie, puisqu'il est le premier qui y ait établi l'agriculture, on a sans cesse erré de projets en projets.
On y a tenté la culture de toutes les espèces de plantes et l'on n'en a suivi aucune.
Le café, le coton, l'indigo, la canne à sucre, le poivrier, le cannelier, le mûrier, le thé, le cacaoier, le roucou, tout a été cultivé par essai, mais avec cette légèreté qui ne permet aucun succès.
Si l'on avait suivi le plan simple du fondateur, qui était de s'assurer du pain, l'île serait aujourd'hui florissante..."

Défrichements par le feu, troupeaux paissant à l'aventure dans des campagnes que personne ne laboure, voilà qui ne peut que choquer notre voyageur, qui a vu les rizières tirées au cordeau, les cultures minutieuses de l'Extrême-Orient.
Un autre point suscite sa désapprobation : l'esclavage.

"On a calculé qu'il y avait plus de profit particulier à transporter des esclaves que des bœufs", écrit-il. D'où l'usage, vite répandu dans toutes les colonies, du bétail humain. Une pratique non seulement immorale, juge Poivre, mais économiquement stupide :

"Comparons le prix de la denrée cochinchinoise (il s'agit ici du sucre de canne) avec celui de la même denrée cultivée et préparée dans les colonies européennes, et jugeons si, pour tirer du sucre de nos possessions, il était nécessaire d'autoriser, par une loi, l'esclavage des Africains..."

Point de vue étonnamment lucide et moderne, qui va au-delà de la réaction humanitaire pour démontrer l'ineptie du système lui-même.

On retrouvera Poivre farouchement anti-esclavagiste plus tard, dans de vigoureuses critiques du système colonial de l'Ile de France. Ce qui ne manquera pas d'ajouter quelques ennemis à une liste déjà longue...

Pour l'heure, le voici, après quelques semaines d'observation critique, partant pour la Cochinchine à bord du Dauphin. S'agit-il de ce même Dauphin à bord duquel il avait perdu son bras ? Pas sûr : ceux qui baptisent les navires n'ont pas toujours l'imagination très fertile et ce ne sont pas les Dauphin qui manquent dans la flotte marchande française. Mais il est possible que ce soit le même navire, racheté après la bataille, rafistolé, ayant connu entre-temps dix tempêtes et des milliers de milles sur les mers du Sud, au fil de longues années de cabotage d'Inde en Inde.

Poivre sourit sans doute en remontant sur ce pont familier. Il doit se dire qu'il n'embarque pas en réprouvé, quasi chassé de Cochinchine, mais y retourne en maître.

Et que le *Dauphin*, cette fois, saura lui porter chance.

Une nouvelle aventure commence...

13

Les mandarins de Hué
ou l'apprentissage de la patience

Après une relâche de quelques jours à Pondichéry, le *Dauphin* jette l'ancre le 29 août 1749 devant Tourane (actuel Da-Nang), sur la côte ouest de la péninsule annamite.

Poivre retrouve avec plaisir le “coup d'œil agréable” qu’offre le verdoyant littoral vietnamien. D’autant que cette fois, il n'a pas l'arrière-pensée désagréable d'une mission mal accomplie : il n'est plus un mauvais séminariste et rêve d'être un bon diplomate, doublé d’un agent secret hors pair…

Justement, voici que “On Doi”, le chef de la douane locale, monte à bord. Civilités et courbettes ; le personnage offre même un bœuf, des volailles et des fruits, dont on devine qu'ils sont bien accueillis par les marins, à l'appétit aiguisé par deux mois de mer.

Par le canal des “enfants de langue”, on parvient à se comprendre. Ces “enfants de langue” sont de jeunes Cochinchinois ou métis dont la Compagnie s’assure, plus ou moins autoritairement, le service en ses comptoirs.

Poivre en a embarqué deux à Pondichéry : sans doute a-t-on jugé cette précaution indispensable, même si Poivre est censé bien connaître le pays, ses coutumes et son dialecte.

“On Doi” s'étant fait aimable intermédiaire auprès du

mandarin local, Poivre parvient à échanger une partie de son argent contre de la monnaie cochinchinoise et à acheter de quoi nourrir tout son monde. Au bout de dix jours de tractations - ce premier délai devrait déjà faire réfléchir notre "agent en Cochinchine" - arrive enfin à bord le mandarin général des vaisseaux, "On Caïboto", entouré d'une cohorte de "sous-mandarins".

Poivre, dans l'enthousiasme de cette visite trop attendue, commet alors une légère gaffe, en faisant accueillir le personnage par une bordée de coups de canons : ce tintamarre, qui aurait flatté un Occidental, surprend et effraie un peu "On Caïboto" qui, vexé d'avoir perdu la face devant ses subalternes, fait grise mine.

Heureusement, il y a parmi les mandarins de la suite un ancien élève de Poivre, à qui l'apprenti-séminariste n'avait pu inculquer jadis les principes du christianisme, mais qui a gardé un bon souvenir de ses leçons de peinture. L'élève s'interpose, fait l'éloge de son maître, traduit si avantageusement la lettre de la Compagnie destinée au roi de Cochinchine, qu'elle est prise pour un message émanant du roi de France en personne.

Représentant de la "Maison du Roi", Poivre est dès lors traité en grand personnage. "Vous nous accompagnerez à Hué, la capitale, avec les présents que vous avez apportés pour notre monarque", lui dit-on. Et le voici parti, en compagnie de deux officiers et du chirurgien du bord, transporté dans une sorte de baldaquin en filet et roseau, à dos d'homme. Il se réjouit déjà : ses affaires ont l'air bien en train...

Il y a une centaine de kilomètres de Tourane à Hué. Poivre les parcourt en cinq jours finalement assez inconfortables, son baldaquin s'avérant bien dur aux reins. Mais il n'est pas question de laisser marcher cet ambassadeur. Un “batteur de bambou” précède donc la caravane et, dans chaque village, réquisitionne des hommes au nom du roi, pour porter les Français et leurs cadeaux.

Voici enfin nos gens à Hué, moulus mais ravis : du temps où il n'était qu'un petit missionnaire, Poivre n'avait pas eu droit à tant d'égards, ni vu autant de choses. Qui n'apprécierait pas d'être traité en prince ? Cette mission, décidément, se présente au mieux !

Notre ami, qui a passé deux ans en Orient, devrait pourtant se souvenir qu'il ne faut pas se fier aux apparences.

À Hué, il est reçu par un autre mandarin, “On Caï Doï”, intendant général du palais, puis au bout de quelques jours, par le roi lui-même, qui lui apparaît dans la cour de son palais, entouré de centaines de soldats sabre au clair.

Le roi se montre “plein de douceur et de bonté”. Il invite même ses visiteurs à dîner, s'étonne de leurs ongles courts, de leurs faces pointues, tripote leurs perruques poudrées. Poivre lui a remis, entre autres cadeaux, un télescope et une pompe de cuivre, échantillon des bizarreries que l'Occident a l'habitude d'offrir aux peuplades étrangères : rien de véritablement utile mais de quoi, à coup sûr, susciter la curiosité.

Voici donc Pierre Poivre, par le truchement de quelques offrandes de pacotille, “ami” de Vo-Vuong, huitième roi de Cochinchine, dont il donne une description fort détaillée... et sans grande complaisance :

“Il est homme de bonne taille et d'une mine avantageuse ; la tête belle [...], le front large, les yeux noirs bien fendus, le nez court mais sans difformité... Le col un peu épais, les épaules et la poitrine larges ; la main potelée, le ventre gros, la taille massive, les jambes bien tournées et le pied grand...

Lorsque ce prince est dans ses habits de cérémonie, il a l'air noble et se fait aisément distinguer au milieu de tous ses mandarins dont aucun n'a si bonne mine que lui... Il se défigure beaucoup lorsqu'il veut rire, parce qu'il ne lui reste plus dans la bouche que quelques dents très noires et très décharnées...

Son amour désordonné pour les femmes est un amour brutal qui ignore la délicatesse du sentiment...

Ce prince avare et voluptueux, partagé entre son sérail et ses coffres-forts, passe sa vie au milieu d'une foule de femmes ramassées çà et là dans toutes les provinces de son royaume... et au milieu d'une troupe de voleurs publics qui partagent avec lui les dépouilles d'une pauvre nation et viennent avec une partie de leur proie acheter le droit de voler encore plus impunément...”

Car la Cochinchine, malgré la bonne mine de son maître, est le royaume de la concussion.

Poivre a évidemment écrit ce rapport à son retour, expérience faite. Pour l'heure, il n'en sait pas autant. Il ignore le véritable pouvoir, fait d'une incomparable force d’inertie, que peuvent exercer les mandarins, ces sous-ordres, sur un brillant représentant de la France, de sa culture et de ses fastes.

Il a franchi la porte du palais royal et croit être arrivé. En fait, il n'est qu'au tout début de sa route...

Le roi, évidemment, ne traite pas les détails d'un traité commercial. Il en est ainsi partout. Mais puisque Sa Majesté a daigné sourire et hocher la tête devant Poivre, celui-ci se sent fort : tous les barrages devraient tomber devant lui.

Il ne manque donc ni de tonus ni d'optimisme au début de la "tournée des mandarins", qu'il accomplit flanqué des "enfants de langue". D'orgueil non plus : son rôle est d'importance. Il se permet même de reprendre contact avec son ancien supérieur, Mgr Lefebvre, qui cachera sa rancune et sans doute son ironie : après des années au Vietnam, le chef de la Mission apostolique sait ce qu'on peut attendre des sourires orientaux.

Poivre fait bientôt sa propre expérience des lenteurs diplomatiques. Il passe de mandarin en mandarin, sans résultat apparent. L'un ne lui parle que de femmes, l'autre demande une commission ; il est même deux eunuques qui affirment que ses affaires iraient plus vite si notre ambassadeur se mariait à une Cochinchinoise...

Poivre fait aussi antichambre chez le nègre favori du roi qui lui fait attendre longtemps la grâce d'une audience. Enfin, à bout de nerfs, il se glisse dans le palais royal, un matin : voici un mois et demi qu'il est arrivé dans ce pays, et non seulement ses affaires n'ont avancé en rien, mais pas un sou n'a été versé pour les marchandises qui ont été apportées de France.

Le roi ne lui tient pas rigueur de son audace et lui fait bon accueil, mais ne s'intéresse qu'à des détails : il voudrait bien avoir un habit à la "malabare" comme celui que porte un des "enfants de langue", il voudrait également une perruque poudrée et de l'étoffe d'Europe à fleurs d'or et d'argent ; il pose aussi des questions sur le roi de France, veut savoir s'il est gras et bien portant et aimé de son peuple...

Pas un mot des traités commerciaux. Si : le roi, avant de quitter Poivre, lui dit qu'il n'aura qu'à écrire lui-même la “chappe” (la charte) sur laquelle il inscrira tous les privilèges dont il a envie. On verra après s'il y a lieu de signer ce document.

Poivre ne se réjouit que modérément de cette faveur. D'ailleurs, avant qu'on ne discute des accords futurs, il aimerait bien qu'on lui paie les marchandises qui ont été transportées à Hué, et que les Cochinchinois semblent vouloir considérer comme des cadeaux.

Quand il s'en ouvre au roi, après quelques jours encore de patience, celui-ci s'étonne. Comment ? Mais ces marchandises sont aux mains de son favori, On Caï Bo ; il n'y a rien au palais royal. Au tour de Poivre d'être surpris : On Caï Bo lui a affirmé, la veille, que le roi était un peu fâché de ne pas obtenir une petite réduction.

“Ainsi voilà deux mois que je crois ces marchandises vendues au Roy, et point du tout. Les mandarins ont pris les marchandises sous le nom du Roy et ont depuis deux mois tâché de les vendre, pour y gagner quelque chose...”

Le roi ne se fâche guère contre des pratiques qui semblent courantes et se contente d'ordonner que l'on rende ses biens à Poivre, sauf le soufre, le salpêtre et la poudre à canon, dont il aura l'usage. Depuis deux mois et demi qu'il est là, notre ambassadeur-marchand n'a donc guère progressé. Et ce n'est pas fini : même si le roi en a donné l'ordre, les marchandises ne seront jamais restituées.

On Caï Bo, le Nègre favori, finit par avoir un peu pitié de cet Occidental naïf. Il lui explique que le roi commande, certes, mais que ce sont les mandarins qui font exécuter : il faut donc s'attirer leurs faveurs... à commencer par celles d'On Caï Bo lui-même.

Poivre renâcle : il est homme de rigueur et de relations nettes, pas opposé aux courbettes, mais tout à fait réfractaire aux pots-de-vin. Comme il ne se laisse pas fléchir, ce sont bientôt les mandarins eux-mêmes qui cherchent à s'attirer ses bonnes grâces, chacun rêvant de devenir l'interlocuteur privilégié des étrangers. C'est ainsi qu'on l'emmène à une chasse au tigre - qui le dégoûte - et qu'il se voit bientôt offrir une quantité de femmes, par tous les personnages influents de Hué...

Il ne semble pas qu'il ait cédé à ces appâts. Peut-être un reste de son éducation religieuse ? Il ne porte en tout cas, dans ses écrits sur la Cochinchine, qu'un regard d'entomologiste sur la gent féminine locale. Il note qu'ici la femme est maîtresse, alors qu'elle a le second rôle dans la Chine toute proche. Il souligne aussi son “impudeur” : il a vu une princesse portée dans un baldaquin par une cohorte d'hommes nus, auxquels les servantes faisaient “des signes très peu décents”.

Bref, les charmes qu'on lui propose le laissent de marbre.

Au contraire, les manœuvres dont il se sent l'objet depuis si longtemps finissent par avoir raison de sa patience : après avoir fait savoir au roi que, s'il n'accordait pas de droit de commerce aux Français, plus aucun bateau de sa nation ne ferait escale chez lui, Poivre se fâche et s'en retourne à Tourane. Les conseils lénifiants de Mgr Lefebvre, qui lui écrit de Haï-Phong, ne changent rien à sa détermination : tant pis pour la mission, mais il ne peut se laisser ridiculiser plus longtemps ! Ne représente-t-il pas la France, son prestige et sa force ?

Et puis, à bord du Dauphin, sans nouvelles, l'équipage

s'impatiente. Poivre fait donc rembarquer toutes les marchandises qu'il a pu récupérer et donne l'ordre de se préparer pour un départ proche.

Il mijote cependant une vengeance à sa façon. Il n'a pas oublié en effet sa passion botanique et a observé durant son séjour à Hué un certain nombre de plantes utiles ou curieuses, dont il s'est procuré des échantillons ou des graines. Dès son arrivée à Tourane, il envoie des hommes dans les montagnes, chargés de compléter cet arboretum par des canneliers, des poivriers, quelques aloès et du rotin. Dès qu'ils auront terminé leur récolte, on s'en ira. Et tant pis pour la Cochinchine !

Mais c'est compter sans le jeu subtil de la diplomatie locale : aux exhortations à la patience de Mgr Lefebvre s'ajoutent bientôt quelques relances venues de Hué. On s'étonne officiellement du coup de rogne du diplomate. S'en aller comme cela, alors que les négociations étaient en si bonne voie ? Quelle impatience maladive et quel affront ! Cependant le roi, qui comprend que les Occidentaux aient parfois des réactions bizarres, est prêt à “pardonner”... Décidément, ce n'est plus de la diplomatie, c'est de la stratégie amoureuse.

Les quelques jours passés à Tourane ont calmé Poivre. Cela fait quatre mois qu'il est là, sans résultat aucun, mais il se force à patienter encore. Peut-être le roi est-il sincère, cette fois, peut-être approche-t-on de la fin de la longue attente ? Il serait trop stupide de repartir bredouille. D'ailleurs les cueilleurs de poivriers ne sont pas encore revenus de la montagne : on a quelques jours devant soi…

Le 25 décembre, Poivre retourne donc à Hué, demande à rencontrer le nègre favori du roi. On Caï Bo jure que tout va finir par s'arranger, qu'il y a eu malentendu. Il ne faut pas abandonner si près du but. Le roi est prêt à accepter la charte, à fermer les yeux sur "l'insolence" de ce faux départ. Il suffirait de s'assurer le soutien d'une de ses concubines, très en faveur en ce moment...

Poivre comprend maintenant à demi-mot. Il sait que le "soutien" a son prix. Mais il sait aussi que les prix se discutent. Le voici donc à marchander, avec un nègre favori, les faveurs d'une des concubines d'un roi annamite, pour se faire payer une cargaison de marchandises de pacotille. Savourons l'ironie du destin, qui a mené là un ex-séminariste !

Poivre discute, se fâche, revient. Pour finir, il glisse dans la main d'On Caï Bo sa propre bague, qui emporte le marché. Cette fois, il pense avoir franchi le dernier obstacle.

Mais quand notre négociateur rencontre le roi, quelques jours plus tard, celui-ci une fois de plus ne semble pas informé de l'ultime transaction. Poivre alors s'indigne : "Mais j'ai payé quatre mille quans à votre favori !" C'est mettre le roi dans la situation délicate de devoir trancher entre son nègre et l'étranger. Bientôt la bouche de Vo-Vuong rend son verdict : tous les étrangers paient tribut, pourquoi Poivre échapperait-il à la règle ?

Comme le Français tourne les talons, exaspéré, le roi le rappelle : en échange de sa "bonne tenue", il lui signera quand même sa requête pour le commerce, s'il veut la lui présenter.

Quatre mille quans et les marchandises restées au palais contre un accord permanent d'escale, l'affaire n'est peut-être pas si mauvaise, après tout. Quand on sait les bénéfices qu'on peut tirer d'une seule cargaison venue d'Orient...

Poivre rédige donc, conseillé sans doute par On Caï Bo et les ‘enfants de langue’ pour les formules de politesse, le traité tant attendu. Le texte est écrit dans les deux langues, sur le plus beau papier qu'on puisse trouver. Son auteur fait remettre le rouleau au palais royal et attend.

Une semaine, deux, trois se passent. Poivre commence à avoir l'impression d'avoir toujours attendu, dans sa maison de Hué où viennent le relancer les filles de mauvaise vie que continuent à lui envoyer les mandarins.

À la fin de janvier, enfin, deux émissaires se présentent, affirmant que la requête a été signée, qu'il ne manque plus qu'un “dernier examen” pour valider l'accord. Cet examen ne vaut que mille deux cents quans… Une bagatelle pour un riche occidental.

Poivre tempête, mais les mandarins font bloquer les marchandises : il faut bien s'incliner. Pourtant, quand la somme est payée, les mandarins font de nouvelles difficultés, réclamant à nouveau deux cent cinquante quans chacun. Tant pis pour les quelques denrées qui resteront impayées, se dit Poivre, mais cette fois je ne céderai pas !

Saluons tout de même ces cinq mois de patience, chez un homme dont on a souvent dit qu'il avait le caractère “vif et emporté”…

Enfin, les mandarins ayant sans doute vu qu'il n'y avait plus rien à tirer du Français, l'autorisation royale est signée et remise à son destinataire. C'est une longue supplique où Poivre offre au roi toutes les marchandises restées en son palais (il est difficile de faire autrement puisqu'il sait qu'il n'en obtiendra jamais paiement !) et la somme de quatre mille quans

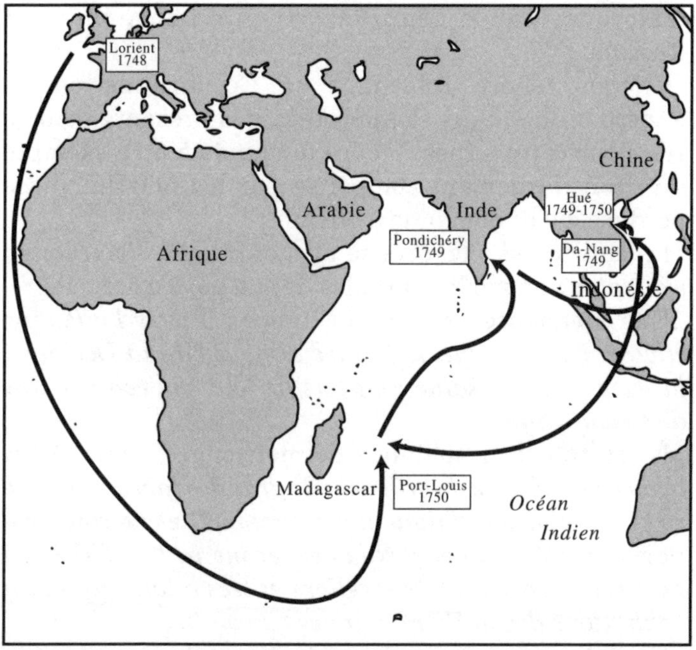

Le second voyage de Poivre : un passage à Pondichéry, une interminable attente à Hué et Haï-Phong, un retour vers l'Ile de France.

La récolte est belle, mais il n'y a toujours pas d'épices…

(extorquée par le nègre favori) en échange du droit d'escale.

Chaque navire relâchant en Cochinchine paiera quatre mille quans et apportera des présents pour le roi. Pour cette année, Poivre demande à être exempté du droit, largement compensé par les marchandises perdues, qu'il "demande à offrir".

La charte est savoureuse et montre que Poivre a su s'adapter aux modes verbales de son pays d'accueil.

Elle commence par une révérence : *"Pierre Le Poivre, envoyé du Royaume de France dans le Grand Occident, la teste inclinée, salue cent fois de tout son cœur le Roy de Cochinchine."*

La suite est un mélange de mensonges purs *("Nous avons été comblés de grâces et de grandes faveurs dont le roy très éclairé a daigné nous honorer")* et de courtisaneries tarabiscotées *("Nous espérons la tête élevée en l'air cette grâce du très excellent et très éclairé roy et lui souhaitons des milliers d'années de vie").*

En échange de quoi le roi a tracé de son auguste pinceau, à la peinture rouge, les mots suivants : *"Absolument nous accordons et pardonnons selon ce qu'il est contenu dans la supplique"*. Eh oui, c'est lui qui pardonne !

Aux premiers jours de février, Poivre se hâte de rentrer à son bord. Son bilan est relativement maigre : s'il a la charte, il n'a pas pu commercer véritablement lui-même et s'est fait plumer par les mandarins. En outre, il n'a pas obtenu toutes les plantes utiles qu'il voulait embarquer.

Sa seule consolation est de se venger de Miguel, un des "enfants de langue" qui a outrageusement comploté avec les mandarins et lui a en outre volé directement au moins trois cents quans. Il le fait jeter à fond de cale avant le départ : celui-ci paiera pour les autres ! Fâcheuse punition : Miguel était un favori de Dupleix, à Pondichéry. Une cause de brouille supplémentaire entre le grand gouverneur et le petit missionnaire…

Le 12 février 1750, le *Dauphin* appareille enfin. Outre la charte royale, il transporte, en cadeau personnel du roi de Cochinchine à son collègue français, *"quatre dents d'éléphant, cinq pièces de bois à fleurs, cinq cents livres de sucre candi, cinq cents livres de sucre en poudre, cinq cents pièces de bois d'ébène et vingt petits bâtons creux à fleurs."* À Poivre lui-même, le roi a offert quelques cochons et volailles. On peut se demander si ce cadeau ne cachait pas quelque dernière moquerie…

Qu'importe à notre agent : sa longue attente est terminée et il s'en va en emportant d'autres richesses, plus secrètes. Sous le prétexte d'embarquer de quoi nourrir son équipage, il a acheté quelques quintaux de ce riz qui pousse en terrain sec ; il espère bien en développer la culture à l'Ile de France, ou ailleurs. Cette graminée pourrait être un complément alimentaire appréciable pour les colons et surtout leurs esclaves.

Dans l'entrepont, bien protégés dans des demi-fûts emplis de terre, se trouvent aussi différentes plantes à épices, des arbres fruitiers, à teinture, et autres végétaux utiles. Enfin, Poivre a pu se procurer des "graines de vers à soie", denrée précieuse s'il en est : qu'on parvienne à élever ces vers en quelque colonie, et c'en sera fini du monopole oriental sur le précieux textile.

L'envoyé de la Compagnie n'a donc pas été entièrement victime des mandarins. Tandis que ceux-ci se jouaient de lui et pensaient l'abrutir à force de réclamations, de faux-fuyants, de combines et d'assauts féminins, il a mené discrètement ses tractations pour leur subtiliser ce qu'ils avaient peut-être de plus inestimable : leurs richesses végétales.

Cependant, girofle et muscade ne seront pas de ce voyage-là : estimant que son absence a assez duré et qu'il serait préjudiciable à la bonne conservation de son riz et de ses arbustes de tenter un crochet vers les Moluques, Poivre fait mettre directement à la voile pour l'Ile de France.

Les " épiceries fines " attendront bien un peu : s'il y a une chose que Poivre a apprise en Cochinchine, c'est bien la patience !

TROISIÈME PARTIE

LA DERNIÈRE GUERRE DES ÉPICES

14

Notre espion à Manille

Il est des gens que l'échec décourage et d'autres qu'il stimule. Dans sa mésaventure cochinchinoise, Poivre trouve comme une confirmation de sa nouvelle vocation : il va se battre plus que jamais pour obtenir ces épices qu'il voulait offrir à la Compagnie et qu'il n'a même pas vues. Il ne sait pas qu'il lui faudra se battre contre la Compagnie elle-même.

Rentré au Port-Louis de l'Ile de France, il y débarque les marchandises qu'il a pu rapporter de Hué. C'est maigre.

Pour faire volume, il ajoute au lot les quelques cadeaux personnels offerts par le roi et les mandarins, et demande qu'on lui impute les pertes subies : *"Je vous ai remplacé ces choses de mon argent*, écrit-il à la Compagnie, *parce que je m'étais laissé voler par ma faute ; et il n'est pas juste que vous supportiez cette perte."*

Là encore, on peut se demander quelle est la part de la sincérité et celle du calcul : cette réaction exemplaire sera trop souvent citée pour qu'on ne soupçonne pas un "embellissement" comme il y en a tant eu dans la biographie de Poivre. Et même si le fait pouvait être établi, le bel élan du cœur de notre héros ressemblerait malgré tout à une tirade théâtrale, de celles dont on attend en réponse un lénifiant : "Mais non, cher ami, vous n'y pensez pas ! D'ailleurs votre mission n'est pas un échec : vous avez jeté les bases d'un commerce qui se montrera peut-être fructueux..."

C'est sans doute ce qu'on dit à Poivre à l'Ile de France : on y voit passer tant d'expéditions manquées que son demi-ratage n'y semble pas blâmable. Pourtant, des objectifs fixés au départ de Paris, bien peu sont atteints : la charte commerciale signée avec la Cochinchine apparaît bien fragile, soumise aux caprices du roi et de ses mandarins ; quant aux épices des Moluques, vrai but du voyage, on n'a même pas l'ombre de leur parfum et Poivre, qui avait tout promis, qui piaffait tant d'impatience depuis son séjour forcé à Batavia, n'a rien pu apprendre d'important sur les îles hollandaises et leur secret.

Le séjour en Cochinchine n'est cependant pas un désastre total. D'abord le bateau et les hommes en sont revenus, ce qui n'est pas si fréquent en ce genre d'entreprise. Ensuite le "missionnaire" de la Compagnie est rentré avec un butin végétal qui ne vaut pas les épices des Moluques, mais qui n'est cependant pas dénué d'intérêt : outre divers arbres curieux ou utiles, Poivre a rapporté des plants viables de cannelier et de poivrier et surtout ce fameux riz sec, sur lequel il fonde tant d'espoir. On en fera de bonnes récoltes, tant à l'Ile de France qu'à Bourbon, jusqu'à ce que la négligence des colons, qui abandonneront cette culture aux mains inexpertes de leurs esclaves, ruine tous les efforts : un siècle après Poivre, les colonnes des journaux rappelleront régulièrement que, pour la bonne alimentation des deux îles, il faudrait "aller rechercher le riz sec de Cochinchine, que nous avait donné M. Poivre."

Poivre est aussi revenu de Hué avec un bagage plus personnel : une patience forgée au long des mois d'attente chez les mandarins, dont il aura encore grand besoin, car son affaire est loin d'être terminée.

Il a gardé enfin son incroyable tonus - de cela aussi il aura encore besoin - et une énergie tout à fait exceptionnelle en ces climats débilitants : à peine arrivé, il demande un bateau au gouverneur Barthélemy David, le successeur de La Bourdonnais, pour retourner “là-bas”. Monsieur Poivre est têtu !

Auprès du gouverneur, qui hésite quand même un peu à risquer un esquif sur une de ces idées un peu folles qui excitent régulièrement les gens de Paris, il expose avec fièvre tout ce que les épices pourraient apporter à l'Ile de France, nouvelle Moluque. Et la gloire qu'il pourrait retirer, lui, David, d'avoir procuré cette fortune à son pays.

Il est rare qu'un grand administrateur désireux de laisser son nom dans l’histoire résiste longtemps aux perspectives enrubannées de la richesse et de la gloire : Barthélemy David se laisse convaincre.

Poivre cependant n’obtient qu'à moitié satisfaction : en juin 1750, le *Mascarin* le conduit à Manille, mais le bateau n'est pas laissé à sa disposition ; il faudra que notre aventurier se débrouille seul pour ses déplacements entre les îles et pour son retour.

Or il y a plus de deux mille kilomètres à vol d'oiseau entre Manille et les Moluques !

Cette nouvelle mission promet d'être aussi malaisée que la précédente. Il n'y a pas de girofle à Manille et il semble fort difficile de s'y procurer de la muscade.

En outre, et bien que les îles soient espagnoles, on y trouve quantité d'agents hollandais, qui portent un œil plus qu'attentif sur les étrangers qui débarquent sous des prétextes aussi flous que celui de “mission scientifique" ou "d'étude des végétaux d'Orient". Les Hollandais savent bien tout ce que cela cache et montent bonne garde : qu'un bateau suspect file vers le Sud avec ces gens et toute la flotte batave des Moluques est mise en alerte. Malgré l'immensité de ces mers, il est difficile de lui échapper : la culture des épices ayant été concentrée sur quelques îles, les curieux sont bien obligés de converger vers celles-ci, où il est facile de les prendre.

Circonstance aggravante, le grand Dupleix, non content de conquérir (provisoirement) l'Inde au triple galop, a voulu aussi apporter les épices à la France. A-t-il pensé jeter ainsi une dernière pierre dans le jardin de La Bourdonnais, qu'il soupçonne d'avoir appuyé Poivre ? A-t-il voulu venger son neveu Friell, dépossédé de la mission d'Orient ? Ou désirait-il simplement ajouter encore un fleuron à sa gloire pourtant déjà fort établie ? On ne sait, mais il a envoyé des agents vers les îles à épices, et ceci à la manière Dupleix : en fanfare.

La mission n'a pas abouti, mais toute la région en a été enfiévrée et dans chaque Français qui passe, Espagnols et Hollandais voient désormais un espion en puissance.

Poivre, dès son arrivée, est donc obligé de se montrer discret et patient. D'autant plus discret, d'ailleurs, qu'il a fort peu de moyens à sa disposition : finie l'époque où il pouvait jouer les seigneurs étrangers à Hué. Ici, il n'est qu'un "marchand" parmi d'autres, piètrement logé, chichement nourri. Mais qu'importent les misères du corps, si l'esprit est habité par une volonté de fer !

Notre aventurier n'entend pas rentrer bredouille, cette fois. Il attache à sa quête une valeur personnelle considérable. C'est vraiment le but de sa vie, l'unique but pour le moment.

Cette ténacité lui vaudra des inimitiés : pourquoi ce petit bonhomme s'entiche-t-il tant de quelques végétaux ? Il serait intéressant, évidemment, de se les approprier, mais on s'enrichit tellement plus avec ses petits trafics personnel... Ce garçon est agaçant, à la fin, avec ses grandes idées d'opulence pour tous, de réussite par le travail, et ses jugements sur les potentats ! La Compagnie et la mer des Indes ne manquent pas de petits chefs, qui n'aiment guère le regard trop clair des visiteurs honnêtes...

On critiquera beaucoup Poivre, plus tard, et certains l'accuseront même de s'être enrichi. Il est vrai, on le verra, que son domaine de l'Ile de France, quand il y sera intendant, aura des allures de parc seigneurial. Mais un intendant est le second personnage d'une colonie et il serait inconcevable qu'il vécût comme un manant.

Pour l'heure - et l'on n'insistera jamais assez sur ce point, qui résume tout son mérite - Poivre a beaucoup plus à perdre qu'à gagner en s'entêtant dans sa quête.

Il a de bonnes connaissances botaniques, n'est ni sot ni laid, a su montrer intelligence et énergie dans ses démarches et, s'il voulait rester à l'Ile de France, il pourrait s'y faire accorder une belle concession - le pays ne manque pas de terres libres - qu'il saurait faire fructifier, à la sueur des nègres.

Il aurait même de bonnes chances de faire un mariage honorable - on verra que son infirmité n'est vraiment pas un handicap en la matière - et de devenir comme d'autres un homme en place, vendant ses productions à prix fort aux navires de passage, spéculant sur la rareté des marchandises et le cours de la piastre, bref s'enrichissant au triple galop.

Aller vider ses fonds de poche et s'user la santé dans les îles lointaines, au lieu de s'enrichir ainsi tranquillement, tient de l'inconscience ou du sacerdoce : Poivre a beau avoir jeté sa soutane par-dessus les moulins, il est et restera un missionnaire.

Il a besoin pour l'heure de toute sa foi en son destin et en Dieu, et aussi de toute la patience apprise en Cochinchine, pour supporter la longue attente aux Philippines. Ici, il chasse à l'affût et doit se faire tout petit en attendant l'occasion.

Celui qui n'a pas encore appris à connaître Poivre pourrait s'étonner de le voir à l'aise en ce nouveau rôle, malgré la précarité de sa situation. C'est que, cette fois, ne représentant pratiquement que lui-même, il n'a plus à faire des ronds de jambe au nom du roi ou de la Compagnie et peut mener ses affaires comme il l'entend. L'indépendance avant tout, c'est aussi du Poivre tout craché.

En montant vers les Philippines, il a relâché à Batavia et Bornéo, où il a essayé de nouer quelques amitiés, en prévision d'un éventuel retour. On va le voir ainsi semer des “bons souvenirs” un peu partout, dont certains resteront vivaces bien après sa mort. Amis européens, oubliés en ces mers et trop contents de bavarder avec un Blanc, amis indigènes, fascinés par la simplicité et l'absence de racisme de ce voyageur de passage, ils plaideront par leur nombre en faveur d'un Poivre sympathique et liant à l'extrême, capable de forger en trois jours des liens pour vingt ans. Contraste avec la réputation de mauvais coucheur qu'on lui fait par ailleurs ? Rien d'illogique dans tout cela : Poivre est capable d'autant aimer ceux qui le comprennent et l'aident que de détester ceux qui se mettent en travers de son cher projet.

À Manille, notre homme fait le point des informations recueillies au cours de son voyage.

Avec les détails complémentaires fournis par le capitaine du *Mascarin*, il commence à tracer, de cette main gauche qui restera éternellement malhabile et hésitante, un document qu'il complétera et enrichira au fil des années : la carte de l'Indonésie. Car malgré deux bons siècles d'exploration, on est loin de tout savoir sur la région : le manque de sociabilité de certains indigènes - qui croquent parfois le visiteur imprudent - se combine aux légendes locales, à la férocité des pirates malais et aux fausses pistes créées par les Hollandais pour établir un joyeux flou en matière de géographie locale.

Ajoutez à cela les farces de la nature, qui crée et détruit, au fil de ses volcaniques humeurs, récifs et bancs de sable, et vous aurez compris que la plupart des capitaines se contentent de vaguement connaître les routes classiques et que peu leur importe de savoir si telle petite île du groupe de Ceram, par exemple, se trouve ou non là où l'indique la carte : plus on est loin de ces attrape-navires et mieux on se porte !

Mais, lui, Poivre, veut savoir.

C'est même tout ce qui l'intéresse. Alors il interroge, discrètement, les capitaines espagnols. Il n'a pas laissé de compte rendu de ces mois philippins, mais on l'imagine bien, en quelque taverne, déliant au tafia la langue pâteuse d'un hidalgo du bout du monde, crasseux jusqu'à la moelle, débraillé jusqu'au ventre, exhibant une cicatrice ou deux, mais fier de sa science, de ses années de mer, des batailles gagnées et de sa saleté aussi.

En ces longues séances, où l'on se jauge derrière les

sourcils épais, les coudes sur la table, la main perdue de Poivre est peut-être un atout : elle signe son appartenance au monde des baroudeurs, comme les coutures élimées de son habit et l'étincelle qui brille dans ses yeux.

Il cherche des plantes et pas de l'or ou des gemmes, plus vite pris, plus vite cachés ? Qu'importe : il cherche et cela le démarque à jamais du monde des autres, des veaux qui broutent toute leur vie durant leur lopin de terre, ou des gros requins - gouverneurs et semblable canaille - qui envoient les marins au casse-pipe et les tondent au retour.

Lui est un aventurier, un vrai.

Un homme de la mer, évidemment : l'aventure, au XVIIIe siècle, c'est presque toujours la mer.

On ne parlerait pas à n'importe qui, pas même aux armateurs de Cadix, ces affameurs, mais on parle à ce Français si drôle, avec son histoire d'épices, parce qu'il fait partie du clan.

Les renseignements qu'il accumule au fil des mois sur les Moluques persuadent bientôt Poivre que l'obstacle n'est peut-être pas si difficile à surmonter : ce que la légende et la propagande hollandaise présentent comme une redoutable forteresse, gardée par une horde de frégates armées jusqu'aux dents, s'avère, dans les récits des capitaines qui sillonnent la région, n'être qu'un semis d'îles plus ou moins bien occupées, où s'étiolent de maigres garnisons.

De Halmahera, la grande Moluque, au contour aussi échancré que Célèbes - 350 kilomètres de long mais presque 2 000 kilomètres de côtes - les Hollandais ne tiennent vraiment que la partie occidentale. Ils ont installé leurs principaux établissements de la région sur deux toutes petites îles proches de Halmahera :

Ternate et Tidore, où ils ont concentré la culture de la muscade. Mais ils ont négligé l'occupation permanente de l'île de Gebe, qui se trouve à cent milles à l'est de Halmahera. N'y passent que des missions de contrôle, mal appréciées des indigènes.

Plus au sud se trouve le groupe de Céram, qui entoure cette autre grande île des Moluques, allongée en faucille sur trois cents kilomètres. Les Hollandais ont un poste sur la côte orientale de Céram et un autre sur sa voisine l'île Buru. Mais c'est à Amboine, une île de quelques dizaines de kilomètres de long, sise juste au sud-ouest de Céram, que se trouve le plus grand établissement de la région.

Depuis deux siècles, en effet, les Hollandais ont regroupé leurs forces sur cet îlot, plus facile à occuper et à défendre. C'est là qu'ils ont installé le siège de leur administration des Moluques, là aussi qu'ils ont développé leurs plantations de girofliers, après avoir fait détruire tous les plants qu'ils avaient pu trouver ailleurs dans archipel, là qu'ils stockent les épices avant leur expédition vers Batavia, et l'Europe.

Amboine est donc le coffre-fort de la mer des Indes, le territoire le plus riche, celui dont chaque toise produit de l'or. Terre mythique qui, comme l'antique pays d'Ophir, fascine et effraie à la fois. On dit Amboine imprenable, puissamment défendue, terrible.

Pourtant, Poivre apprend bientôt que derrière les murailles du fort Victoria règnent le plus mortel ennui et la pire misère.

En deux siècles d'occupation, les indigènes sont devenus paresseux. Fatigués de subir les ordres et la pression des Blancs, ils ont quasiment abandonné l'agriculture et ne consentent à produire que du sagou, cette sorte de palmier qui pousse tout seul et dont on mange le cœur en légume.

Il faut dire qu'avant leur colonisation, ils vivaient fort heureux de pêche, de chasse et de cueillette et qu'il n'y a pas de raison, vraiment, pour qu'ils s'usent la santé à produire des épices qui ne leur rapportent rien. On raconte à Poivre que les indigènes n'aiment pas les Hollandais, on lui dit aussi qu'ils sont efféminés...

Les colons ne valent guère mieux. Seuls les soldats envoyés d'Europe et renouvelés régulièrement ou les marins de passage gardent quelque dignité. Les descendants des Hollandais installés là depuis deux siècles sont quelque peu dégénérés, abrutis par le triple fléau de l'ennui, de la consanguinité et de l'alcoolisme.

C'est que la colonisation de ces Îles ne s'est pas du tout opérée dans le sens civilisateur (ou de simple développement économique) que ce mot a pu avoir parfois : aux Moluques, il s'agissait uniquement d'établir et de conserver un monopole commercial. Depuis 1510, les Hollandais ont donc limité leurs efforts à concentrer les épices sur des territoires faciles à garder et à décimer les populations trop peu dociles. Nulle mise en valeur puisque les épices poussent comme herbe sauvage ; au contraire, il a même fallu en limiter la production.

Les “Iles de l'épicerie”, ces trésors des mers, ne sont en réalité que des lieux de paresse, d'ivrognerie et de mort.

Poivre apprend encore qu'il est en ces archipels des terres mal gardées, inoccupées par les Hollandais, rarement visitées, et où restent, dit-on, des plants d'épices fines.

Ah, s'il avait un bateau !

Mais Poivre n'a rien, que son imagination et peu d'argent en poche...

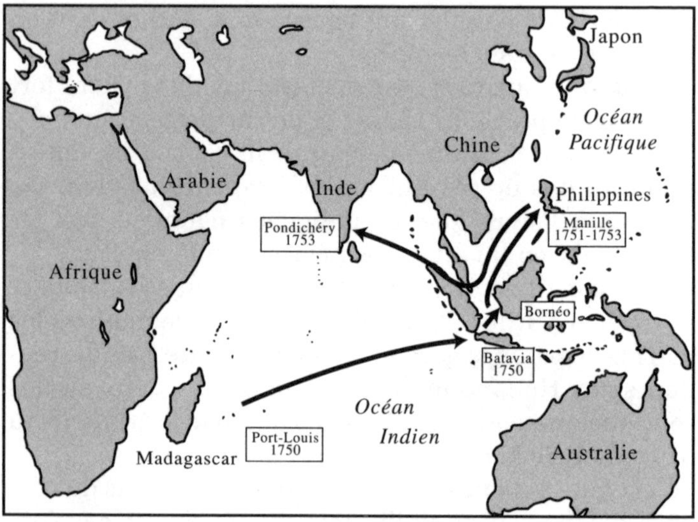

Le troisième voyage : une interminable attente aux Philippines, pour n'obtenir en fin de compte que quelques noix de muscade qui seront sabotées à l'Ile de France.

15

La vengeance du nabab

Oui, s'il avait un peu d'argent en poche et un navire au port !

Mais ni l'astuce de notre botaniste ni sa pugnacité ne sont plus à démontrer. Il les utilise particulièrement bien au cours de son long séjour à Manille, apprenant les rudiments du langage local, se faisant des amis, jouant de la sympathie des uns et des autres.

Sa suprême réussite consistera, sans moyen aucun et à la seule force de sa persuasion, à faire venir des épices à lui, puisqu'il ne peut cingler vers elles : au début de 1752 (un an et demi qu'il est “en mission” au bout du monde !) quelqu'un - il ne dira pas qui ni comment - lui procure une grosse poignée de noix de muscade, bonnes à germer.

Triomphe ? Voici atteint le but de dix ans de voyages et de recherches. Poivre devrait exulter, s'exclamer, se vanter peut-être, puisqu'on dira de lui, plus tard, qu'il aimait se vanter.

Peut-être le fait-il après tout, en cette lointaine Manille où il croupit depuis tant de mois.

Mais la lettre qu'il adresse au gouverneur Barthélemy David, accompagnée de quelques noix, en février 1752, est des plus sobres. Il se contente d'y décrire avec toute la minutie possible la plante, ses fruits et la manière dont on doit prendre soin d'eux. Tout juste découvre-t-on au détour d'une page qu'il a joint un envoi de graines à son rapport. Se doute-t-il du sort réservé à son inestimable conquête ?

“Le véritable muscadier ressemble en quelque sorte à notre poivrier, tant par sa forme que par la hauteur à laquelle il élève sa tige et par la direction de ses branches…”

Cet arbre produit, après avoir donné de petites fleurs *“de la forme d'un lis des champs”*, des fruits à trois écorces superposées, dont la première reste sur l'arbre à maturité, laissant la noix tomber à terre entourée de son “macis”, coque ligneuse entourant une carapace dure, comparable, à celle d'une noisette.

C'est à l'intérieur de ce fruit si bien protégé que se trouve l'inimitable senteur

Il y a deux catégories de noix, précise Poivre : les unes rondes qu'on qualifie de “femelles”, les autres plus pointues baptisées “mâles”. Il s'est procuré des échantillons des deux sortes :

“J'ai icy des unes et des autres, mais une bien plus grande quantité de longues. Les expériences que j'ai faites sur les deux espèces m'ont convaincu que les longues étoient plus huileuses, et aromatiques.”

Mais, rappelle notre botaniste, le propos n'est pas d'ergoter sur la valeur d'une noix par rapport à l'autre : le principal est d'avoir pu se procurer de ces fruits, de pouvoir enfin en ensemencer l'Ile de France.

Car notre homme joint six noix à son courrier. Sont. elles bonnes à planter ? Il précise qu'il s'agit de noix “maigres” et “au macis manqué”. Dans le cas précis de la replantation, c'est un atout : les noix trop belles perdent quelquefois leur macis en tombant de l'arbre, ce qui les rend impropres à servir de semence.

Poivre explique longuement les soins à apporter aux précieux fruits. Leur germination prendra de deux à quatre mois, au bout desquels sortira la racine, puis *"une tige d'un vert roussatre qui au bout de quelques jours pousse enfin à la hauteur de cinq à six poulces, portant trois petites feuilles qui sont comme des filets ou des brins de feuilles, après quoy les grandes feuilles commencent à se développer et la tige prend une belle couleur verte."*

Il faudra, dit-il, les mettre en terrain gras, médiocrement humide, garanti des vents et du grand soleil. Poivre recommande de planter des rangs de bananiers en guise de brise-vent, qui auront en outre le mérite de donner fruit. Mais le verger idéal serait fait de grands carrés limités par de hauts bambous, eux-mêmes subdivisés par des "arbres touffus" comme le manguier, le jacca (jaque), le cocotier, l'aréquier, puis des arbres moins puissants comme l'oranger, le citronnier, le caféier, le cannelier. *"Le bambou, en fournissant la meilleure haie que l'on puisse planter, est très propre à produire l'effet désiré."*

Du bananier, ajoute Poivre, on pourra tirer d'autres avantages : *"Les Chinois et les Indiens des Philippines en fabriquent des toiles de toutes sortes de qualité et en tirent tous les gros et menus cordages dont ils ont besoin."*

Bref, c'est toute une manne végétale qui voyage avec le guide botanique de Poivre, vers l'Ile de France.

Encore une bouteille à la mer, serait-on tenté de dire. Poivre d'ailleurs a de sérieux doutes sur la réussite de ses noix. Quelque part dans sa lettre, il rappelle l'expérience malheureuse des chênes dont il avait apporté des plants du Cap : les seuls arbres qui ont réussi sont ceux dont il s'était occupé personnellement, et qui avaient été mis dans une terre préparée et amendée. Autrement dit, il faut prendre la peine de remuer le sol et d'y mettre de l'engrais pour que les plantes y prennent, même sous l'heureux climat des tropiques. Mais les colons de l'Ile de France se donneront-ils cette peine ?

Disons-le tout de suite, on n'aura jamais de nouvelle des six noix envoyées de Manille en 1752. On ne saurait même pas qu'il y a eu cet envoi, n'était la lettre de Poivre, miraculeusement épargnée par les termites et les cyclones. Mort naturelle en route ? Négligence des colons ? Premières bassesses de la concurrence ? On en est réduit aux hypothèses. Mais la suite des événements montrera que la fainéantise des gens et les mauvaises lances de la nature ne sont pas le pire ennemi de Poivre : il lui faudra encore compter avec la traîtrise

Notre “missionnaire”, en tout cas, convaincu pour l'heure qu'on soutient ses projets, continue à s'agiter. Il consacre ses longs mois d'attente, en l'étouffant Manille, à l'étude des langues locales et surtout à d'interminables conversations avec les pilotes du cru, Malais, Chinois ou Européens, qui pour sa bonne tête - il n'a pas sou vaillant - le renseignent peu à peu sur les routes secrètes.

Mieux, il a lié amitié avec le gouverneur espagnol de Manille qui, pas fâché de jouer quelque tour à ses voisins hollandais, lui facilite les choses : il y aura bien miette à prendre si le Français réussit en ses œuvres ! Et puis, on a beau avoir affaire à des sauvages, il est des méthodes de colonisation qui dépassent les bornes.

Celle des Hollandais, à base de massacres végétaux et de tueries d'indigènes, a fini par écœurer les Ibériques, pourtant peu délicats.

Le gouverneur s'est donc fait complice. Il a permis l'achat de noix de muscade à des trafiquants de passage, fait semblant de ne pas voir que Poivre a fait germer certaines d'entre elles dans un carré de terre, et l'aide même en une ruse typiquement poivrienne : voulant envoyer des gens à sa dévotion du côté des Moluques, Poivre déguise l'expédition en chasse aux pirates ; le gouverneur, pour favoriser la chose, fait publier *"un ban invitant le public à armer des Corsaires contre les pyrates d'Jolo"*.

Le public, évidemment, se garde bien de réagir et, comme par hasard, seul le Français Poivre se soucie de la sécurité des mers indonésiennes. Le gouverneur et son ami expédient donc vers le sud deux embarcations bien armées, commandées par *"un Mestisse malais"* et montées chacune par *"vingt-cinq bons hommes avec des vivres pour sept mois et toutes les armes nécessaires pour se deffendre au cas de rencontre"*.

L'expédition appareille en mars 1752. On se partagera les bénéfices à son retour. Si elle rentre.

"J'aurais bien souhaité pouvoir aller moy-même sur une des embarcations", écrit Poivre. Mais son ami le gouverneur le lui a fortement déconseillé : tous les Français sont d'office soupçonnés dans les mers du Sud d'être des espions depuis que Dupleix, en 1750, a lancé sa si bruyante et maladroite expédition. Les gens du gouverneur des Indes ont fait grand tapage et n'ont rien rapporté. Poivre est maladroit lui aussi, en insistant sur le handicap que crée cet incident dans son courrier : Dupleix en sera informé, et n'appréciera pas.

À Manille, les mois passent sans que rien n'apparaisse à l'horizon. Pas de nouvelles des "chasseurs de pyrates", qui ont perdu bien du temps à Zamboanga. Pas de bateau français non plus, malgré tous les appels au gouverneur David.

Or, sans bateau à soi, pas de réussite envisageable. Poivre commence à se demander si, après avoir tellement bâti de rêves sur la conquête des épices, la Compagnie des Indes ne l'a pas oublié. Il a tout à fait raison : David a d'autres chats à fouetter, avec la mise en valeur d'une île où la terre est bien basse ; et vu de Versailles, un ex-séminariste manchot perdu aux Philippines est fort petite chose.

Il ne ressemble pas à Poivre d'attendre en gémissant. Il sait que sur place, il sera plus convaincant. Ou casse-pieds, si c'est nécessaire. Il faut donc sortir de ce trou.

En février, un bateau français se présente, un simple marchand, cabotant "d'Inde en Inde". Il ne retourne pas aux îles mais pique vers Pondichéry, profitant des vents d'hiver. Le rafiot est en ruine et pue le marin sale à une lieue à la ronde, mais Poivre embarque quand même : la mer ne lui a jamais porté mauvaise chance.

Tant pis pour l'expédition des corsaires, dont on est sans nouvelle : le gouverneur de Manille fera pour le mieux. Le butin actuel est maigre : en deux ans et demi de séjour aux Philippines - quelle patience ! - Poivre n'a récolté qu'une vingtaine de noix de muscade, certaines germées, d'autres non. Pas un giroflier : la moitié de l'œuvre reste à accomplir.

La légende dit que notre aventurier, pour cause de discrétion, cousit dans la doublure de son habit les noix des Hollandais. Faut-il la croire ? La chose est bien possible : hors de la protection espagnole, il n'était pas conseillé de se faire prendre avec un si précieux bagage. Les Anglais auraient volé les noix, les Hollandais auraient pendu le voleur.

Acceptons donc la thèse de la veste farcie d'épices, d'autant qu'elle nous offre une scène piquante : arrivé le 7 avril 1753 à Pondichéry, après avoir failli couler dix fois sur son marchand pourri, Poivre peut ouvrir son vêtement au nez du grand Dupleix, dans un grand geste vantard, tel un montreur d'images cochonnes.

— Elles sont pas belles, mes noix ?

Ce serait mal connaître Dupleix que d'imaginer qu'il applaudit.

Un nabab n'applaudit pas d'ailleurs, il se laisse embrasser les doigts. Et Dupleix, depuis que La Bourdonnais est en disgrâce, est plus nabab que jamais, trônant dans ses soieries, éventé à grandes palmes, courtisé par toute l'Inde.

Poivre n'est pas du genre à faire des ronds de jambe. Sa simple vue rappelle en outre de fort mauvais souvenirs au nabab Dupleix. Ce petit bonhomme-là a été témoin des plus mauvaises heures de la querelle avec La Bourdonnais. Il a eu l'impudence d'accompagner son ennemi à l'île de France, qui sait ce qu'ils se sont dit ? Et cette manière de lui déballer ses épices, comme pour mieux lui rappeler qu'il y a trois ans, lui, l'illustrissime Dupleix, le conquérant des Indes, a lamentablement échoué dans la chasse aux muscades !

— Nous sommes comme cela plus qu'il n'en faut à servir le Roi ! aurait-il dit à son visiteur.

Il est vrai qu'une veste à la noix, comparée aux diamants de Golconde…

Tout de même, avec un peu de bonne foi, Dupleix aurait pu reconnaître l'effort d'un homme qui a peu gagné sans doute, mais beaucoup payé de lui-même. Hélas, la bonne foi n'est pas l'affaire des Grands...

Quelles que soient les vraies paroles de Dupleix, voici Poivre à nouveau embourbé en Asie, sans aide, sans bateau, avec pour seule fortune une poignée de muscades fatiguées, au macis éraflé, dont certaines sont vieilles de plus de deux ans déjà.

Il faudrait les mettre en terre, essayer de les faire fructifier ici même. Mais il ne semble pas que Dupleix ait envie d'ensemencer “son” Pondichéry avec des muscades qui ne soient pas les siennes, ni que Poivre ait envie de se séparer de son trésor. Ce dernier attend donc patiemment la mousson - que de patience en cette longue quête ! -pour repartir.

C'est chose faite le 20 octobre 1753, après six mois et demi d'un séjour indien fort peu confortable.

Un mois et demi de mer et le 2 décembre, Poivre débarque enfin au Port-Louis de l'Ile de France. La mission aura duré trois ans et demi.

Que rapporte-t-elle ?

“Cinq plants enracinés de muscadiers et un assez grand nombre de plants propres à la germination”, écrit Du Pont de Nemours. Une si riche récolte est peu compatible avec un transport dans une doublure de veste et les mauvaises conditions rencontrées à Pondichéry.

Plus vraisemblablement, Poivre a en main une poignée de noix plus ou moins abîmées, dont certaines sont trop vieilles, d'autres prêtes à germer. Un butin disparate, de toute façon insuffisant pour qu'on puisse se lancer dans la grande exploitation.

D'ailleurs il manque le girofle.

Poivre en est bien conscient : l'infatigable bonhomme est à peine arrivé qu'il fait le siège du gouvernement. Chance, David n'est plus là et il est provisoirement remplacé par Jean-Baptiste Bouvet de Lozier, homme d'expérience, grand marin, explorateur, et surtout en service aux îles depuis plusieurs années.

Bouvet comprendra. Il faudra bien qu'il comprenne : le Lyonnais est têtu et n'a que ses épices en bouche. D'ailleurs, la preuve n'est-elle pas là, en cette deuxième poignée de noix ? S'il a été possible de s'en procurer sans sortir de Manille, combien la chose serait plus facile avec un vrai bateau à soi !

Poivre est déjà reparti. Pour une plus grosse récolte, pour le girofle aussi. Ses noix ? Ah oui, ses noix. Il pourrait parader : c'est la seconde fois qu'il y a des muscades dans l'île, et chaque fois grâce à lui. Les premières, celles qui accompagnaient le courrier de 1752, sont mortes, lui dit-on.

— Eh bien celles-ci vivront l

Non. Parce qu'il y a des gens qui ne veulent pas de muscade à l'Ile de France.

Par rivalité commerciale, comme l'affirmera Poivre ? Par simple jalousie ? Toujours est-il que les faits sont là, attestés par les interminables comptes rendus d'un conseil colonial effaré par la guerre entre l'aventureux Poivre et le besogneux Aublet, son ennemi juré : Aublet est un tueur ; il a assassiné les muscades de Poivre.

C'est si facile d'arracher un bourgeon...

16

Aublet : portrait du traître de service

Bouvet a de l'influence à l'Ile de France. En outre, c'est un homme énergique : sans doute un des meilleurs administrateurs que la France ait donnés aux îles. Il n'est pas encore noyé dans la paperasserie et les subtilités diplomatiques locales qui sont le lot des gouverneurs généraux ; il a un peu temps devant lui, il le consacre à Poivre.

Bouvet aidant, on finit par se plier à ce que beaucoup considèrent comme une coûteuse lubie et Poivre, un beau jour, est invité à visiter “son” bateau. L'esquif est à la mesure de l'intérêt porté, dans la colonie à la ‘chasse aux épiceries” : la *Colombe* est une maigre frégate de 150 tonneaux, le plus petit modèle qu’on puisse trouver : plus chétive que bien des bricks. En outre, elle est très, très fatiguée par de nombreuses années de mer.

Qu'importe : Poivre voit un vaisseau de haut bord dans cette pauvre carcasse, que les calfats, les charpentiers et les voiliers du Port-Louis rafistolent tant bien que mal.

Les marins véritables ont sans doute l’œil plus exercé : le recrutement de l’équipage est toute une affaire. Pour trouver un commandant, il faut un ordre strict et l’élu renâcle, avant même d’avoir appareillé. Il n’y a que Poivre pour sourire quand la *Colombe* quitte le port, un jour d’avril 1754 : toutes les épices de la terre sont devant lui.

Quant à ses cinq noix de muscade sauvées de Manille

et de Dupleix, il les a laissées entre les mains les plus compétentes de la colonie, pense-t-il : celles de Jean-Baptiste Christophe Aublet, botaniste comme lui et conservateur du jardin colonial installé au Réduit, à mi-hauteur de l'île, près de la maison de campagne du gouverneur général. Avec un tel expert, se dit Poivre, elles ne pourront que germer.

Il se trompe lourdement : la jalousie entre scientifiques n'a rien à envier à celle qui oppose les hommes de guerre ; et le conflit Poivre-Aublet, bien que de dimensions plus modestes, offrira bien des analogies, pour ce qui est de la durée et de l'aigreur, avec le duel Dupleix-La Bourdonnais...

Le Réduit était né d'un caprice du gouverneur Barthélémy David qui, devant la menace anglaise, avait imaginé de créer à l'intérieur des terres un refuge, un “réduit” où pourraient s'abriter les femmes et les enfants en cas d'invasion.

Mais le bâtiment, d'abord construit en redoute avec gros murs de maçonnerie et fossés, s'était vite transformé en gentilhommière à grandes fenêtres, galeries de bois et jardin à la française : David, s'étant aperçu qu'une “maison des dernières cartouches” n'était finalement guère nécessaire, en avait fait un petit Trianon personnel, où il venait lutiner une dame dont l'histoire n'a pas retenu le nom.

La “folie” avait officiellement été bâtie aux frais de David seul ; mais la belle demeure, ses jardins et bassins, ses “avenues” qui coupaient le bois environnant, les tonnes de terre rapportée pour niveler le terrain, avaient nécessité une “aide” involontaire de la Compagnie, en numéraire et en journées d'esclaves, qui s'élevait à presque un million de livres.

Delozier-Bouvet, quand il fut aux affaires, dut recourir à mille ruse pour combler ce colossal déficit laissé par son prédécesseur. Et dire qu'à l'époque où il faisait ces dépenses somptuaires, David rechignait à mettre le moindre bateau au service de Poivre !

Peu de monde se rendait au Réduit, qu'on n'atteignait qu'au bout d'une journée de marche par de mauvais chemins. On y allait d'autant moins que les forêts, hantées par des "Noirs marrons" - des esclaves évadés - n'étaient pas toujours sûres. Cependant, pour justifier l'existence de sa fantaisie ou pour essayer de la rentabiliser, David avait voulu faire de son parc un jardin d'acclimatation.

Godeheu d'Igouville, successeur de Dupleix à Pondichéry, et dont nous retrouverons la main dans les malheurs de Poivre, visita le Réduit au cours d'une escale qu'il fit sur la route de sa nouvelle affectation, en 1754, peu de temps donc après ce nouveau départ de Poivre. Il vit dans le jardin *"beaucoup de fleurs d'Europe et d'Asie, des arbres fruitiers de différentes espèces et des légumes, le tout arrosé par des rigoles d'une eau vive qu'on y a fait venir "*

Le célèbre Dalrymple vint aussi jeter un œil sur l'endroit, à la même époque. Il parle d'un *"curious garden"*, confié aux soins d'*'"as curious an man, Monsr. Oblette, botanist"*. Dalrymple, qui a été trop longtemps diplomate pour s'embarrasser, l'âge venant, de circonvolutions, écrit plus loin que cet "Oblette" était un homme très original et d'un caractère susceptible à l'extrême, qu'un souci non moins extrême de sauvegarder les intérêts de la Compagnie rendait franchement insupportable.

“Oblette”, Jean-Baptiste Christophe Aublet, roi d'un jardin botanique, détenteur aussi, grâce à sa position stratégique, de secrets fort étrangers à la culture des plantes, allait devenir l'ennemi juré de Poivre.

On verra ce personnage signer parfois ses lettres : “Fusée Aublet”. S'agit-il du nom maternel ajouté au sien pour faire plus grandiose ? Voyons-y en tout cas un clin d'œil : ce Fusée-Aublet avait réellement un tempérament de pétard...

Un plan du Réduit en 1759, à la Bibliothèque Nationale, explique peut-être une partie de cette irascibilité. On y voit étalés, entre les deux ravines qui enserrent le plateau du Réduit, les parcelles cultivées, les restes de forêt percée d'allées savantes et, face au grand jardin à la française aux parterres géométriques, le beau logis gubernatorial, flanqué de ses deux ailes.

Derrière le bâtiment se trouvent un certain nombre d'annexes aux dimensions de cabanes : la cuisine du gouverneur (le feu de bois, un feu nu sans fourneau, brûle en effet, aux îles, dans une pièce séparée du logis principal, afin de prévenir les risques d'incendie), son magasin de vivres, des logements de domestiques (entendez : d’esclaves de maison) mâles et femelles, celui du jardinier...

On voit aussi sur le plan, au bout de la chapelle et aussi minuscule que l'office, un “logement du sieur Aublet”. Sa cuisine est éloignée d'une centaine de mètres, ce qui est fort fâcheux quand on aime les repas chauds et, contrairement aux domestiques, il n'a pas de latrines. Peut-être utilise-t-il celles du gouverneur, encore plus éloignées que sa cuisine ? Ou va-t-il fertiliser ses plates-bandes, comme il était fréquent en ces temps sans chasse d’eau ?

Le plan lui attribue encore un microscopique pigeonnier et un poulailler, dont la fenêtre s'ouvre sur une arrière-cour et le potager: pas un palais, on le voit.

Cet état des lieux traduit bien la position d'Aublet dans ce domaine : homme à tout faire, image qui n'est pas loin, dans l'esprit de bien des chefs, de celle du bon à rien, il est aussi bien chargé de la surveillance générale du Réduit que des plantes rares qu'on essaie d'y acclimater.

Godeheu a *"été témoin qu'on ne le regardait que comme un concierge, un maître d'hôtel, un intendant de basse-cour"*. Un jour on lui demande de développer l'élevage des volailles, un autre de venir à bout des bandes de chiens errants qui écument les forêts proches et finissent d'anéantir le peu de gibier qui reste...

La plupart du temps, Aublet se retrouve seul au Réduit - car, circonstance aggravante pour le caractère, il n'a pas trouvé femme - au milieu d'une vingtaine de Noirs sur lesquels il n'a pratiquement aucun pouvoir. Que le gouverneur monte avec la dame de son cœur pour quelques galipettes au frais, et Aublet est invité à superviser les préparatifs, à veiller à l'accueil, aux repas et même à la literie.

On comprend qu'un botaniste puisse concevoir quelque aigreur à se voir relégué à un rôle aussi disparate et subalterne, lui qui rêve sans doute, comme Poivre, de donner des richesses végétales à l'Europe, et son nom à quelque nouveauté décorative ou utile, comme Bougainville ou Poinsett.

Ceci n'excuse pas son comportement, mais l'explique un peu : Aublet, déjà aigri de sa réclusion, a pu éprouver une rancœur à se voir confier, comme à quelque obscur exécutant, "l'élevage" des noix de muscade rapportées par un autre ; le voici une fois de plus confiné aux fonctions accessoires, tandis que cet autre - qui n'est même pas botaniste de formation ! - concentre toute la gloire sur lui.

Maigre gloire qui fait s'embarquer Poivre sur une pauvre barcasse, mais la jalousie, comme l'amour, est aveugle...

La guerre entre Aublet et Poivre naîtra de cela, d'une acrimonie lentement fermentée en ce faux paradis qu'est le Réduit. Si Aublet y avait eu une Ève, peut-être aurait-il goûté tout le charme de l'endroit. Mais sans personne à qui parler, sans personne à aimer, il ne peut que remuer de moroses réflexions, qui deviennent peu à peu des haines véritables.

Dire qu'il reste là, en place, alors que l'autre, qui n'a pas un diplôme, cette espèce de défroqué, ce manchot de pacotille à la langue bien pendue, fait mettre à sa disposition des moyens dont lui, Aublet, un botaniste, un vrai n'a jamais obtenu le dixième !

— Ah, si les saletés de noix de ce foutre d'intrigant pouvaient ne pas germer !

17

Le vol de la *Colombe*

Tandis qu'Aublet, de plus en Fusée, fulmine devant les pots où il a enterré ses noix, Poivre navigue comme un bienheureux, nez au vent et droit vers l'Est.

Il ignore les menaces qui pèsent sur sa récolte. Il s'en soucierait peu, d'ailleurs, s'il savait : il va chercher d'autres épices, beaucoup d'autres.

Son petit vaisseau, *"mal construit, vieux, mauvais, faiblement équipé, ne marchait qu'avec une extrême lenteur", dit la Notice sur la vie de Poivre*, préface à ses *Voyages d'un philosophe*. Ajoutons à cela la pusillanimité de son commandant qui hésite, et on le comprend, à s'aventurer en des mers dangereuses sur un esquif qui fait eau de partout.

Dans la cale, une bien maigre cargaison : des caissons de fer, de mauvais fusils de traite (ces pétoires qu'on donne aux Nègres pour les amuser, mais qui ne tueraient personne à dix pas) et quelques autres marchandises d'Europe. *"Les rebuts de vos magasins*, écrira Poivre dans son rapport final à la Compagnie, *car M. Bouvet, n'ayant reçu de votre part aucun ordre de me seconder, n'a osé prendre sur lui de me donner des marchandises qui auroient pu en certaines circonstances devenir nécessaires à la colonie"*.

Il faudra faire avec. Mais Poivre est rôdé à tous les expédients...

On arrive à Manille de justesse : il a fallu pomper pendant tout le voyage, qui s'est montré deux fois plus long que de coutume. La frégate, en effet, remonte fort mal au vent et refuse systématiquement de virer vent debout tandis que l'équipage, rationné depuis longtemps, se dispute les dernières touques d'eau pourrie et des viandes mal boucanées, que les vers rendent vivantes.

Ces misères ne semblent pas affecter notre manchot. Il est tellement tendu vers demain que les petits soucis d'aujourd'hui ne l'atteignent pas. Il faut dire aussi qu'il commence à avoir une solide habitude des voyages au ralenti, de la puanteur des entreponts et du scorbut, depuis quinze ans qu'il navigue. Un détail manque d'ailleurs à son portrait : on ne nous le représente jamais la bouche ouverte, ce qui empêche de vérifier si l'adage des vieux marins - un voyage, une dent - s'est exercé aussi sur sa mâchoire. Moins que chez d'autres, peut-être, puisqu'on le verra exercer son charme sur une belle héritière, pas sotte en outre et bien plus jeune que lui…

À l'arrivée, notre voyageur trouve Manille en ébullition : les Espagnols, en proie à une soudaine crise d'autorité envers cet archipel qu'ils avaient laissé à vau-l'eau, ont débarqué un contingent sur la petite île de Jolo, située au sud-ouest de Mindanao, et ont capturé son roi, qui s'était rendu coupable de quelque indiscipline. Le chef indigène moisit depuis quelques semaines dans un cul-de-basse-fosse.

Allez savoir pourquoi Poivre s'occupe de cette affaire, mais le voici bientôt chez le gouverneur de Manille, appelant à la clémence.

Peut-être se dit-il que Jolo, sur la route des Moluques, pourrait être une bonne escale pour lui ? Cela serait bien dans son genre, d'investir comme cela dans l'avenir : à si longtemps traîner de Chine en Cochinchine, de Malaisie en Indonésie, il est devenu un peu asiatique lui-même et expert en ces manœuvres à longue distance. On imagine mal en tout cas un délégué commercial, chargé d'une mission des plus délicates, prendre parti sans arrière-pensée pour un chef indigène opprimé.

Calculateur ou pas, Poivre fait tant et si bien qu'il obtient la délivrance du roi, qui lui promet évidemment une reconnaissance éternelle. Et si justement celle-ci s'exprimait d'abord, suggère notre chasseur, par un droit d'escale à Jolo et des renseignements sur les Moluques ?

Le seul à ronchonner en cette affaire rondement menée est le capitaine de la *Colombe*, qui se demande si l'aventure, étant donné l'état de son bâtiment, ne va pas se terminer à la nage.

Il se fait tirer l'oreille pour quitter Manille : le bateau, assure-t-il, n'est vraiment pas fait pour ces durs voyages, entre des bancs rocheux qui apparaissent et disparaissent au caprice des volcans de la région, et sur des mers infestées de pirates sanguinaires. Ne viennent-ils pas, ces rapaces, de prendre une galère et un vaisseau bien armés, dont ils ont massacré les équipages ?

La *Colombe*, avec sa demi-douzaine de petits canons, n'a aucune chance de se défendre si elle tombe sur de tels gens. D'ailleurs on ne sait même pas si elle ne se disloquerait pas d'elle-même, à la première bordée : ses membres sont si disjoints…

Ajoutez à cela qu'il n'y a à bord que huit matelots blancs et que, des vingt-deux "lascars" (des Indiens tamouls) embarqués au Port-Louis, la moitié se sont sauvés à Manille, *"ne voulant pas retourner à l'Isle de*

France qu'ils regardent comme un païs d'esclavage". Mais Poivre n'écoute pas le capitaine grincheux : on a un bateau, il faut l'utiliser. Sinon, jamais la France n'aura ses épices !

Tout de même, un minimum de précautions est indispensable, Et Poivre, on le sait, a appris à canaliser ses ardeurs. Il prend donc le sage parti de patienter un peu pendant qu'au chantier naval de Manille on répare et améliore son esquif : une fausse quille pour la *Colombe*, quelques pouces de plus à son gouvernail devraient lui permettre de mieux se comporter sur mer (notons que c'est Poivre qui établit les plans : un beau démenti à Aublet, qui le traite de bon à rien ; comme si les diplômes faisaient l'homme...).

Ajoutez à cela un doublage de cuivre qui limitera la prolifération des coquillages et des algues sur la coque, quelques pièces dans les voiles qui en avaient bien besoin, et la *Colombe* est aussi prête pour la grande aventure que peut l'être un bateau de vingt ans, où les trous sont aussi nombreux que le bon bois.

Ne manque plus qu'un équipage. Poivre use de ce pouvoir de persuasion que nous connaissons bien maintenant pour récupérer quelques-uns de ses "lascars" déserteurs. Il complète l'effectif avec des Indiens et des "Topas" qui traînent sur le port.

Et vogue la galère !

Le 22 janvier 1755 - Pierre Poivre a donc trente-quatre ans et demi, dont bientôt quinze de mer - la *Colombe* pique sur Mindanao, où elle arrive le 3 février. Un amiral espagnol, vieille connaissance d'un précédent voyage, sourit en voyant la petite frégate:

— Vous pensez aller aux Moluques avec ça ? Vous êtes complètement fous !

Poivre le sait bien mais il n'a rien d'autre. Comme d'habitude, il presse son hôte de questions sur les îles et la mer qui les entoure, sur les dangers de la navigation et ceux qu'y ajoutent les hommes. Cela ne dure qu'un jour ou deux : il est pressé, maintenant que le but approche.

La *Colombe* remet à la voile, file sur Zamboanga où Poivre avait déjà fait escale. Il y retrouve un certain Oscotte, gouverneur du lieu, avec lequel il avait fait ami deux ans plus tôt.

— Je vous attendais à la saison passée, comme promis, s'exclame Oscotte. Vous avez raté une occasion en or !

Et d'expliquer qu'en janvier 1754 deux bateaux moluquois sont venus, ayant trompé la vigilance hollandaise, pour vendre des épices de contrebande. Il y avait quatorze "pics" de girofle (850 kilos), dont une bonne part "d'antophiles" mûrs bons à planter et dix "pics" de noix de muscade (600 kilos).

— Ces Moluquois paraissaient de bonnes gens et si vous aviez été là, il vous aurait été facile de traiter avec eux.

Oui, mais Poivre n'était pas là. Il était à cette date planté à Manille, à pleurer pour avoir un bateau : *"Si l'on m'avoit envoyé la frégate que j'avois demandée aux isles en 52 ou si l'on m'avoit accordé à Pondichéri le both que j'y demandais en 53, j'eus proffité d'une si favorable occasion"*, déplorera-t-il dans son rapport. Oui, mais la Compagnie... (air connu).

De ce magnifique chargement, qui valait des millions de piastres, il ne reste qu'un petit sac de muscades et de fruits de giroflier gardés spécialement pour Poivre, mais dont Oscotte craint qu'ils ne soient plus bons à semer, étant "défraîchis". Il semble donc impératif que noîre botaniste-espion aille chercher des épices lui-même.

Laissant à Oscotte la mission de prospecter de son côté pendant son absence, Poivre quitte Zamboanga après quelques jours d'escale, cap sur Jolo où il espère trouver assistance et peut-être des muscades.

Mais la *Colombe* s'avère décidément bien médiocre navigatrice, malgré les améliorations apportées à Manille. Une anecdote significative : un renégat hollandais, que Poivre était presque parvenu à décider à leur servir de guide, s'est récrié en voyant le rafiot. *"Il s'est informé des qualités et de la force de notre frégate, rapporte Poivre, puis m'a déclaré qu'il ne vouloit pas pour mille ni dix mille piastres risquer aussi évidemment d'être pris par les hollandois."* Pas flatteur, on le voit...

Avec un tel bateau, il n'est pas question de piquer droit sur les Moluques : la *Colombe* serait incapable d'échapper à la moindre poursuite. À Jolo, donc...

Mais pour atterrir à Jolo, il faut accomplir une manœuvre assez simple, qui est à la portée de presque tous les navires et même des barques de pêche : après avoir contourné l'île, qu'on approche aux allures portantes, il faut louvoyer contre le vent pour entrer dans le port. La *Colombe*, hélas, oubliant sans doute qu'on l'a dotée d'une quille et d'un meilleur gouvernail justement dans ce dessein, se refuse obstinément à louvoyer.

Elle dérive plus qu'elle n'avance, malgré les efforts de son équipage, et le plus amateur des marins sait qu'il n'est rien d'aussi ridicule et de frustrant que de zigzaguer en marche arrière à portée de fusil d'un rivage. Surtout si ce rivage est noir de spectateurs dont on devine, malgré la distance, qu'ils rigolent...

Tout un jour, Poivre et le capitaine poussent à la

manœuvre le malheureux équipage. Tout un jour, la frégate lofe et perd en ses manœuvres le terrain durement gagné. Poivre doit enrager, cette fois, malgré toute la patience dont il est armé : à Jolo il y a le roi ami arraché aux geôles espagnoles, il y a des épices peut-être, de l'aide sûrement !

On pourrait parier que les eaux de la mer de Sulu - qui en ont entendu d'autres - reçoivent ce jour-là les plus puissants jurons de notre aventurier (et il a dû en apprendre de rudes, du dortoir des séminaires aux quais de Manille...)

Ayant épuisé sa rogne, les forces de ses hommes et toutes les ressources de son pauvre bateau, Poivre est bien obligé de renoncer, à la nuit tombante : les abords de Jolo sont riches en récifs et il ne serait pas bon d'ajouter un naufrage au grotesque.

— Bon, allons à Tafouri...

Tafouri, c'est l'île d'à-côté. Le roi de Jolo pourra y envoyer ses pirogues, tout ne sera pas perdu...

Mais Tafouri, comme Jolo, tourne le dos de son port au vent. Bien logique en ces mers tempétueuses. Mais bien embêtant quand on a une frégate qui ne remonte pas. Une fois de plus, la Colombe “dépouille” le mouillage.

Désolation de Poivre :

“Rien ne me consolera d'avoir été à un jet de pierre de cette isle fertile en geroffle et de n’avoir pu aller à terre, recueillir ces précieux fruits, enlever les plants tant désirés qui auroient pu faire la richesse de la Compagnie. Avec un vaisseau un peu boulinier l'affaire étoit faite ; mais je ne l'avois pas !

Me seroit-il permis de vous le demander, Messieurs, pourquoi je ne l'avois pas ? Pourquoi n'avois-je pour une expédition semblable que le plus mauvais vaisseau qui ait jamais été à la mer ?"

On sent sous ces mots, qui ont pourtant été écrits des mois après la mésaventure, la rage qui perce encore. C'est sûr, Poivre a dû jurer, de toutes ses forces, en ces jours difficiles où la proie de quinze ans de chasse lui dérivait sous le nez...

Faute de pouvoir atterrir dans le groupe de Jolo, Poivre donne l'ordre de descendre vers la grande Célèbe que l'on contournera par sa côte Est. Entreprise osée : non seulement il faudra traverser une mer pleine d'écueils non inscrits sur les cartes, mais on s'approchera dangereusement des Moluques, où veille l'ennemi.

Peut-être n'avez-vous plus la carte en tête. De Jolo à Butung, l'escale suivante (que Poivre appelle "Bouton") il y a mille cinq cents kilomètres de mer et trois détroits à franchir, peuplés d'îlots. Sa route fait croiser la *Colombe* au ras de Sula, la plus occidentale des Moluques ; et d'Halmahera, on ne passera qu'à cent kilomètres. Autant dire que le risque était grand de contourner ainsi l'archipel des épices.

Son long périple n'avance guère Poivre, d'ailleurs : quand au bout d'un mois de mer, il approche de Butung, les indigènes croient à un débarquement hollandais et se pressent en armes sur le rivage. Il faut fuir avant que les sagaies ne se mettent à voler : le bout de la route n'est pas encore atteint...

On doit sérieusement grogner à bord de la petite frégate et ceux des "lascars" qui se sont laissé convaincre, à Manille, de repartir avec M. Poivre, doivent bien regretter maintenant d'avoir embarqué sur ses chimères.

La *Colombe* a tout juste quitté les approches de Butung qu'une voile grandit à l'horizon. Autre danger, et pas des moindres : c'est le vaisseau hollandais de Ternate, qui fait chaque année la liaison avec l'Europe, la cale bourrée d'épices. Poivre parvient à le tromper en hissant le drapeau hollandais - tricherie courante en ces temps - et doit se contenter de regarder passer la fortune en se réjouissant de n'avoir pas été pris.

Le 28 février 1755 enfin, après plus de mille milles de navigation hasardeuse, la petite frégate arrive à Lifao, le principal port de Timor, tenu par les Portugais.

Le gouverneur fait grand accueil à Poivre : tout ce qui peut embarrasser le rival hollandais est le bienvenu.

Ouf, on est quelque part et dans des bras amis. Mais d'épices, toujours point !

Lifao, cependant, a un climat et une végétation proches de ceux des Moluques. Peut-être y trouvera-t-on ce qu'on cherche ? Notre explorateur botaniste, qui n'a plus guère que la carte de la sincérité à jouer, s'ouvre à son hôte de son projet secret.

— Il y a de fait des épices dans cette île, dit le gouverneur. Dans les provinces orientales, on a déjà trouvé des noix de muscade. D'ailleurs j'en ai envoyé quelques-unes au vice-roi de Goa, en Inde, mais elles n'ont point réussi. Il paraît qu'il y a aussi des girofliers sauvages, mais ils se trouvent dans une région que nous tenons mal et qui a été mise en ébullition par une descente hollandaise. Enfin, je ferai mon possible...

Et tandis que Poivre se repose de ses émotions - et surtout de ses impatiences - choyé par la petite communauté portugaise, un émissaire du gouverneur part en chasse à sa place.

L'homme revient quinze jours après avec quelques

bailles contenant des plants de muscadiers en mauvais état. Outre le fait qu'ils ont été déracinés à la va-vite et mal mis en terre, Poivre constate qu'il s'agit de muscades sauvages, certainement moins aromatiques que la vraie “pala”.

Qu'importe, c'est toujours quelque chose ! Et il transplante avec soin les pieds les plus prometteurs : *“J'en ai compté onze bien vivants, quoique dans ce nombre il n'y en eut que deux ou trois dont le pivot fut bien entier ; je les ai tout de suite transportés à bord.”*

Pas moyen en revanche de trouver des girofliers : la province où ils poussent est en guerre et d'accès impossible. D'ailleurs, ce sont aussi des plantes sauvages, aux clous moins parfumés que ceux du girofle cultivé.

Poivre doit se contenter de sa maigre récolte. Il ne se risquera pas à remonter vers les Moluques. Ce serait achever les pauvres petits muscadiers, si chétifs dans leurs bailles. D'ailleurs, pour aller aux Moluques, il faudrait remonter au vent, ce que la *Colombe*, on le sait, se refuse à accomplir.

On prend donc congé du si arrangeant gouverneur de Timor, non sans avoir placé des jalons pour des relations commerciales futures, ni laissé des instructions en ce qui concerne les épices : si le gouverneur parvient à mettre la main sur de bons plants, il les fera parvenir aux frais de la Compagnie aux jésuites de Macao, qui se chargeront de les faire transiter vers leur destination, l'Ile de France.

On voit que Poivre n'a pas gardé rancune à ses anciens confrères en religion, puisqu'il leur confie une tâche aussi importante pour lui. Il est vrai qu'il a pu observer l'efficacité jésuite, qu'il s'agisse de gérer des âmes ou des biens terrestres...

Le gouverneur de Timor promet, comme il y a deux mois celui de Zamboanga, de faire de son mieux, Cela ne coûte rien et fait plaisir à ce petit Français décidément bien excité par les épices. Ni l'un ni l'autre ne feront rien : les serments s'oublient si vite, dans la moiteur épaisse de ces îles équatoriales.

On n'efface pas totalement la bosse du commerce ni cette maladie qu'a Poivre de vouloir toujours tout rembourser. Nous l'avons déjà vu compenser de sa poche les pertes subies en Cochinchine. Ici, il trouve plus astucieux : il troque le fond de cale de la *Colombe* contre une cargaison, composée de 900 kilos de cire brute... et de dix-neuf esclaves.

Des esclaves, tiens donc.

On a pourtant vu et on reverra Poivre en grand pourfendeur de l'esclavage, qui lui semble à la fois un crime contre l'humanité et une aberration économique. Cela ne l'empêche pas d'écrire, dans son rapport à la Compagnie, qu'il en aurait rapporté plus s'il avait eu assez de matelots pour la surveillance : *"Je n'ai emporté qu'un essai, et seulement de quoy payer les frais de nos relâches"*.

Rien ne résiste, on le voit, au souci d'économie de notre homme, quand il troque son habit d'aventurier pour celui de fonctionnaire modèle...

Vite, la *Colombe* met à la voile et, après des adieux touchants à la population si aimable de Timor, la petite frégate se hâte lentement vers le Port-Louis.

En y mettant pied-à-terre, au début de juin 1755, Poivre est bien près de penser que sa quête - pour ce qui concerne la muscade du moins - est finie.

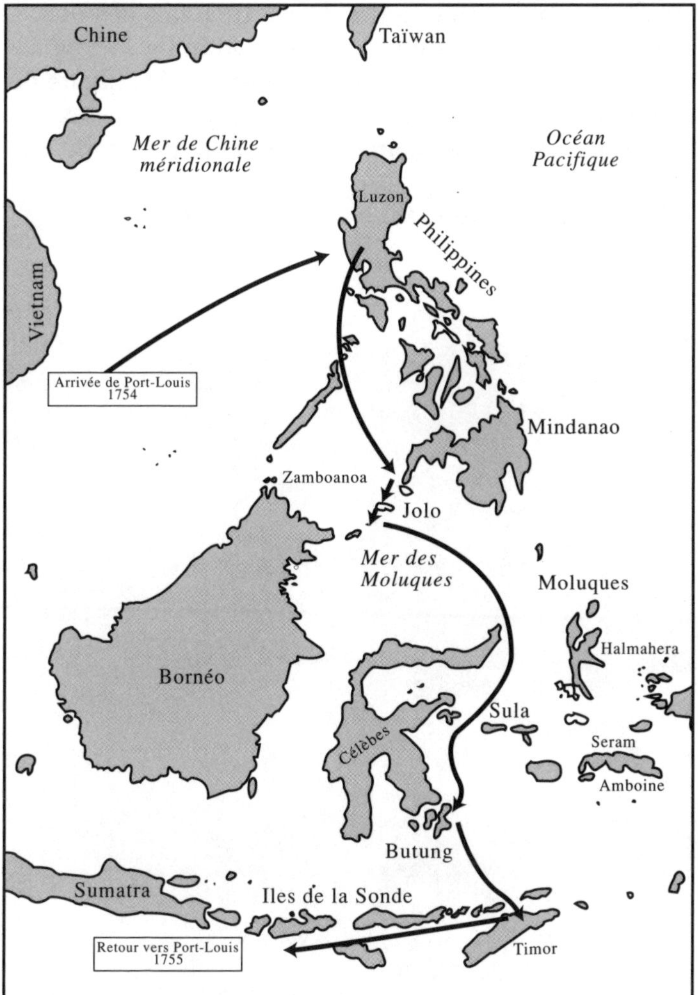

Le voyage de la Colombe : une errance bien difficile entre Philippines, Célèbes et Moluques. Poivre et ses compagnons ont eu bien de la chanc d'en revenir...

En trois ans de chasse il a donne trois fois des noix à l'Ile de France : son premier envoi de Manille, la poignée qu'il a rapportée cousue dans sa veste, et les plants de cette fois-ci, bien plantés dans leurs demi-tonneaux.

— Nous avons au moins la muscade, pourrait-il se dire.

Erreur : c'est comme s'il n'avait rien fait !

18

Les vilenies du sieur Aublet

Poivre retrouve à l'Ile de France la situation qu'il avait laissée un an plus tôt, encore empirée : des aigreurs quasi-pondichériennes se développent dans la petite colonie, partagée entre ceux qui ne veulent rien faire et ceux qui ne veulent pas faire grand-chose.

Les colons se penchent de moins en moins sur la terre, laissant la sueur à leurs esclaves ; quant aux administrateurs de passage, ils se hâtent de ne point agir, sachant qu'ils ne seront pas soutenus par la Compagnie et que tout changement hérissera les colons

Résulte de cela, une atmosphère acrimonieuse et jalouse, qui gâte la belle impression de ciel bleu et de vent tiède.

Les dames se font venir d'élégantes robes de France - même si elles crèvent de chaud en ces tissus épais - pour se consoler de vivre “chez les nègres”, en des campagnes perdues ; on s'invente des bals pour se passer le temps et des coucheries pour se distraire le corps. Le Port-Louis, cette maigre bourgade, essaie de jouer à la capitale, et l’on y dépense beaucoup de salive et d'énergie à commenter et critiquer tout ce qui se fait ailleurs, de Bourbon la paysanne (mais plus besogneuse) à Paris où, comme chacun sait, “personne ne comprend rien aux îles”.

Les initiatives opiniâtres jusqu'à l'abrutissement d'un chasseur d'épices manchot et chaste ne peuvent que faire sourire une telle société, voire l'agacer : c'est qu'il commence à être fatigant, ce demi-curé lyonnais, avec sa manie de galoper derrière ses muscades. Croirait-il donner quelque bon exemple ?

Qu'aura-t-on de mieux, d'ailleurs, quand ces épices auront été acclimatées dans l'île ? Quelque imbécile enrubanné venu de Versailles débarquera pour donner des ordres de "mise en valeur", pour imposer des cultures dont on n'a que faire, puisque de toute façon c'est avec le commerce qu'on est en train de s'enrichir...

Une bonne part de la bourgeoisie locale n'est en effet pas encore "enracinée" : c'est après, avec la canne, que vont se créer les grandes richesses foncières, les vastes domaines enchâssant une usine, son camp de Noirs et sa maison de maître. Pour l'heure, la plupart des Blancs pensent être ici en situation provisoire : puisque la Compagnie concède pour rien des terres immenses, profitons-en, mais spéculons au maximum, tirons le meilleur rendement des esclaves et du troc et, les poches pleines, retournons vingt ans après à Paris, Bordeaux ou ailleurs, où il fait autrement bon vivre !

La Compagnie, qui n'a jamais été caractérisée par un grand dynamisme, laisse faire. Comment agirait-elle autrement ? Elle même ne sait plus trop où naviguer, depuis que la politique a changé...

Il faut dire qu'on s'est réconcilié avec la Hollande et que de capitale à capitale se négocient des accords qui passent bien au-dessus de la tête des colons moyens. Il n'est plus question aujourd'hui de briser des monopoles, comme il y a dix ans, mais de ménager des susceptibilités.

D'ailleurs, il y a désormais au sein du conseil d'administration de la Compagnie des gens d'origine étrangère, caution vis-à-vis des nouveaux amis hollandais, comme ce Godehem ou Godeheu qui a ajouté "d'Igouville" à son nom pour faire plus hexagonal.

Un genre de supercherie qui, soit dit en passant, ne peut guère faire illusion aux îles, où beaucoup de petits colons se sont offert une particule en guise de prime au voyage : des "messieurs de", on en trouve à chaque chemin de terre, ici ! Ce n'est que plus tard, dans la tourmente révolutionnaire, que de vrais nobles viendront sauver leur cou dans l'océan Indien. D'ici là, les particules des autres se seront renforcées à l'usage. Certains auront même appris à être de vrais seigneurs : il suffit d'un fief, fut-il planté de canne à sucre...

Pour en revenir à Godeheu, on l'a vu à l'œuvre quand il a fait escale, voici un an, sur le chemin de l'Inde où il allait démolir tout ce que Dupleix avait construit. Un intrigant, et des plus redoutables : si on lui a donné les moyens de déboulonner un géant de la taille de Dupleix - et l'on n'oublie pas ici que Dupleix avait été le "tombeur" de La Bourdonnais, cette autre force de la nature - il serait de la dernière sottise d'aller contre le vent. Hochons donc la tête quand viennent ces messieurs de là-bas, baisons-leur la main si nécessaire, et continuons à faire nos petites affaires en paix.

Oui, les temps ont imperceptiblement changé, tandis que Poivre écumait les mers lointaines à la poursuite de son éternel rêve : aux îles on somnole plus que jamais et sur l'échiquier mondial l'heure n'est plus aux conquérants mais aux négociateurs.

Il ne pouvait pas y avoir plus mauvaise conjoncture pour notre chasseur d'épices victorieux : plus personne ne s'enflamme pour une conquête apparemment dépassée. Faute d'approbation officielle - on semble l'avoir totalement oublié - Poivre est obligé de s'en remettre à Bouvet, entre temps bombardé gouverneur général et qui semble beaucoup moins l'aimer depuis qu'il est devenu le maître, et au Conseil supérieur de l'Ile de France, qui se moque parfaitement de ses affaires.

Notre homme patiente deux mois et demi, se désespérant de voir les mauvaises graines de muscadier et de giroflier offertes par le gouverneur de Timor dépérir, faute de terroir approprié.

Sentant mourir sous ses yeux le résultat de dix ans de recherche, il se décide le 30 septembre 1755 à écrire au Conseil supérieur. Son message - un véritable S.O.S. - est des plus émouvants :

"Je vous déclare que malgré la jalousie des Hollandois, J'ai acquis dans mon voyage plusieurs pieds de vrais muscadiers dont une partie n'étoient que des germes tendres sortant de leurs noix, que la pluspart de ces plants délicats a péri par divers accidens de la navigation et qu'il ne m'en reste qu'un seul vivant avec de feuilles, et une noix que j'ai plantée qui commence à germer.

Si j'ai gardé le silence jusqu'à présent c'est que j'attendois les ordres du comité secret de la Compagnie duquel j'eus l'honneur de recevoir ma mission en 1748. C'étaient MM. Rouillé et de Montaran qui présidaient à ce comité sous les ordre de Mgr le garde des Sceaux.

Le projet à l'exécution duquel je travaille constamment depuis sept années est le projet de ces illustres ministres qui avaient bien voulu m'honorer de leur confiance. Il paroit que les changemens survenus depuis peu dans le ministère de la nation ont retardé les ordres que j'attendois.

Cependant les plants que j'ai entre les mains

périclitent, vu que je n'ai aucun lieu sûr et convenable, aucune facilité pour les cultiver ; je vous supplie donc, Messieurs, d'être admis à vous les remettre ainsi que les graines de gerofliers et noix de muscadiers qui me restent, pour être par vos ordres cultivés ainsi que vous le jugerés convenable...”

Au Conseil, enfin, on s'inquiète : un changement peut en cacher un autre et il est bien possible que ce bougre-là, demain, revienne en grâce. Qui sait ce que peuvent mijoter ceux qui gouvernent, dont on ne reçoit les ordres qu'avec six mois de retard ? Et maintenant qu'il y a trace écrite - car Poivre, c'est certain, enverra copie à Paris - il faut au moins faire semblant de s'agiter.

Dès le lendemain donc - voyez comme on fait vite ! - le Conseil réuni étudie et identifie les graines déposées par Poivre. Il s'agit bien, reconnaît le procès-verbal, de noix “mâles” et “femelles” de muscade, ainsi que “d'antophiles” ou fruits mûrs de girofliers.

On identifie également deux plants présentés dans une baille, l'un mort et l'autre vivant, comme étant de vrais muscadiers. Le muscadier vivant est minuscule : il ne porte que trois feuilles et sa tige est haute de “quatre pouces huit lignes”, soit une douzaine de centimètres. Il s'agit néanmoins d'un muscadier authentique, et bien vert, comme chacun s'accorde à le reconnaître et comme le confirme le botaniste de service convoqué pour expertise, Fusée-Aublet.

Cependant, les retrouvailles Poivre-Aublet tournent vite à l'aigre.

— Que sont devenus mes muscadiers de l'an dernier ? demande Poivre. Ceux que j'avais rapportés de

Manille ? Et les noix que j'avais expédiées auparavant ?

La question jette un froid : Poivre à peine parti, Aublet s'est répandu dans toute l'île, clamant que les plants étaient des faux ; la preuve, ils avaient des feuilles alternes.

— Et alors, dit Poivre : justement, le muscadier a des feuilles alternes !

Le Conseil calme les esprits : non, M. Aublet n'a pas voulu mettre en doute la compétence de son collègue Poivre. Et si les muscadiers de Manille sont morts, c'est parce qu'ils étaient trop chétifs, trop abîmés par leur long voyage. Les soins désespérés donnés au Réduit n'ont pu éviter l'inéluctable.

Aublet est compétent et sérieux, répètent les membres du Conseil. La meilleure confirmation qu'il pourra en donner sera de faire grandir et fructifier le nouveau plant rapporté par Poivre et de faire germer ses noix de muscade et ses baies de girofle. Et tout le monde de signer de bon cœur le procès-verbal de la séance :

“Nous avons ordonné au Sr Aublet de se charger de la baille, plante et noix germée qui sont en icelle, de les cultiver avec l'attention qu'elles méritent pour les élever si faire se peut. Et au cas que la noix germée, germe séparé qui se trouve dans ladite baille, et plant actuellement vivant ayant ses feuilles et d'autres prêtes à se développer, ne pussent, nonobstant les soins qu'il se donnera, se conserver, sera tenu le Sr Aublet de les rapporter, et représenter dans l'état où elles se trouveront pour être fait ce qu'il appartiendra.”

Il faut croire qu'on fait grande confiance à Aublet malgré la mort des muscadiers de Manille et ses étranges explications puisque le premier signataire de ce procès verbal est le gouverneur Delozier-Bouvet lui-même : difficile d'imaginer que cet homme ait mijoté quelque noirceur, après tout ce qu'il avait fait pour aider Poivre en ses projets l'année précédente.

Faute de complot général, on est donc réduit à supposer qu'il y a eu quelque terrible aveuglement dans le jugement porté sur Aublet. Sans doute celui-ci s'est-il défendu comme un beau diable, et parole contre parole, qui croire vraiment ?

D'ailleurs Aublet fait partie de la colonie. Jardinier, factotum et même un peu concierge du Réduit, il y a sans doute aussi appris des choses qu'on n'aimerait pas voir divulguer (n'oublions pas que la demeure fut d'abord un nid d'amour).

Il serait peut-être fâcheux de se mettre à dos un esprit si caustique, servi par une langue si agile. Poivre est bien brave et bien courageux, c'est sûr, mais ce n'est qu'un oiseau de passage.

N'écoutons pas ces querelles, doivent se dire les conseillers : chacun sait que les savants aiment faire ainsi concours de compétence. Laissons les plants de Poivre à Aublet, ce sera un bon moyen de les réconcilier !

L'embarras doit être grand au Conseil, quand un mois plus tard, Aublet rapporte la baille, demandant à *"en etre déchargé"*. Et pour cause : tous les plants sont morts !

Accident, dépérissement naturel de plantes trop longtemps malmenées ? On pourrait y croire s'il n'y avait les manœuvres, s'il n'y avait les mensonges d'Aublet. Après tout, un arbrisseau qui crève, tous les jardiniers ont connu ça.

Mais il y a cette mauvaise ruse, qui consiste à présenter la baille et à la faire identifier par Poivre.

Celui-ci, effondré par l'insuccès de son entreprise (cela fait quand même la troisième fois qu'il va chercher des épices pour rien : dix ans gaspillés !), reconnaît sans trop y regarder de près “sa” baille et “ses” plants. Il accepte même de le consigner par écrit.

Aublet découvre alors sa botte secrète.

Déterrant les noix pourries, il les découpe au couteau, montre qu'il s'agit de vulgaires noix d'arec, fruits d'un palmier sans parfum aucun : *“Cette noix arec, Messieurs, est la prétendue muscade que le Sieur Le Poivre a voulu persuader le conseil estre réelle”.*

Coup de tonnerre. Poivre aurait-il donc menti ?

Et Aublet continue. Il affirme que le plant de muscadier lui-même était une faux :

“Une fausse noix muscade étoit placée sur la courbure du prétendu plant que ledit Sieur Poivre disoit en faire partie. Je certifie que cette noix avait été mise sur la dite courbure du plant, après avoir été coupée en deux, les deux parties ayant été rapprochées et pressées sur la courbure dudit rejet avec de la terre.”

En un mot, il accuse Poivre d'avoir fabriqué des plants factices, avec des débris végétaux rafistolés de bric et de broc : jamais cet homme n'a rapporté d'épice, c'est un imposteur !

Cette fois, Poivre qu'on avait connu si combatif, si tenace, craque. Il ne se sent soutenu par personne, face aux mensonges éhontés d'Aublet.

Pourtant, des bruits courent dans cette colonie si bavarde : on aurait vu Aublet errer la nuit près du jardin d'un habitant auquel quelques noix avaient été confiées ; on a trouvé aussi au pied du plant mort un paquet de filasse “soupçonné d'être empreint de quelque drogue mercurielle” ; d'autres disent qu'Aublet a arrosé la plante avec de l'eau bouillante... Toujours est-il que le muscadier est mort “subitement” en une nuit et que cela devrait au moins susciter quelques doutes,

Le sabotage pourrait peut-être être prouvé, si l’on en avait un tant soit peu envie. Mais d'instinct, les conseillers de l’Ile de France font les sourds : ils craignent que la querelle des savants cache des manœuvres plus puissantes, en travers desquelles il ne serait pas prudent de s'interposer.

En effet, la Compagnie a changé de tête. L'heure, on l'a vu, est à la Hollande et l'apparition d'un Godeheu sur le trône de Dupleix en est un signe. Le gâchis qu'on lui laisse accomplir à Pondichéry en est un autre.

Certains affirment d'ailleurs que Godeheu lui-même aurait dit que la conquête des épices n'était plus une priorité, qu’au contraire elle risquait de fâcher la France avec ses nouveaux associés. Or on a vu Godeheu au Réduit, il a même pris la plume pour soutenir Aublet, qu'il trouvait trop confiné à des rôles subalternes. N'aurait-il pas poussé l'affaire un peu plus loin, en demandant au botaniste de détruire systématiquement les plants rapportés par Poivre ?

Ce dernier, en tout cas, accuse nettement.

Dans un rapport complet sur sa mission, envoyé au comité secret de la Compagnie le 17 novembre 1755, il écrit :

“J'eusse apporté mille plants de deux espèce que tous mille eussent péri en mon absence [...].

Je ne vous dissimulerai pas. Messieurs, que je connois la source des traverses que j'éprouve. Le Sr Aublet ne seroit pas si hardi s'il n’étoit pas soutenu (et ici trois mots rayés : le nom du puissant personnage qui appuie le saboteur, et que Poivre a finalement biffé, parce qu'il ne se sent pas de taille).

Il y a des gens qui paroissent mes ennemis sans l'être : car je ne leur ai jamais pu donner lieu de me haïr. Ils sont les ennemis du projet auquel je travaille ; non pas que le projet ne leur paroisse bon ; au contraire il ne leur paroît que trop bon. Ils scavent fort bien que la réussite couvriroit de gloire les bons citoyens qui l'ont mise sur le tapis, qui m'ont appuyé auprès du ministre et de la Compagnie. Ils seroient jaloux de cette gloire. Voilà, je pense, le nœud gordien."

Il y a des accents déchirants dans cette lettre : toute la peine d'un homme qui a consacré sa vie entière à une entreprise et qui se voit trahi.

" Après avoir travaillé comme un malheureux pendant treize mois qu'a duré mon dernier voyage, après avoir couru généreusement les plus affreux dangers pour votre service, je comptois en arrivant ici pouvoir jouir de quelque repos, et je trouve un homme qui paroît aposté non seulement pour détruire les plants que j'apporterois, mais encore pour dénigrer par de grossiers mensonges et de viles calomnies. "

Car Aublet, presque un vieux colon, sait à merveille utiliser la potinière locale. Il dit et fait répéter que Poivre a surtout navigué pour servir ses propres intérêts, qu'il a rempli les cales de la *Colombe* avec une cargaison qu'il revend pour son compte.

C'est une pratique autorisée, dans une certaine mesure : en ajoutant quelques marchandises à eux au fret général, les officiers compensent la maigreur de leur solde. Mais Poivre ne mange pas de ce pain-là, ou du moins pas au-delà des proportions autorisées :

— Il n'y avait pas vingt paniers de sucre sur la Colombe entre l'état-major et l'équipage, rétorque-t-il, et la cale était pleine d'une cargaison appartenant à la Compagnie.

Mais Aublet continue à répandre son fiel, fait passer des libelles - les billets anonymes sont très à la mode - chez les barbiers, grands colporteurs de bruits divers.

Et Poivre baisse les bras, se décide soudain à tout abandonner : il n'a trouvé qu'indifférence en cette île à laquelle il voulait apporter la fortune.

Il finit par s'en accuser, retrouvant le mea culpa rabâché chez les Frères : *"S'il faut me sacrifier à mes ennemis, sacrifiez-moi Messieurs, j'y consens de bon cœur..."*

La seule chose à laquelle il tienne encore, toujours, est son cher, son éternel projet. Aussi invite-t-il la Compagnie à poursuivre *"au nom de la patrie"* une entreprise qui *"réussira quand vous le voudrés"*.

Puisque les épices sont à portée de la main, qu'il suffirait d'un bon navire et d'un bon équipage...

"Choisissés pour (cette expédition) quelqu'un qui soit du goût de tous, sans être proposé ou appuyé par personne en particulier. Je vous sacrifierai de bon cœur pour son instruction toutes mes connoissances, le fruit de mes fatigues et de mes travaux."

Formidable abnégation, qui fait offrir à un autre la moitié de sa vie, le résultat de tout son travail et même le bout de bras perdu, il y a déjà si longtemps, et qui a décidé de tout.

Avant de partir, tout de même, Poivre tient à démolir les arguties d'Aublet.

Il le ridiculise devant le Conseil : comment aurait-il pu diviser une noix de muscade en deux, lui, un botaniste ? Il sait bien que la muscade n'est pas un haricot, qu'elle n'a pas de division naturelle ! Il en a assez vu, des muscades, et plus souvent qu'Aublet ! D'ailleurs, le plant mort présenté aux édiles - et qu'on lui a traîtreusement fait reconnaître - ressemble fort peu au plant vivant confié un mois plus tôt au gardien du Réduit...

Ce serait bien mal connaître Aublet que penser qu'il s'avoue vaincu : en 1757 encore, deux ans après le départ de Poivre, et pour combattre sans doute quelque mauvaise rumeur, il reviendra sur l'affaire en affirmant cette fois qu'une des noix de muscade *"soi-disant germante"* avait été en réalité trafiquée avec *"un grain de gravier artistement appliqué"* figurant un faux germe ; il répétera aussi son histoire de la noix d'arec, y ajoutant que la pseudo-racine du muscadier n'était autre que le pivot d'un jeune jamrosa, que Poivre aurait introduit dans une noix pour faire croire qu'elle poussait : à chaque épisode il en rajoute un peu, c'est du roman bon marché.

Certains continuent sans doute à le croire, malgré ces outrances, puisque Aublet restera encore quelques années en charge du Réduit, où il fera d'ailleurs un excellent travail d'introduction et de multiplication des végétaux... pourvu qu'ils ne fussent point des épices.

Mais Poivre ne se soucie plus des répliques de son adversaire : écœuré, il a pris le premier bateau pour l'Europe.

Une escale à Madagascar lui change un peu les idées : il y avait longtemps qu'il avait envie de voir la Grande

Ile et d'en observer les habitants et bien sûr les plantes. On ne se change pas...

Et Poivre, qu'un boulet n'a pu abattre, note tranquillement ses observations de la main gauche : il n'a pas la force de pardonner à Aublet et à ceux qui l'ont commandité, mais il essaie d'avoir celle de les oublier.

Il ne s'offusque même pas quand les Anglais le reprennent en route et l'enferment quelque temps au Pays de Galles : cette expérience aussi fait partie du voyage.

Et puis, il n'est plus pressé : il n'a plus rien à chercher.

Les épices, c'est bien fini, pense-t-il. Il a trente-sept ans accomplis et il a passé presque la moitié de sa vie loin de chez lui, en des pays étranges et sur des mers dangereuses. Le temps est venu maintenant du repos et calme.

Du moins essaie-t-il de s'en persuader.

Mais que demande-t-il, en ses plus secrètes prières dans sa prison anglaise ou à Lyon où le voici bientôt rentré ?

D'avoir la force d'oublier ses échecs et ses blessures ?

Ou d'avoir encore une chance ?

19

Et passa Françoise Robin

Quand Poivre arrive enfin à Lyon, en avril 1757, il va avoir trente-huit ans. Il a passé presque la moitié de sa vie loin de chez lui. Pour rien.

Il retrouve avec plaisir Denis, son cadet de trois ans, qui a repris après la mort du père la mercerie familiale, et le reste de sa famille. On l'a tant trahi... Ici au moins il se retrouve en milieu sûr.

Sans doute accueille-t-on avec une certaine déférence cet aîné qui a tant voyagé et tant fait pour la France. Pierre n'est-il pas membre correspondant de la prestigieuse Académie des Sciences de Paris, de l'Académie de Lyon, d'une demi-douzaine d'autres sociétés savantes ? Voilà qui doit lui donner quelque auréole dans la vieille ville. Il a souffert ? On va le gâter. On va le sortir aussi : c'est de voir trop peu de beau monde, sans doute, qui lui aigrit le caractère !

Denis Poivre est marié et père de famille. Rien que de normal, à trente-cinq ans : le bizarre, c'est Pierre, pas lui. Il a épousé une certaine Élisabeth Colaud, une fille de la région, qui tient la mercerie avec lui.

Les Poivre rencontrent parfois Antoine Robin, le brillant veuf de la sœur aînée d'Élisabeth, Marguerite : bien qu'il soit d'un autre monde (cet écuyer - le premier grade de la noblesse - est “conseiller secrétaire du Roi”) et qu'il se soit remarié après six ans de veuvage, Robin a gardé beaucoup de sympathie pour les Poivre et les deux familles se réunissent assez souvent. Surtout à cause des enfants : Marguerite Colaud-Robin en a laissé six, dont la dernière-née, Françoise, n'a que neuf ans à l'arrivée de Pierre Poivre. Orpheline de mère à l'âge de trois ans, la petite Françoise mérite bien les attentions de sa tante et de son oncle par alliance.

Pierre remarque-t-il déjà la fillette ? Sans doute pas. Le fruit est plus que vert et il a la tête trop farcie de ses souvenirs, surtout de celui de ses échecs. D'ailleurs il reste peu à Lyon : il vient d'acquérir, à la campagne, une propriété où il compte bien panser ses blessures.

Il faut dire que La Freta se prête merveilleusement à l'oubli de la noirceur humaine : sise sur le territoire de la commune de Saint-Romain-au-Mont-d'Or, en contrebas du village, elle domine la vallée de la Saône.

Ce ne sont plus les infinis lointains des grands océans mais la vue, tout de même, porte à une bonne dizaine de kilomètres, quand l'air est pur. La demeure est une grosse ferme entourée d'annexes, le jardin une grande broussaille dont Poivre fera un musée végétal. C'est ce domaine-ci qu'on pourrait baptiser le Réduit, pas la grosse maison de poupée aux varangues de bois où continue de s'aigrir M. Fusée-Aublet.

À La Freta, Poivre n'oublie pas : il mûrit. Il est arrivé les poches pleines de graines et le cerveau bourré d'idées. Les premières sont prioritaires : ce n'est qu'après les avoir mises en terre, sur son coin de coteau bien exposé, que notre homme classe les secondes. Avec le même détachement : puisque l'intelligence des hommes ne l'a pas reconnu, il dépend autant de la volonté de Dieu que La Freta devienne un jardin tropical ou qu'on reconnaisse les mérites de son propriétaire.

De sa main gauche, où la plume n'est jamais redevenue vraiment habile, Poivre gratte donc le papier. On peut l'imaginer, derrière une des fenêtres de sa maison aujourd'hui disparue, levant de temps à autre le regard vers la Saône et les verts bleutés de la vallée, les comparant automatiquement à cette autre végétation, si envahissante, si agressivement verte, qu'il a connue sous les tropiques.

Il s'interrompt souvent pour rassembler ses souvenirs si nombreux, pour rêver tout simplement ou pour aller surveiller, en quelque pot choyé, si telle graine exotique est bien en train de germer.

Il écrit des lettres et des rapports. Les lettres sont destinées à quelques personnages qui l'ont reconnu pour un homme de valeur, malgré sa disgrâce. Ils portent des noms aussi illustres que Jussieu, Sonnerat ou Commerson (futur botaniste de Bougainville) et s'intéressent, eux aussi, aux Îles, à l'Orient, aux épices. Ils ne boudent pas Poivre : la science ne se soucie pas des humeurs politiques.

Ce courrier à vocation essentiellement savante laisse parfois échapper un soupir : *"Quand l'homme est suspect à l'homme, il se réfugie, comme Caton, pour oublier les rigueurs de son ingrate patrie"*. C'est un peu grandiloquent mais exact : les beaux paysages de La Freta n'empêchent pas son propriétaire de souffrir.

Poivre essaie alors, mine de rien, de se faire réhabiliter. Il sait que les calomnies d'Aublet ont filtré jusqu'à Paris, que les rapports du gouverneur David n'ont sans doute pas été indulgents, que ceux de Bouvet doivent être de la plus stricte neutralité. Qu'il y a aussi ce Godeheu ou un de ses semblables, dont il n'a pas osé écrire le nom...

Côté Compagnie, il doit y avoir un mur de préventions contre lui. Il entreprend de le contourner : à peine est-il installé dans sa "retraite" qu'il repense déjà aux mers lointaines. Non, il ne peut décidément pas renoncer à donner les épices à la France...

Puisqu'il est correspondant de l'Académie des Sciences de Paris et de l'Académie de Lyon, c'est par ces augustes assemblées qu'il entend faire passer son message. Il écrit mémoire sur discours. Un jour le voit traiter des mœurs et arts des peuples d'Afrique et d'Asie ; une autre fois, l'Académie reçoit sa *Recette détaillée pour teindre les fils de coton en rouge d'andrinople ; on y lit aussi, bien sûr, un Mémoire sur la culture du muscadier et du bois immortel.*

Les textes scientifiques sont précis, les récits de voyage pleins d'une philosophie étonnamment moderne.

Nous avons déjà parcouru des extraits des uns et des autres, qui ont parfois servi de fil conducteur à notre récit. Le langage, malgré quelques tournures vieillottes, en est clair, les idées sont novatrices, parfois audacieuses : n'oublions pas que, même si Louis XV est plus tolérant que son prédécesseur, on est toujours sous le régime de la royauté absolue...

Ces écrits peu conformistes ne surprennent cependant pas outre mesure, en une époque charnière qui se débarrasse des circonvolutions de langage et de pensée du Grand Siècle pour aller vers la netteté, l'audace, voire l'irrespect du temps des Lumières.

Au contraire, ils plaisent. À Jussieu, qui se fait l'avocat de Poivre pour lui décrocher une pension, et à d'autres. Tant et si bien qu'un éditeur indélicat fait imprimer à Amsterdam - très à la mode, Amsterdam, pour tout ce qui sort un tant sait peu de la ligne politique établie - et sans demander l'avis de l'auteur, les *Observations sur les mœurs et les arts des peuples de l'Afrique et de l'Asie sous le titre plus vendeur de Voyages d'un philosophe.*

Réjouissons-nous, pour une fois, de l'indélicatesse d'un éditeur pirate : Pierre Poivre a été si modeste en ce qui concerne ses propres exploits que sans ces Voyages, rapport originellement destiné à l'Académie de Lyon, nous manquerions fâcheusement d'informations sur ses aventures.

Le coup, pour une fois, profite à sa victime : le titre intelligemment choisi, l'édition à l'étranger font soupçonner quelque liberté de langage en cet ouvrage nouveau. De fait, et nous l'avons vu dans les comptes rendus du premier voyage de Poivre, extraits de ce rapport, il y encense l'agriculture, source de toutes les félicités, et y égratigne les tyrannies de toutes sortes.

On apprécie le ton, même en haut lieu. Pas tout de suite, bien sûr, ni ouvertement. Mais, petit à petit, l'idée que Poivre n'est ni un sot ni un imposteur commence à faire son chemin. Il y a dans ses écrits une force, une franchise qui sont bien éloignées de la courtisanerie. Au contraire, il se montre parfois trop direct, voire maladroit.

Cette prise de conscience des qualités de Poivre ne se fait pas d'un coup : en France comme ailleurs, les maîtres n'aiment pas reconnaître qu'ils se sont trompés. Mais au fil des mois et des années, quelques-uns s'intéressent à nouveau à l'ermite de La Freta, dont ils commencent à constater qu'il ne bougonne pas toujours dans le vide.

D'ailleurs les événements lui donnent raison : la compagnie est en pleine déconfiture. Sa gestion hésitante, son incompréhension chronique des problèmes coloniaux (mais on ne fera pas mieux par la suite) ajoutées à quelques malversations et un ou deux scandales ont fini par avoir raison de la machine bancale.

L'État, qui tout de même avait associé son prestige à l'entreprise, a bien essayé, in extremis, de remplacer quelques hommes mais cela n'a fait qu'ajouter à la pagaille.

L'Inde, demi conquise il y a quelques années par Dupleix, a été pratiquement abandonnée aux Anglais au nom "d'intérêts supérieurs" bien difficiles à démêler. On a allégrement abandonné aux vengeances sanguinaires des nababs ennemis les alliés de la veille, auxquels on avait promis monts et merveilles : les harkis, on le voit, ne sont pas une invention neuve.

Ne restent de cette tentative d'empire, du sang versé, des promesses faites, que les cinq grains de chapelet de nos petits comptoirs, qu'énuméreront dix générations d'écoliers : Pondichéry, Yanaon, Karikal, Mahé, Chandernagor...

À Madagascar, malgré quelques nouvelles tentatives, on n'a rien pu établir de solide. On ne prendra vraiment pied dans la Grande Ile - baïonnette au canon - qu'un siècle et demi plus tard. Par contre, en quelques comptoirs, simples villages de paillettes, les tribus guerrières de la côte vendent aux Blancs de passage les prisonniers faits dans l'intérieur du pays. C'est même le plus gros trafic des deux Compagnies : des milliers et des milliers d'esclaves, pris en Guinée (mais c'est surtout la Compagnie des Indes Occidentales qui vient chasser par là), en Afrique du Sud, au Mozambique, à Pemba et Quiloa, à Zanzibar, en Inde. Encore et toujours des esclaves, choisis comme du bétail à la qualité des dents, marqués au fer, entassés dans les cales où ils crèvent par centaines. L'arrivée aux champs est presque une délivrance : il n'y a pas que des mauvais maîtres à Bourbon ou à l'Ile de France. Et dans cent ans on fera de leurs descendants des citoyens presque comme les autres...

Les Mascareignes, malgré cette injection massive de bras - ou à cause d'elle ? - et la fertilité de leurs terres, l'abondance de leurs eaux, sont au bord de la famine, mal gérées, ayant perdu la vertu du travail et l'envie d'entreprendre.

Quant à l'Orient lointain, personne n'a su concrétiser ses promesses, malgré la voie ouverte par Poivre et quelques confrères.

De La Freta, notre homme observe tout cela avec amertume : il n'y a pas de vrai plaisir à constater "qu'on l'avait bien dit". Ni à voir un adversaire d'hier, le grandiose Dupleix, traîné dans la boue par tout ce que la France compte d'intellectuels. Car les plumes et les langues s'aiguisent, dans les cabinets et les salons, dès que l'homme d'action, celui qu'on envie et qu'on jalouse, trébuche un tant soit peu.

Poivre, sans doute, se dit que vraiment il n'y a guère à gagner aux voyages lointains, que la nation est ingrate et qu'ils ont bien raison, son frère et les autres, qui n'ont pas quitté le Lyonnais, et y ont enraciné famille et fortune. Il se dit même qu'il devrait en faire autant et que, maintenant que La Freta est bien organisée, qu'y pousse ce qui devait y pousser, que sont mortes les plantes qui devaient mourir, il serait peut-être sain d'organiser sa vie aussi.

On ne sait rien jusqu'alors des humeurs sentimentales de Pierre Poivre.

Les récits de l'époque sont parfaitement muets sur ce chapitre. Sans doute n'est-il pas un Casanova : tant de gens ont écrit du mal de lui que s'il avait eu une existence quelque peu dissolue, on n'aurait pas omis d'ajouter cette faute à la liste des autres, réelles ou supposées.

Mais notre homme n'est pas non plus un moine manqué, qui aurait reporté sur l'amour exclusif des végétaux ses chastes ardeurs du couvent : Poivre est sensible à la beauté féminine.

La preuve, il va se marier.

C'est que la petite Françoise Robin, la nièce par alliance de son frère Denis, a grandi sous ses yeux en sagesse et en beauté. Tous les auteurs - et même ceux qui n'aiment pas Pierre Poivre - s'accorderont à dire que son épouse est le charme personnifié. La vertu aussi, on le verra.

Toujours est-il que notre botaniste tourne bientôt ses regards vers cette belle plante qu'il a vue pousser près de lui. Elle est jeune, discrète. Bien faite...

Quelque peu effacée, la fille de l'écuyer Robin n'a pas de prétendant connu. Et peu à peu, tonton (par alliance) Poivre devient Pierre, on échange autre chose que des platitudes familiales et l'œil de la petite s'allume quand le grand voyageur évoque l'Orient, ses fastes, ses mystères : il y a si peu de choses à voir entre la Dombes et la Saône !

On ne le sait pas encore, mais il y a une puissance, une soif d'ailleurs dans le cœur timide de la jeune Françoise. Elle s'accorde mieux des souvenirs - même un peu jaunis -d'un explorateur sur le retour que de la main fortunée mais quelconque d'un gentilhomme du coin.

Il y a une grande différence d'âge ? Eh oui : vingt-neuf ans ! Même en ces temps où l'on voit beaucoup de barbons escortés de jeunesses, c'est énorme.

Mais Poivre, qui a déjà su faire oublier à tout le monde, y compris à lui-même, qu'il n'a plus de main droite, saura rendre comestibles ses quarante-cinq ans. D'ailleurs ses rides mêmes sont pleines d'exotisme...

Et qui ne se laisserait émouvoir par le feu qui couve sous la carapace des bonnes manières, par la rage qui pétille encore dans ses yeux quand il évoque les lenteurs de l'Orient, la paresse des îles, la trahison d'Aublet ?

Françoise tout doucement s'apprivoise, se dit que cet homme puissant - dont le destin, c'est sûr ! n'est pas bouclé - est autrement intéressant que les godelureaux ordinaires qui viennent chauffer les fauteuils des Robin, avec pour seuls récits quelques vagues potins glanés dans le vieux Lyon, et pour seule ambition la gestion d'un héritage ou le troc de la soie.

Poivre, c'est autre chose : il sent le sel, la mer, l'aventure !

Françoise, qui mériterait une biographie à elle seule (car, vous allez voir, quelle étonnante trajectoire !) a, comme Pierre, la maladie du voyage bien plantée dans chair. Elle sent qu'avec un homme comme celui-là, son existence ne restera pas confinée aux brumes du Lyonnais, que d'autres horizons s'ouvriront à ses yeux.

En ce sens, elle est peut-être plus fascinante encore que son futur mari : partir, pour une jeune fille de ce temps, était encore plus exceptionnel...

Pierre se laisse doucement convaincre. Il a si peu pensé à lui ! Côté famille, pas d'opposition : le prétendant compense largement en science et en réputation le handicap de l'âge.

Mais tandis qu'à Lyon l'on s'achemine tendrement vers le “oui”, de grands messieurs forts graves se souviennent, à Paris, de cet audacieux botaniste qui a failli donner les épices à la France, et dont les idées sur les îles étaient pleines de bon sens.

Car elles sont de toutes les conversations, les îles : le Roi a décidé de les racheter à la Compagnie agonisante, devenue “Compagnie de commerce” tout court depuis que le rêve des “Indes orientales” est mort. Le rachat des îles et la grosse poignée de piastres qui le concrétise permettront à la Compagnie d'éponger une partie de son déficit. Simple répit : la Compagnie est finie.

Mais il faut d'urgence sauver tout ce qui reste du grand plan oriental : les îles, trop longtemps tirées à hue et à dia, crèvent la faim et sont sans défense face aux appétits étrangers. Il faut agir vite si on ne veut pas perdre le peu qui reste d'un siècle et demi de conquête. Pour remonter la pente, il faut des hommes de poigne... Et à Versailles, quelqu'un prononce le nom de Poivre.

Nous sommes en 1766. Il y aura bientôt neuf ans que Pierre Poivre est rentré à Lyon et il pense bien n'en jamais repartir. Il bâtit pour ici en poussant ses avances du côté de Françoise : La Freta est devenue une agréable demeure et il s'y voit déjà, peut-être, en patriarche entouré d'enfants, vivant de rentes et de ses terres.

Du potager, il a fait un parc, avec fausse grotte sauvage, cascade et bassin. Pas de jardin à la française comme au Réduit, mais un agencement savant d'allées sinueuses où croissent sans discipline quelques essences rares rescapées des voyages et du gel et des saules pleureurs à la chevelure si émouvante. Le romantisme n'est pas inventé pourtant et les premiers tonnerres de la Révolution sont encore bien loin, mais Poivre a su se montrer en avance jusque dans son jardin, dont il ne reste hélas plus rien qu'un tas de cailloux et un saule bicentenaire.

C'est là qu'il a choisi de loger son idylle, là qu'il veut dorloter Françoise, dont il prend la main pour lui montrer, sous l'œil attendri de Robin père, ces arbrisseaux qui sont arrivés de l'autre bout du monde, au fond de sa poche.

Mais c'est compter sans ceux qui sont aux commandes : Poivre est interrompu en plein roman rose par une missive du duc de Choiseul, qui est devenu une sorte de Premier ministre. Voici qu'après l'avoir si mal traité, on a besoin de lui.

Poivre ne proteste pas, au contraire. Son heure serait-elle revenue ? Il “monte” à Paris, rencontre Choiseul et son cousin, le duc de Praslin, qui est aux Colonies, du moins à ce qu'il en reste.

Ces messieurs se font pressants : il faut faire quelque chose pour les îles, et vite. Dès que le rachat sera effectif, de nouveaux administrateurs devront aller là-bas. Et Choiseul d'exposer son plan : il y aura à l'Ile de France, définitivement retenue comme point d'attache principal, un gouverneur général et un intendant, dont les alter ego à Bourbon seront un commandant et un commissaire général.

Le gouverneur général sera chargé de la défense et de la police générale, l'intendant des finances et des affaires économiques en général. L'administration royale reprend en cela les bons vieux - et désastreux - principes de la Compagnie : en séparant les pouvoirs, elle évitera que ses “hommes de confiance”, à dix mille milles de distance, ne soient trop tentés de plonger la main dans la caisse. Mais les îles seront-elles réellement gérables, partagées entre un homme qui tient les armes et un autre qui tient la bourse ? Le futur verra quelques tandems heureux, mais ils seront rares. Et celui que va constituer Pierre Poivre avec le colonel Jean Daniel Dumas ne sera pas du nombre.

Car Poivre, peu à peu, se laisse fléchir. Il demande du temps pour étudier la proposition et faire avancer ses affaires amoureuses, mais le roi lui-même met le poids de son auguste protection dans la balance. Il lui envoie le cordon de Saint-Michel pour ses mérites passés, laisse entrevoir un anoblissement... Il serait discourtois de refuser. D'autant que la fièvre reprend Poivre : l'horizon de La Freta, soudain, est devenu bien étroit.

La seule chose qui pourrait retenir notre homme serait un refus, voire une simple hésitation de Françoise : il tient désormais à elle plus qu'à ses épices. Mais Françoise n'est pas plus rebutée par un voyage de quatre mille lieues qu'elle ne l'a été par son vieux bonhomme d'aventurier.

Elle dit oui à l'un et à l'autre et, le 15 septembre 1766, Françoise Robin épouse Pierre Poivre en l'église de Saint-Cyprien-en-Lyonnois (actuel Saint-Cyprien-sur-Anse), paroisse de son oncle Mathieu Colaud.

La Freta s'embellit peu de temps de la présence de la jeune femme. Quelques mois seulement : après quelques aller-retour à Paris et Lorient, Pierre Poivre vient chercher épouse et bagages. On s'en va !

Françoise prend encore le temps de contracter une petite rougeole, maladie d'enfant, mais à la fin de février 1767, le couple est sur les quais, contemplant le gros et robuste vaisseau - enfin un bateau solide ! - qui le mènera au Port-Louis.

Poivre rencontre sans doute avant l'appareillage le colonel Dumas : ils arriveront à l'Ile de France sur deux navires différents, à deux jours d'intervalle, et il n'est pas pensable que Choiseul ne les ait pas confrontés, ou qu'ils ne se soient pas croisés au port.

Mais peut-être les deux hommes ne se sont-ils pas assez vus, ou n'ont-ils pas voulu admettre que leurs différences de caractère et de pensée risquaient de leur poser quelques problèmes. L'envie de faire quelque chose pour les îles, d'y associer leur nom, le plaisir d'avoir enfin les coudées franches leur a peut-être fait supposer que leurs petits désaccords allaient se gommer sur le terrain. Erreur, ils ne feront que s'amplifier.

Quand son bateau quitte Lorient, le 8 mars 1767 Pierre Poivre - qui fêtera ses quarante-huit ans quelques jours plus tard - ne pense pas un instant aux difficultés qui l'attendent : il est bien trop occupé à parler de la mer à sa jolie Françoise, à veiller à ce qu'elle ne soit pas malade et à lui raconter les cocotiers et le ciel bleu de son futur paradis...

20

Voyage de noces

Le voyage de M. Poivre, intendant des îles de France et de Bourbon, est fort différent des précédents : cette fois, il est sur le *Dauphin* (encore un ! il est décidément abonné !) et celui-ci est un gros vaisseau, bien approvisionné et armé.

Pas un très bon marcheur, on le verra, mais solide et tenant bien la mer. Aux sabords s'alignent des canons redoutables et les soutes sont pleines de salaisons et de barriques d'eau : la jeune Mme Poivre, dont cette croisière au long cours sera le voyage de noces, ne risque pas de perdre ses belles dents pour cause de scorbut ni d'être capturée par les Anglais !

Il faut dire qu'on ne transporte pas un intendant de Sa Majesté - plus quelques coffres de piastres à fond de cale - comme on véhiculait un obscur séminariste ou un petit savant. D'ailleurs, il y a d'autres civils à bord, dont Poivre ne donne pas les fonctions, mais qui sont sans doute quelques-uns de ses adjoints dans l'administration des îles. Certains ont également épouse et parfois enfants : ils méritent aussi quelques attentions.

Poivre a tenu un journal de ce voyage aux îles, qui a été retrouvé il y a quelques années. Feuillets jaunis écrits de la main gauche, qui énumèrent les incidents de longue traversée ; car, si bon soit le bateau, il faut tout même quatre mois et demi de mer pour relier Lorient au Port-Louis et la mer, on le sait, n'est jamais avare de surprises.

Le 7 mars 1767, on embarque. Le 8 mars, le Dauphin est en mer. Le 22, il est à Cadix où l'on doit compléter la cargaison et surtout embarquer du numéraire pour l'administration des îles. Pourquoi en Espagne ? Parce que la piastre espagnole, belle pièce d'argent (l'argent des Amériques...), a valeur de monnaie nationale et internationale dans l'océan Indien, beaucoup plus que l'écu français.

Poivre, plein de prévenances à l'égard de son épouse, lui a loué une maison à terre pour les sept jours de l'escale. Cher : il se plaint de s'être fait gruger, d'avoir dû payer trois mois de loyer pour être sûr d'avoir une place et que celui-ci soit démesuré pour un appartement *"sombre, humide et malsain"*.

Son jugement sur Cadix est d'ailleurs sévère : on y vit, écrit-il, sur un grand pied, y dépensant le triple de ce qu'on dépenserait dans une "capitale de province" en France (à Lyon, par exemple, où l'on porte moins haut ; peut-être parce que l'argent s'y gagne plus durement).

Le port espagnol, affirme Poivre, est le royaume du tape-à-l'œil. Un exemple : la nouvelle cathédrale, en construction, qui *"sera comme les autres églises un édifice surchargé d'ornements et de mauvaise sculpture sans goût"*." Quel gaspillage, alors que les rues, *"sales, puantes et mal pavées"*, mériteraient largement une partie de l'effort qu'on accorde aux édifices !

On retrouve bien là notre Poivre de jadis : un peu sentencieux, franchement économe - et pas toujours drôle, c'est certain, pour son tendron d'épouse - mais hautement préoccupé par le bien-être des gens et jugeant la valeur des gouvernements au confort des peuples qu'ils administrent.

Poivre donc, le Poivre de toujours. Avec son mordant lui est revenue sa passion botanique. L'un et l'autre avaient-ils jamais vraiment disparu, d'ailleurs ? Estompés, tout juste, dans la douce campagne lyonnaise. Il suffisait du vent de la mer pour leur redonner couleur, comme si les neuf ans de La Freta n'avaient été qu'une parenthèse.

Regardons-le pointer au bout de la plume, ce chasseur rajeuni, au détour d'un compte rendu : quelques jours avant le passage du Dauphin, une flotte venue de Vera Cruz a relâché à Cadix.

Un autre que Poivre aurait consacré son récit aux seize millions de piastres qu'elle rapportait des Amériques. Une fortune colossale. Mais notre botaniste insiste surtout sur le fait qu'il y avait à bord des curiosités végétales telles que cacao, cochenille, vanille...

Allons, même si Monsieur l'Intendant fait semblant de s'intéresser principalement à son épouse et aux îles, les Moluques et les épices ne sont pas oubliées, n'en déplaise aux beaux yeux de Françoise...

Les fonds destinés au service du roi dans les deux îles sont enfin embarqués : 43 000 piastres, plus environ 20 000 pour le compte de la Compagnie, et 20 000 autres au nom de différents colons. À comparer avec les millions de la flotte d'Amérique du Sud : ridicule, le budget des Mascareigne ! Il le restera longtemps

Le 31 mars 1767, le *Dauphin* reprend la mer à son allure de patriarche.

Le 5 avril, il croise Madère. Le 6, on célèbre deux baptêmes : la fille d'un certain Michel, qui va aux îles pour le compte de la Compagnie, et le fils de Royer, maître d'hôtel de Poivre, qui a épousé une Indienne de Pondichéry ; Poivre est parrain et le jeune métis est baptisé Pierre. Un signe de confort que ce double baptême : le livre de bord du Dauphin s'orne de deux naissances et d'aucun décès, preuve qu'on y est bien soigné.

La Ligne - l'équateur - est passée le 1er mai. Par égard sans doute pour les passagers illustres qu'il transporte et pour les dames, le capitaine bannit tout excès de la fête traditionnelle :

“La cérémonie s'est faite très honestement et le capitaine a interdit tous les abus qui se passent ordinairement à cette espèce de bacchanale marine, dont les suites sont souvent fâcheuses.”

Pas d'hommes demi nus et aux trois quarts ivres, donc, ni de juron : les yeux et les oreilles de Mme Poivre et de ses compagnes de voyage seront épargnés.

Le 28 mai, Poivre note que le navire avance relativement mal, compte tenu des faibles vents, mais qu'il reste 300 barriques d'eau,*”ce qui nous suffira pour trois mois à raison de trois barriques par jour pour 320 hommes à une bouteille trois quarts par jour pour chaque homme, compris l’eau de la soupe, de la cuisine, du boulanger, etc.”*

Monsieur l’intendant sait compter !

Cette réserve n’aura pas à être épuisée, heureusement : le 19 juin, le *Dauphin* trouve le fond par cent brasses ; on est au cap des Aiguilles. Le 20, il met cap à l'est-sud-est pour trois semaines, porté toutes voiles dessus par le vigoureux souffle des Quarantièmes.

Et le 17 juillet 1767, après quatre mois et dix jours de voyage, il entre triomphalement au Port-Louis, deux jours après le vaisseau du gouverneur Dumas.

Accueil chaleureux : les îles espèrent beaucoup de leur nouvelle administration. Cela ne peut pas être pire, il faut dire, qu'avec la Compagnie.

Mais Poivre ne répond rien d'officiel aux politesses d'usage ; il n'a même pas à serrer les mains, lui qui n'en a plus. Simplement son regard, par-dessus l'épaule des officiels et de quelques grands colons venus l'accueillir à son débarquement, scrute la campagne qui cerne le port, note l'état des lieux, l'allure des esclaves, la saleté des rues.

Il n'entend pas les discours qu'on lui assène et qui fatiguent Françoise, toute chancelante sur le quai inégal, assommée de grosse lumière et de bavardages : il prépare déjà le sien.

21

Les colères du patron

Le lecteur, pressé de savoir la suite de la saga des épices, nous pardonnera de consacrer quelques pages à Poivre administrateur : c'est que le destin de l'intendant sert celui du chasseur, et qu'à l'Ile de France retrouvée, Poivre pourra enfin organiser la dernière étape de sa longue quête. Il ne s'agit donc pas d'une digression : l'aventure de Poivre reste étroitement liée à celle de la muscade.

Pour l'heure, notre homme n'en est pas exactement à ses épices, quoiqu'il ait déjà conçu une nouvelle campagne, comme on le verra. Il faut d'abord nettoyer les écuries d'Augias : les colons de l'Ile de France vont en prendre plein les oreilles.

Les *Voyages d'un philosophe* contiennent deux documents particulièrement intéressants : les deux discours de l'intendant Poivre, aux habitants d'abord puis aux membres du tout nouveau Conseil supérieur de l'Ile de France. Discours éloquents, et qui nous en disent plus sur leur auteur que beaucoup de ses biographes.

On le découvre tel qu'en lui-même : pétri de bonnes intentions, mais sec, parfois brutal en ses propos. À lire ces deux péroraisons - qui ont dû tenir plus d'une heure chacune leurs auditeurs en un pénible garde-à-vous - on comprend que Poivre n'ait pas eu que des amis...

Il commence, en mauvais politicien, par les bonnes nouvelles : le commerce redevient libre (il ne le sera pas longtemps), toute espèce d'impôt est levée, le Dauphin a apporté des piastres sonnantes et trébuchantes qui remplaceront le papier-monnaie dont les colonies avaient dû se contenter depuis longtemps, la Compagnie s'engage par lettres-patentes à payer toutes ses dettes. Bref, *"Sa Majesté désire, sur toutes choses, que vous soyez heureux"*.

Et, presque tout de suite, le premier reproche, qui résume tous les autres : *"Rendez-vous heureux en cultivant vos terres avec plus d'ardeur et plus d'intelligence que vous ne l'avez fait jusqu'à présent."*

Voilà qui jette un froid, sans doute. D'autant que Poivre insiste, démolit systématiquement cette folie de Paris qui hante certains colons, explique que le devoir est ici, que ceux qui repartent fortune faite sont des traîtres, des *"sangsues publiques"*.

Sangsues aussi, ceux qui restent et veulent tout aujourd'hui sans penser à demain, ceux qui défrichent par le feu, qui exploitent vaguement un lopin de terre puis s'en vont porter plus loin leur rapine dès que celui-ci est épuisé.

"La nature a tout fait pour l'Isle de France, les hommes y ont tout détruit", tonne l'intendant : "Encore quelques années de destruction et l'île ne serait plus habitable, il faudrait l'abandonner !"

Un vent de surprise, de peur peut-être, de révolte sans doute pour certains, doit passer sur la foule des auditeurs. Le temps de la Compagnie est terminé, c'est évident. Mais il est toujours pénible de découvrir que toute vraie reprise en main doit commencer par soi-même

Le nouveau maître révèle une poigne de fer. Se venge-t-il des humiliations jadis imposées par tous ces gens qui, devant lui, baissent aujourd'hui la tête ? Il ne doit pas lui être désagréable, sans doute, de leur dire leur fait. Mais l'intendant est au-dessus des revanches mesquines : c'est le fond des choses, la situation profonde de l'île, son abandon, le laisser-aller de ses habitants qui, du fond de l'âme, le peinent et le révoltent. On a gâché un paradis et cela, Poivre le botaniste, Poivre l'utopiste qui voudrait voir le monde entier heureux, ne peut le supporter.

D'avoir revu, derrière le Port-Louis, les pentes déplumées, sans humus, sans buisson, où il y a dix ans encore croissaient des forêts, a ravivé sa rage : on défriche, on massacre, sans penser que les arbres morts ne retiennent plus la terre, que la moindre "avalasse", en saison d'ouragans, entraîne le bon sol à la mer, qui devient rousse de boue sur des milles de distance. On tue la poule aux œufs d'or par égoïsme et par bêtise.

Poivre ne serait plus Poivre s'il ne sortait de ses gonds. La douce Françoise, sans doute, ne lui connaissait pas ces rognes. Elle ne l'en aime que plus : il a des enthousiasmes et des colères de jeune homme.

L'intendant tonne encore et menace, sérieusement : *"Si dans l'espace de trois ou quatre années, l'île n'est pas en état de nourrir ses habitants, et ne promet pas de faire subsister les escadres qu'une nouvelle guerre obligerait d'envoyer aux Indes, elle sera regardée comme indigne de tout secours, de toute protection : elle sera abandonnée !"*

Paroles en l'air ? Discours de croquemitaine, destiné à faire peur à des petits enfants ? Un peu de cela, peut-être : les insulaires se sont souvent comportés de manière infantile. Mais Paris a réservé tant de bonnes et de mauvaises surprises à ses lointaines colonies que nul n'oserait, même s'il était scandé sur un ton plus calme, prendre à la rigolade le discours de Poivre.

On l'avait bien dit, doivent grommeler quelques anciens qui ont connu l'affaire Aublet, qui se sont peut-être même lavé les mains de cette querelle scientifique. On l'avait bien dit qu'il reviendrait en grâce ! Personne n'avait prévu, pourtant, qu'il reviendrait en chef.

Le saboteur de muscades, heureusement pour lui, n'est plus là. Qu'en aurait fait Poivre, d'ailleurs, s'il l'avait trouvé au Réduit ? Châtiment exemplaire ou pardon magnanime ? Il lui aurait peut-être tout simplement tenu le même discours qu'aux autres : “Tu vas faire ce que je te dis, mon gaillard, sinon...”

Après le bâton, la carotte.

Poivre sait que la Compagnie a une grosse part de responsabilité dans la situation : on a trop longtemps laissé les îles sans ordres et sans moyens. Les ordres ayant été donnés – et fort clairement... - Poivre énumère maintenant les moyens nouveaux.

Il promet de tout mettre à disposition de ceux qui voudront travailler : pâturages, semences, conseils et assistance technique. Les autres n'auront droit qu'à son mépris, sa colère dont ils n'ont vu, que cela se sache, qu'un échantillon.

M. l'intendant fait également un sort, au passage, à une institution qui se développe selon lui de manière désastreuse : l'esclavage. *“L'Isle de France, située sous un ciel tempéré, fondée sur l'agriculture, devait n'être cultivée que par des mains libres.”* Au lieu de cela, on a bâti l'avenir sur une servilité qui maintient dans l'oisiveté ceux qui devraient donner l'exemple du labeur.

“Le mal est fait”, reconnaît Poivre, et il est trop tard

pour revenir sur une situation admise universellement ou presque. Mais l'intendant signale qu'il ne tolérera pas *"d'usage inhumain"* à l'encontre de la population servile, qu'il exigera que les maîtres *"favorisent le mariage parmi les esclaves, qu'ils les nourrissent, les habillent et les traitent avec humanité"*.

Discours audacieux et, pour tout dire, mal venu dans une colonie où l'esclavage est considéré comme l'incontournable moyen de mise en valeur. Et discours très en avance sur son temps, surtout de la part d'un administrateur : on n'abolira l'esclavage aux îles que dans quatre-vingts ans et, même si des voix s'élèvent en France contre l'exploitation de l'homme par l'homme, elles restent confinées à quelques cercles philosophiques. On a d'autres chats à fouetter. À Lyon, par exemple, et dans les autres villes de "fabriques", ou dans les mines, travaillent parfois des enfants de cinq ans, quatorze heures par jour : si ça ne s'appelle pas esclavage, cela ne vaut guère mieux...

L'intendant sait tout cela. Il sait aussi que les quelques discours abolitionnistes - fort rares encore - dont retentissent parfois les coupoles parisiennes sont fort mal reçus ici : facile de causer quand on est loin, râlent les colons, tous ces beaux parleurs n'ont qu'à venir ! On verra s'ils parviennent à beaucoup produire avec peu de bras !

Monsieur Poivre, étant chargé de la prospérité des îles avant de l'être de leur morale, mettra donc bien vite sous le boisseau ses idées généreuses. On ne balaie pas d'un décret, encore moins d'un discours, trois quarts de siècle d'habitudes, si fâcheuses fussent-elles. On le verra même plus tard organiser la traite, une traite efficace et de bon commerce avec Madagascar.

Mais il y a, dans son allocution d'arrivée, quelque chose comme le rêve d'une colonie idéale, où les esclaves seraient un peu moins esclaves et un peu plus serviteurs : baptisés et mariés, eux-mêmes fondateurs de familles, ils *"se croiraient français"* :

"Quelle situation plus délicieuse que celle d'un maître bienfaisant, qui vit sur sa terre au milieu de ses esclaves comme au milieu de ses enfants !"

Il s'en trouvera. Peu. Poivre, sachons-le, fera partie de ces quelques-uns : il traitera bien son monde et offrira même, en guise de cadeau d'adieu, la liberté à son meilleur serviteur... Un jardinier, évidemment.

Représentant d'un nouvel ordre moral, fustigeant *"le luxe le plus scandaleux dans une île qui manque de pain"*, s'indignant contre *"les bévues, les infidélités, le désordre qui se sont multipliés ici"*, dénonçant *"l'empire tumultueux des passions"*, Poivre ne peut qu'irriter un certain nombre d'oreilles. On n'aime jamais les empêcheurs de fricoter en rond.

À l'agacement somme toute compréhensible des colons bousculés s'ajoute vite celui du gouverneur Dumas, qui apprécie mal de se voir relégué, par les discours de son intendant et les mesures qui suivent, à un simple rôle de porte-sabre, commandant de la milice locale.

Car Poivre joint vite l'acte à la parole, s'agite, dicte des ordonnances, dérouille en un tour de main toute la vieille machine coloniale.

Il pense aussi à lui et au confort de la douce Françoise. Il a visité le Réduit, vitupère son mauvais état (et hop, une pierre dans le jardin d'Aublet !) et, fort de ses prérogatives d'intendant, récupère une partie du mobilier de ce "château" pour meubler une demeure qu'il vient d'acquérir à Mon Plaisir, dans le centre nord de l'île -

quartier des Pamplemousses - et qu'il gère déjà comme une nouvelle Freta, plus vaste et plus riche.

Françoise sera bien logée. Et, surtout, il y a là un grand jardin où pourront s'acclimater, mieux qu'au Réduit, les plantes exotiques déposées par les navigateurs de passage et, surtout, ces épices auxquelles il n'a pas renoncé.

Dumas, de deux ans plus jeune que Poivre, est gascon et héros d'au moins trois guerres. En Allemagne, en Italie et surtout au Canada, il s'est illustré par sa bravoure. En outre, il n'est point sot : il a fait des études de droit, voulant d'abord être avocat.

Il apprécie donc assez peu de se voir, mine de rien, repoussé à des fonctions décoratives par son pétulant intendant. À un point tel qu'il éprouve le besoin, quelques mois après son arrivée, de réunir la population et de faire lire en public les lettres patentes qui lui donnent le pouvoir suprême dans les deux îles : c'est lui le patron et il est temps de mettre fin à des confusions fâcheuses.

Le conflit entre Poivre et Dumas commence, comme beaucoup de guerres, par cette querelle de frontière. S''y ajoutent bien vite des escarmouches plus sérieuses et quelques coups en traître : Dumas inonde ses nombreux amis en France de courriers de plus en plus fielleux vis-à-vis de Poivre. C'est, écrit-il, un orgueilleux qui ne pense qu'à sa gloriole personnelle ; doublé, de plus, d'un caractère infernal : on ne peut rien lui dire !

Peut-être est-ce un peu vrai : Poivre, trop longtemps traité comme valeur négligeable, n'a plus l'intention de se laisser mettre à l'écart, maintenant qu'il a une parcelle de pouvoir. D'ailleurs la situation des îles l'horripile tant qu'il se fâcherait avec n'importe qui : il faut que les choses évoluent, et vite, qu'on trace des chemins, qu'on nettoie Port-Louis, qu'on désensable le havre, qu'on laboure les terres et tant pis pour les grincheux et les susceptibles !

Comme il apprend - il y a toujours des amis charitables - de quels sournois libelles Dumas charge les bateaux en partance, il riposte par les mêmes armes : Jussieu, Commerson et les autres se trouveront bientôt inondés de lettres où les récriminations se mélangent inextricablement aux comptes rendus scientifiques et aux démonstrations de sympathie.

Renonçons à savoir qui avait raison, dans cette guerre de plus en plus ouverte. Les deux sans doute, comme dans le conflit Dupleix-La Bourdonnais : Poivre n'a pas tort de vouloir bouger les îles, Dumas a raison de vouloir préserver son rôle.

Faute d'avoir su mettre tout cela au net, les deux hommes vont manifester l'un envers l'autre une animosité croissante, qui connaîtra des sommets dans certains petits billets "personnels" qu'ils s'enverront, et dans ce jugement final de Dumas : Poivre est *"un abominable homme"*, *"dissimulé, incapable, très violent"*. Voilà qui ne correspond guère au Poivre que nous connaissons, même s'il n'a pas, nous le savons bien, le plus souple des caractères.

Il faut peut-être voir dans ces chamailleries une continuation de la "politique de la Compagnie", qui a toujours consisté à opposer ses représentants au pouvoir. Mais surtout l'erreur de deux hommes qui, comme Dupleix et La Bourdonnais, n'ont pas su dialoguer dès le début, qui n'ont pas senti que les "bons conseils" de certains colons étaient du poison sur leurs plaies d'amour-propre. Car Poivre, "l'abominable"

Poivre, ne s'entendra pas si mal avec le successeur de Dumas...

C'est lui qui, en effet, sort vainqueur de ce combat des chefs : Dumas, malgré ses appuis parisiens, est rappelé au bout d'un an, en novembre 1768. Poivre ne deviendra pas le meilleur ami du gouverneur suivant, le chevalier Des Roches, mais leurs disputes occasionnelles n'atteindront pas les sommets d'éloquence venimeuse du couple précédent.

Poivre sera, surtout pendant la période où il partagera les responsabilités avec Des Roches, un administrateur raisonnablement compétent et en tout cas soucieux du bien-être de l'île. Il ne parviendra pas à transformer les Mascareignes en ce paradis paternaliste qu'il avait envisagé en ses premiers discours, mais parviendra tout de même à rétablir une certaine efficacité dans leur mise en valeur. Ses règlements pour le respect des forêts, pour la mise en culture des concessions en friches dénotent la permanence de son souci agricole, voire écologiste.

Un règlement limitant à soixante livres la charge que peut porter un Noir adulte (elle pouvait atteindre le double auparavant !) sera brandi par les “poivrophiles” comme un monument d'humanité. Ne nous emballons pas : dans le même temps, l'intendant négocie avec le roi des Sakalaves, à Madagascar, pour que puisse reprendre la traite avec cette île. La loi des soixante livres ne semble donc être, dans ce contexte, qu'une bonne gestion du bétail humain.

Poivre a assez vite tamisé ses grandes idées généreuses du début : la servitude des Noirs s’impose vite à lui comme un “passage obligé” pour le développement des colonies. Poivre le regrette et continuera à le dénoncer dans des écrits futurs mais, pour l'heure, il est obligé de marcher avec son temps : s'il veut que l'agriculture progresse, que les colons n'aient pas trop d'arguments pour rechigner, il faut leur donner des bras.

Malgré cela, l'intendant ne parviendra pas à faire de l'Ile de France une colonie prospère et surtout travailleuse : certaines habitudes d'oisiveté y ont été prises dès le début et de nombreux administrateurs se plaindront après lui du mauvais état d'esprit des possédants, qui exploitent sans chercher à mettre en valeur, et préfèrent spéculer plutôt qu'investir.

Le port, avec son trafic croissant de marchandises, ses perspectives de bénéfices rapides, son ouverture sur le monde extérieur, restera le point de mire de l'élite locale, composée pour une petite part de vrais fils de famille nobles (dont le nombre gonflera après 1789) et pour l'autre de nouveaux riches parfois enguirlandés d'une fausse particule.

L'Ile de France, cependant, apprendra peu à peu à cultiver ses terres, à se mettre en valeur, voire à devenir un modèle dans certains domaines. Mais cela ne viendra qu'avec la canne à sucre, dont les essais de culture commencent tout juste du temps de Poivre. Et surtout avec des temps plus difficiles : nécessité fait loi...

Malgré son relatif insuccès agricole, l'administration de Poivre est cependant loin d'être un échec : son énergie, ses raides discours et un certain nombre de règlements parviennent à redonner une certaine tenue à la colonie.

Port-Louis, du bourg crasseux qu'il était redevenu après le départ de La Bourdonnais, s'achemine doucement vers une allure de vraie ville. La bourgeoisie, qui habite plutôt sur les hauteurs, s'y presse pour de grandes fêtes, où l'on invite des centaines de personnes. Ainsi y aura-t-il neuf cents invités, en 1770, pour la fête donnée sur ordre du gouverneur Des Roches à l'occasion des relevailles de Mme Poivre, qui a accouché d'une deuxième fille.

Car non content de donner un début de discipline à sa colonie, notre quinquagénaire donne des enfants à sa femme Les épices, peut-être, lui confèrent ce tonus ? En ces temps, à cinquante ans, on était vieux...

À l'actif de Poivre, également, et de ses assistants compétents que furent l'ingénieur Cossigny et l'officier de marine Tromelin, le drainage et l'agrandissement du port, qui était encombré d'épaves et partiellement ensablé, et un certain nombre d'initiatives culturelles comme l'introduction d'une presse à imprimer qui servira d'abord à diffuser les propres règlements de l'intendant.

Enfin et surtout, le séjour de Poivre coïncide avec un redressement financier et un rétablissement de la confiance économique. Les piastres apportées par le Dauphin et la satisfaction de dépendre maintenant directement du roi y sont sans doute pour quelque chose, mais reconnaissons à Pierre Poivre que sans une volonté de développement au plus haut niveau - et l'on a vu comment l'intendant avait exprimé la sienne - le changement n'aurait peut-être pas été aussi spectaculaire.

Il l'a été aussi à Bourbon, la petite sœur modeste, qui aura un comportement plus conforme aux vues de notre botaniste : la tradition agricole, mieux respectée là-bas, verra un rapide développement des surfaces cultivées même si, hélas, cela passe par une augmentation parallèle du nombre des esclaves, qui seront bientôt quatre fois plus nombreux que les libres dans les deux îles...

Retenons enfin les dons les plus précieux, les plus éternels de Poivre : sa magnifique propriété de Mon Plaisir, dans le quartier des Pamplemousses, dont il fit une féerie tropicale pour les beaux yeux de Françoise (et pour sa propre passion des plantes) et qui reste deux siècles après, un des plus beaux jardins exotiques de la planète.

Et les épices - enfin les épices ! - qu'il n'ira pas chercher lui-même mais qu'il fera prendre, par une vraie et bonne frégate, avec un solide équipage : le rêve de sa vie enfin réalisé.

22

Ah, madame Poivre, que vous êtes jolie !

Encore un écart - qui aurait pu être épicé... - sur la route des Moluques.
Les héros de l'aventure le méritent bien : d'un côté Françoise Poivre, première dame de la colonie, de l'autre Bernardin de Saint-Pierre, futur écrivain le plus célèbre du monde. Question : que faisaient-ils pendant que le mari tançait les paresseux ou envoyait des frégates à la chasse au girofle ?

“Je vous prie en grâce de ne point me chanter : je n'ai guère l'encolure d'une héroïne...”

La phrase est de Françoise, vingt-et-un ans, épouse de l'intendant Poivre (cinquante ans) et mère de deux petites filles. Elle est adressée à Jacques Henri Bernardin de Saint-Pierre, trente et un ans, ingénieur des Ponts et Chaussées sans diplôme et fringant célibataire, qu'une faveur a envoyé aux îles.
Le jeune homme était pressenti pour participer à une expédition sur Madagascar, mais il s'est disputé avec son chef (encore une forte tête...) et a débarqué à l'Ile de France, où le corps des ingénieurs en place dépense une énergie considérable pour le tenir à l'écart. Bref, il a des loisirs.
Et, par un penchant que l'insularité et la moiteur du climat encouragent, entend partager son ennui (et les éventuels dérivatifs à celui-ci) avec une des plus belles femmes de la colonie.

L'échange de courriers - et l'échange de sourires et regards qu'il suppose - a alimenté une rumeur d'autant plus insistante que l'objet des rappels à l'ordre de Mme Poivre n'est pas seulement un jeune (et médiocre) ingénieur. Il est surtout la future coqueluche littéraire de toute une génération, auteur pourtant d'un seul roman à succès. Mais quel succès ! Un jour - exactement dans vingt ans, en 1787 - *Paul et Virginie*, inspiré des voyages aux îles, d'un naufrage réel et des authentiques premiers battements de cœur de Bernardin de Saint-Pierre fera palpiter la moitié de la planète...

Qu'en est-il de la réalité de cette idylle ? Les lettres de Françoise Poivre, fort heureusement, permettent de dégager la vérité de la gangue des on-dit.

Bernardin de Saint-Pierre, débarquant à l'Ile de France en 1768, ne pouvait qu'y rencontrer les Poivre. Il n'était pas obligé de tomber amoureux de la femme de l'intendant, mais tous les chroniqueurs s'accordent à dire que Françoise était fort belle. En outre, le célibat du gouverneur Dumas puis du chevalier Des Roches faisait de Mme l'intendante la première dame de la colonie, fonction honorifique dont elle s'acquittait avec beaucoup de grâce.

Impossible donc de ne pas remarquer aux réceptions officielles cette jeune femme mariée à un vieil homme. Difficile sans doute, pour un célibataire ambitieux et fort satisfait de son physique - Bernardin n'étant pas exactement un modèle de modestie - de ne pas penser que cette jeunesse s'assortirait mieux d'un partenaire plus frais.

D'un ingénieur plein d'avenir, à l'imagination vive et au verbe facile, par exemple...

En trois ans de séjour aux îles, Bernardin de Saint-Pierre bombardera la belle intendante d'œillades et de déclarations, y compris quand celle-ci se retrouvera enceinte pour la seconde fois. Et il faudra la coalition - pour une fois spontanée - de Poivre et du gouverneur Des Roches, pour mettre fin à une insistance qui devenait indécente.

Bernardin est resté fort discret sur son aventure.

Il faut se plonger dans le manuscrit original de son *Voyage à l'Isle de France* pour trouver mention des Poivre : la version finale a été soigneusement expurgée de toute allusion à l'intendant et à son épouse. Pourtant, il eût été naturel d'évoquer le second personnage et la première dame de l'île ou, à tout le moins, de décrire le jardin des Pamplemousses, qui éclipsait déjà en splendeur et en réputation les plus belles propriétés de la colonie, dont Bernardin offre pourtant un tour détaillé au lecteur.

Cette auto-censure a alimenté les soupçons de quelques générations de biographes malicieux, qui y ont vu l'aveu du péché alors qu'il ne s'agissait que du camouflage d'un échec. Les passages gommés du *Voyage* n'accordent que quelques lignes à l'intendant Poivre : *"Il était d'une grande taille... Toujours de bonne humeur. C'était un des hommes les plus attrayants que j'aie connus"*, écrit la star littéraire. Un portrait ultra rapide qui a au moins l'avantage de démolir la mauvaise réputation faite à notre homme par le gouverneur Dumas, mais qu'on aurait plus aimé détaillé.

Bernardin de Saint-Pierre est en revanche beaucoup prolixe en ce qui concerne Mme Poivre, et sa description enflammée confine à la déclaration, directement adressée d'ailleurs à l'objet de ces ardeurs :

“Nous vous avons vue, charmante et digne épouse d'un homme considérable par ses emplois et par ses qualités personnelles, et à qui nous avons voué ainsi qu'à vous un attachement éternel, nous vous avons vue représenter sans faste au milieu des fêtes, et occupée avec plaisir de l'économie votre maison, modeste dans votre parure, pieuse sans humeur, charitable sans ostentation ; il semblait que votre vertu ajoutait à votre gaieté.

Dans un âge où les agréments se développent, où la liberté d'une jeune femme ajoute aux grâces de votre sexe, vous n’avez point hésité à nourrir vos enfants : les devoirs de mère ont suspendu les plaisirs de l'épouse, sans interrompre les égards de la société.

Indulgente avec les femmes, réservée avec les hommes, vous avez fait des prosélytes de vos rivales, et des amis de vos amants.

Digne par les qualités de votre cœur de l'attachement d’honnêtes gens, par celles de votre esprit des honnêtes gens de lettres, vous avez mérité l'estime d'un mari qui vous aime ; heureux celui qui a trouvé dans vous un ami sûr, une maîtresse aimable, une bonne mère de famille...”

Ce texte pourrait être interprété de mille manières : regret caché - et courtois - d'une liaison qui aurait pu avoir lieu ou discret communiqué de victoire ? Jusqu'à la découverte des lettres de Mme Poivre, le choix de l'une ou l'autre version a été pour les biographes une simple question d'humeur ou de misogynie. Les césures infligées au *Voyage* - et les racontars insulaires - pouvaient à tout le moins susciter quelques soupçons sur la vertu de la belle Françoise.

Fort heureusement pour la mémoire du couple - et

l'honneur de notre botaniste - on a retrouvé il y a quelques années un certain nombre de lettres expédiées par Mme Poivre à l'écrivain. Celles-ci ne laissent aucun doute sur les événements : Bernardin s'est montré éperdument amoureux de cette femme belle et intelligente (ou du moins en a-t-il manifesté les signes), dont un séducteur un tant soit peu imaginatif pouvait supposer qu'elle était mal mariée, à un homme exceptionnel, soit, mais qui aurait largement pu être son père.

Des regards langoureux, Bernardin à la plume agile est vite passé aux petits billets. Les siens ont été perdus, hélas pour l'histoire de la littérature, mais on a retrouvé certaines réponses de Françoise Poivre, moins élégamment tournées peut-être, mais au message limpide : elle y dit en substance qu'elle veut avoir la paix.

Il semble que Bernardin ait lourdement insisté, si on en juge par la quantité de lettres que Françoise lui a adressées et leur ton, qui va de la maternelle remontrance à l'agacement à peine voilé :

“Je vous prie de ne pas m'écrire si souvent...

“Je suis fâchée que vous croyiez que j'ai peu envie de voir vos Mémoires. Je vous assure que c'est un genre d'ouvrage que j'aime beaucoup ; néanmoins je vais attendre d'être au port pour les lire. (Sous-entendu : inutile d'utiliser cela comme prétexte pour venir me les présenter ici, à Mon Plaisir).

“Je vous prie en grâce de ne point me chanter : je n'ai guère l'encolure d'une héroïne...

" Si ma sœur était plus âgée, elle vous conviendrait mieux ; elle est élevée dans la simplicité de la campagne... (Admirons au passage ce compliment qui n'en est pas un : Mme Poivre est fine mouche).

“Je vous souhaite guérison de votre maladie d'écrire...

“Je désire votre bonheur parce que je vous estime, mais je ne me flatte pas de pouvoir y contribuer... "
“Ne m'écrivez plus.”

Si la réponse de Mme Poivre apparaît des plus claires, reste quand même “la” question concernant les intentions de Bernardin : sa flamme ne cherchait elle à s'exprimer, comme celle de ses futurs héros Paul et Virginie, que de manière éthérée ou voulait-il coucher Françoise sur l’oreiller aussi bien que sur le papier ?
Le doute est permis : chantre des amours chastes, Bernardin de Saint-Pierre ne mit pas exactement en application les principes qu’il imposait à ses personnages et on lui connaît bien des succès autres que littéraires. En outre, sur le tard, il épousa lui aussi des jouvencelles : nostalgie de certaine belle intendante ?
Quelles que fussent ses motivations profondes et ses objectifs plus ou moins avouables, l'insistance de l'ingénieur surnuméraire des Ponts et Chaussées finit à la longue, et malgré l'infinie patience qu'elle exprime dans ses lettres, par agacer Mme Poivre... et son mari.
Il est vraisemblable en effet que l'intendant a été informé dès le début de ce roman par son épouse.
Sa courtoisie lui a fait longtemps fermer les yeux sur ce qu'il ne considérait peut-être que comme une admiration normale et somme toute flatteuse pour lui : il est toujours plaisant, pour l'orgueil du mâle, de surprendre les regards envieux de ses congénères. Que s'ajoutent aux yeux de velours quelques billets roses ne choquait pas : l'époque était aux compliments emphatiques, aussi bien destinés aux hommes qu'aux femmes, d'ailleurs.

Mais trop c'est trop. Les délires épistolaires de Bernardin se poursuivirent, malgré les affectueuses puis fermes remontrances de son involontaire égérie. Malgré aussi - et peut-être fut-ce la goutte d'eau qui fit déborder le vase - la seconde grossesse de Françoise, preuve s'il le fallait de sa fidélité et des aptitudes de M. Poivre à satisfaire les appétits d'une femme de presque trente ans sa cadette.

Insister désormais devenait indécent. Le gouverneur Des Roches, pour une fois totalement d'accord avec son intendant, demanda le rappel du fâcheux qui, malgré ses hautes protections, fut rembarqué en novembre 1770 sur *l'Indien*, à destination de la France. Un rapatriement en règle...

Bernardin de Saint-Pierre, qui ne revint jamais aux îles, ne se vanta pas de cette mésaventure de jeunesse. On a vu qu'il avait expurgé son *Voyage* des moindres détails qui auraient pu alimenter les sourires parisiens.

De ses battements de cœur tropicaux, sublimés et transposés en un Paul bien plus innocent qu'il ne l'avait lui-même été, il fit en son âge mûr la base d'un roman que la plupart des lecteurs jugeraient aujourd'hui particulièrement indigeste (demandez aux générations de lycéens qui continuent à plancher sur *Paul et Virginie* !), mais dont les ingrédients restent éternels et qui, en son temps, fut un succès littéraire colossal. Les voyages au long cours et les amours incomprises ont toujours fait de belles histoires. Et, entre nous, cela ne vaut-il pas mieux qu'une vulgaire coucherie ?

Notons encore, pour en finir avec Bernardin, qu'un bateau appelé le *Saint-Géran* avait effectivement fait naufrage sur les récifs nord de l'île de France en 1744, trente-cinq ans donc avant son séjour dans l'île (on en a d'ailleurs retrouvé l'épave depuis).

Naufrage terrible puisqu'il avait causé plus de cent cinquante morts. Mais il n'y avait pas à bord de Virginie et si quelqu'un périt pour avoir refusé de se déshabiller, c'est le capitaine du bateau, qui considéra *"qu'il ne conviendrait pas à la décence de son état d'arriver à terre tout nu"*.

Le récit très arrangé du naufrage (Bernardin n'eut pas l'occasion de lire les comptes rendus des rares rescapés, conservés aux archives de l'Ile Maurice, qui sont pourtant autrement poignants, dans leur sobriété, que sa description emphatique d'une tempête "voulue" par une nature marâtre) se combina à la romantique description de l'île et à une version très idéalisée d'un amour que Bernardin peut-être éprouva à l'endroit de Françoise, pour donner en fin de compte *Paul et Virginie.*

Ce roman aurait-il vu le jour sans la vaine passion qu'éprouva, trois années durant, un jeune ingénieur pour une épouse incorruptible ?

Paul et Virginie est peut-être un autre cadeau de M. Poivre - bien involontaire, celui-là - à l'humanité...

QUATRIÈME PARTIE

LES VAINQUEURS

23

La tragédie de *L'Utile*

Revenons à nos épices.

Poivre ne les a pas oubliées, lui, jamais. Même au cours de ses pires disputes avec le gouverneur Dumas, même quand Bernardin de Saint-Pierre saluait de billets la beauté de sa femme. Même au tout début, quand celle-ci, toute jeunette encore et ronde de sa première grossesse, voguait sur le *Dauphin*.

Au fil de ses années insulaires, l'intendant a dû ranger dans le placard des rêves impossibles une bonne partie de ce qui touchait à l'esprit d'entreprise et l'essentiel de ce qui touchait à l'esprit de fraternité : les îles étaient loin d'être mûres pour la tolérance interraciale dont elles sont devenues un modèle aujourd'hui.

Il est un point cependant sur lequel notre homme n'a pas cédé un pouce : le girofle et la muscade.

C'est en grande partie pour eux qu'il a accepté ce poste, pour eux qu'il a acheté les Pamplemousses, propriété somptueuse, mais loin de tout et où Françoise, n'en doutons pas, doit terriblement s'ennuyer.

Les jardiniers - esclaves, évidemment, puisqu'on ne trouve que des esclaves pour gratter la terre - ont défriché, désherbé, engraissé de beaux carrés d'humus. Poivre y accueille déjà ce que peuvent débarquer les vaisseaux de passage. Ce qu'il transplante aussi du Réduit, décidément déchu de tous ses rôles puisque les gouverneurs n'y vont guère, qu'on n'y cache plus d'amours interdites et que le jardin botanique se dépeuple doucement, au bénéfice des terres de Monsieur l'intendant qui se nomment, rappelons-le, Mon Plaisir...

Poivre n'a plus d'Aublet pour se mettre en travers ses projets et les gouverneurs Dumas et Des Roches laissent bien volontiers ses lubies à leur remuant collaborateur : tandis qu'il arpente ses champs et houspille ses gens, qu'il trace les plans d'un bassin, qu'il fait agrandir sa demeure, au moins ne vient-il pas piétiner leur domaine réservé.

L'intendant aux champs et eux-mêmes aux salons, c'est sans doute ce dont rêvent parfois Dumas et Des Roches. Il est vrai que Poivre, avec sa manche vide et ses habits râpés, avec ses chaussures où adhère toujours quelque trace de glèbe de Mon Plaisir, n'est pas la parfaite image d'un homme de bureau et de dîners dansants. S'il n'y avait sa si charmante, si patiente et hélas ! si fidèle épouse...

Nul document ne retrace, malheureusement, la vie intime des Poivre au cours de leur séjour aux îles. Mais on peut facilement deviner.

Il y a une journée de route entre Mon Plaisir et Port-Louis : faute de chaussée véritable, les déplacements ne se font qu'en chaise ou à pied. Or ses obligations professionnelles et ses deux passions - Françoise et l'agriculture... sans qu'on sache toujours bien laquelle est la plus forte - partagent Pierre entre l'un et l'autre endroit.

Françoise le suit-elle en ses vagabondages ? Pas toujours, et certainement pas quand elle est enceinte ou quand une nouvelle-née inonde de ses cris la maison des Pamplemousses.

Il faut donc l'imaginer solitaire durant de longues journées, perdue dans sa grande demeure entre deux enfants et quelques domestiques, à un bon kilomètre du prochain colon. Pas toujours drôle pour une jeune femme active : Françoise n'avait pas vingt ans quand elle est arrivé de France et, à ces âges, on a souvent la bougeotte.

Malgré ces handicaps, Pierre saura se montrer suffisamment tonique pour faire oublier ses ans, suffisamment aimant pour faire accepter ses absences, suffisamment génial pour s'attirer l'admiration éternelle de son épouse. Car c'est Françoise qui perpétuera, bien au-delà de sa mort, le souvenir de son épicier de mari, qui en dressera le portrait et en commandera la première biographie, qui voudra que jamais on n'oublie *"ce qu'il a fait pour la France"*.

Poivre, après s'être longtemps battu contre un sort plus fort que lui, jouit maintenant de ce double bonheur : l'amour vrai et la puissance. C'est avoir le vent en poupe et le vent, chez notre aventurier, a toujours soufflé en direction des Moluques...

Sans doute regrette-t-il, en son for intérieur, que cette brise soit si tardive : s'il avait quelques années de moins, s'il n'avait pas femme et enfants, s'il n'était lié au Port-Louis par son poste, il serait reparti lui-même du côté de ces îles qu'il enrage encore de n'avoir pas vues de plus près ! Il pestera jusqu'à la fin de ses jours contre la *Colombe* refusant de virer devant la baie de Jolo...

Mais on ne part pas quand on est intendant, quand on est l'époux d'une Françoise assoiffée d'attentions et convoitée par d'autres. Poivre vivra ses dernières aventures par intérim. Car voici venu le temps de la récolte. Enfin !

Et Pierre se consolera de n'être point parti en pouponnant les plantes si tardivement acquises : nul mieux que lui ne saura jamais la peine qu'elles ont coûtée...

L'ultime chasse au trésor des Moluques commence en fait dès avant le départ des Poivre de Lorient. Preuve qu'il fallait peu de chose pour que ressuscite le vieux rêve.

À Lorient, en effet, l'intendant fraîchement nommé a pris langue avec un certain Cornic, amateur de son état. L'homme doit envoyer une frégate aux îles : *L'Utile*, commandée par son frère Cornic le Jeune, trois cents tonneaux de bois bien chevillé.

— Ne manquez pas de passer me voir au Port-Louis, dit Poivre : j'aurai une mission intéressante pour vous.

Les Cornic se frottent les mains : une amitié comme celle-là vaut de l'or.

Poivre doit jubiler aussi de ce marché si rondement traité. Dans six mois au plus tard, *L'Utile* cinglera vers les Moluques. Et il a toutes les qualités marines que n'avait pas la *Colombe*. Reviendra-t-il avec les épices si longtemps attendues ? Poivre, sur ce point précis, doit tempérer ses enthousiasmes : il sait, pour y avoir été durement initié, toutes les surprises que la mer et les hommes peuvent réserver aux coureurs de monde...

L'affaire commence pourtant bien. Parti le 27 juin 1767 de Lorient, *L'Utile* atterrit comme promis en février 1768 à l'Ile de France, après un crochet par les Indes.

En la “loge” rustique du Port-Louis qui, d'un gouverneur à l'autre, s'est transformée en vrai palais, l'intendant Poivre fait grand accueil au jeune capitaine : la longue route parcourue sans incident est une preuve de la capacité conjuguée du navire et des hommes. *L'Utile* porte bien son nom et l'on va pouvoir passer, enfin, aux choses sérieuses.

Un doigt sur les cartes qu'il a lui-même tracées, Poivre explique à Cornic le Jeune le but de sa mission secrète : c'est là, entre Timor et les Moluques, qu'il devra fureter, nez au vent, attentif à la proie mais aussi au chasseur. Car il y a les Hollandais qui n'ont pas relâché leur garde, et les indigènes pas toujours commodes.

Cornic écoute-t-il le flot des recommandations ? Note-t-il attentivement les caractéristiques de la vraie et de la fausse muscade ? Poivre est bien verbeux et son auditeur bien impatient. Il a couru toutes les mers du monde, affronté vingt tempêtes, ne craint pas les sauvages. D'ailleurs son bateau est récent, solide, bâti pour le gros temps. Il prête une oreille à peine moins distraite aux promesses de récompense, juste de quoi faire un compte rendu au frère aîné qui compte les sous, là-bas à Lorient : qu'importent les piastres pourvu qu'on coure au large, et vite ! C'est un Poivre d'il y a vingt ans qui piaffe en face de l'intendant.

Le plein des cales est refait, le vaisseau vérifié, l'équipage engraissé et choyé - c'est bon d'avoir un puissant protecteur ! - et vogue la frégate, vers son affreux destin.

Car cette fois se joue un drame, de ceux qui font souvenir que Poivre, en survivant à tous ses voyages, a eu bien de la chance, et que celle-ci ne sourit pas également à tout le monde. La tragédie de L'Utile ramène aussi à leur médiocre dimension les conflits d'autorité entre l'intendant et ses gouverneurs ou les roucoulades de Bernardin à Françoise : ce n'est pas dans les îles, mais au large que se joue une fois de plus la vraie aventure.

Bon vent et pas d'ennui, pourtant, jusqu'à Timor où *L'Utile* atterrit fin mai. L'intendant a conseillé cette escale pour début de la chasse : Cornic devrait y trouver les mêmes muscades sauvages qu'il avait lui-même rapportées et qui furent si fâcheusement détruites par Fusée-Aublet ; il devrait aussi glaner d'utiles informations sur les Moluques toutes proches. Et Poivre se targue d'avoir des amis parmi les chefs locaux.

De fait, capitaine et matelots sont bien accueillis à leur première escale. Certains indigènes semblent se souvenir de leur visiteur d'il y a dix ans. En tout cas la verroterie qu'il envoie a le meilleur effet. Et personne ne se fait prier pour renseigner Cornic : il est une baie, dite de “Coulcouvite” (Kupang ?), plus proche des régions où se trouvent les épices. En s'y rendant, *L'Utile* faciliterait sa quête. La frégate lève l'ancre, longe la côte et entre à Coulcouvite le 2 juin 1768. Elle n'en ressortira jamais.

La tragédie commence doucement, comme ces films pour faire peur, à l'atmosphère épaisse.

Le 2 juin, Cornic, jeune et impatient mais marin prudent, fait affourcher la frégate sur quatre ancres, bien à l'écart du rivage, au meilleur endroit de la baie : il sait la brusquerie des tempêtes tropicales et ne veut pas risquer une mauvaise surprise. Puis, après avoir laissé le navire sous bonne garde, il mène son canot vers la foule des indigènes qui attend sur la plage.

Sans doute a-t-il appris quelques mots de bienvenue, un signe d'amitié, à l'escale précédente. Il ne faudrait pas qu'on le prenne pour un Hollandais : la méprise, on l'a vu, a failli coûter cher à Poivre. Il sait se faire reconnaître pour un ami, les sagaies s'abaissent, les sourires des chefs s'élargissent quand il offre les cadeaux rituels. Allons, voici une affaire rondement engagée ! Cornic ne voit pas les regards en coin portés sur la frégate ou ne sait pas les lire...

L'enquête commence tout de suite. Oui, il y a des épices dans l'intérieur de l'île. Oui, des hommes connaissent la route.

— Eh bien allons-y ! Il y aura une belle récompense si nous faisons récolte.

Se frotte-t-il encore les mains, Cornic ? Les épices sont toutes proches et il va montrer qu'un jeune Breton têtu peut faire aussi bien qu'un Lyonnais phraseur On lui a tant rebattu les oreilles des exploits de M. Poivre...

Il divise donc son équipage : une partie restera à bord pour garder la frégate, une autre à terre chez les indigènes et une escouade partira avec lui à la chasse aux muscadiers. Quelques guides en tête, des porteurs avec des sacs et tonnelets vides, les Blancs, fusil sur l'épaule et sabre au côté, la colonne s'enfonce dans la jungle. Et commence une autre navigation, aussi aventureuse qu'un voyage au long cours.

Les vertes montagnes de Timor, noyées d'une végétation luxuriante, agressive, cachent en effet les plus redoutables pièges. Il y a les indigènes des autres tribus, qui font parfois payer - et cher - le passage sur leurs terres. Il y a les animaux venimeux que ne connaissent pas les marins de *L'Utile*. Il y a les fièvres qui les jettent à terre et les emportent en une nuit. Et fond tout doucement l'escouade de Cornic, tandis qu'elle avance dans les collines.

Fond aussi, sur la côte, l'équipage. Chaleur, eau pourrie, moustiques et nourritures étranges se conjuguent pour lui inoculer des infections pernicieuses. Les tombes s'alignent près des tombes sur la côte que les visiteurs, comme tant d'autres navigateurs avant eux, colonisent de leurs os. Tous sont touchés, ceux du navire comme ceux du village, et aucun soin n'y fait rien. Il est des maladies contre lesquelles les solides carcasses de marins sont impuissantes, surtout quand s'y ajoute l'ennui.

Car cela fait des semaines, des mois que le capitaine est parti, si longtemps qu'on se demande s'il rentrera un jour. Et quand Cornic émerge de la jungle, victorieux mais beaucoup moins fringant que jadis, usé, amaigri, n'ayant même plus la force de se réjouir des bailles de muscadiers que portent ses rescapés, la moitié de son équipage l'accueille à quatre pieds sous terre, sous l'humus déjà reverdi du rivage.

Quand même, on manifeste sa *"joye"* : voici enfin venu le moment du retour. On laissera un lourd lest humain à Timor, mais on a déjà tant lâché à la mer et au scorbut...

Se succèdent donc les pirogues à flanc de *L'Utile* et le marteau des calfats fait résonner la baie : six mois à l'ancre dans des eaux équatoriales, pour un navire en bois, ne sont pas le meilleur traitement. Elle a vieilli d'un coup, la jolie frégate, comme son capitaine...

Quand tout est chargé, quand Cornic en est aux adieux, le ciel se couvre d'un coup. Le capitaine hume le vent. Sale brise qui s'amène !

Peut-être vaudrait-il mieux l'affronter au large, mais L'Utile et les hommes ont perdu l'habitude de ces empoignades-là, et avec une demi-équipe... D'ailleurs c'est Noël après-demain. On rêve toujours un peu que

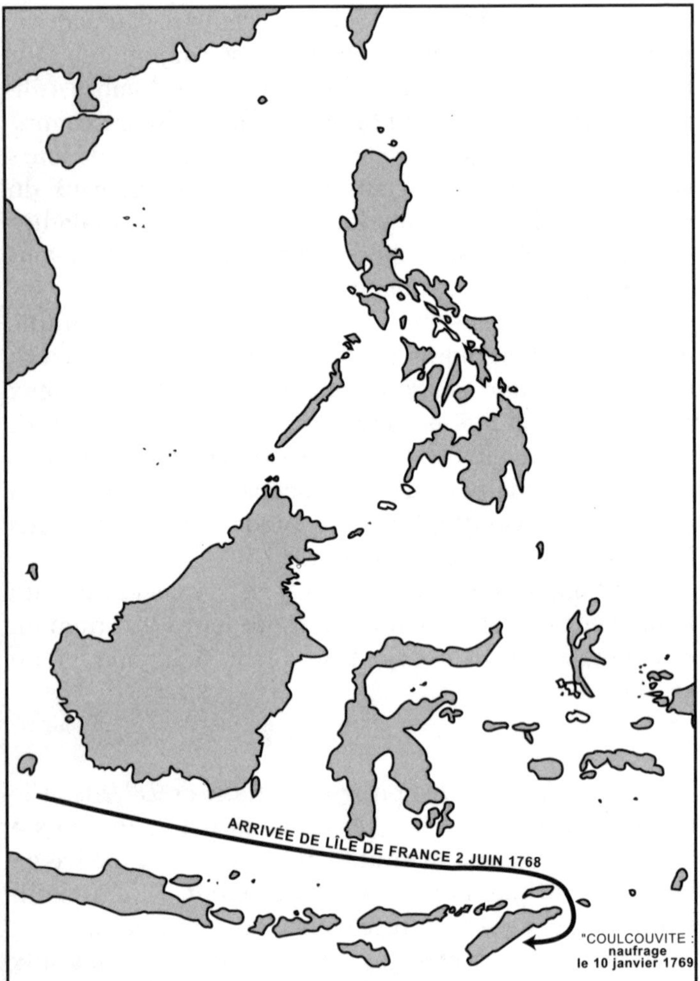

Le triste voyage de l'Utile, ou la malchance des Cornic.

Noël sera meilleur, même si l'année a été terrible. Passons donc la fête à terre, on saluera l'enfant Jésus avec les dernières gouttes de tafia !

Rude Noël : c'est la mère des tempêtes qui fond sur Coulcouvite. Pas de tafia au programme, mais la bataille et la mort pour ceux qui sont à bord, les cris impuissants pour ceux qui sont à terre.

Le vent et la houle conjuguent leurs forces, arrachent une à une les ancres pourtant si bien affourchées. *L'Utile* court au rivage, craque et grince en touchant les hauts fonds, se couche dans la lame...

Quelques hommes de plus ont été sacrifiés au caprice du ciel, mais ce n'est pas le pire : il n'y a plus de bateau.

Il a suffi d'un gros nuage dans le ciel.

Le film s'accélère. On avait macéré six mois et plus dans l'ennui et la fièvre, mais voici que l'épilogue va se jouer en quelques jours.

L'Utile n'est pourtant pas perdu : drossé sur les rochers mais non éventré, il pourrait encore être remis à flot. Ceux qui restent de l'équipage tirent, avec l'aide d'indigènes, le bateau bien au sec sur un banc de sable. La coque découverte est examinée de près par les calfats qui hochent la tête : non, le vieux bougre n'a pas fini sa carrière ! Quelques planches neuves, du goudron, des clous et il sera comme neuf !

Il le serait, si la mer voulait bien. Le 10 janvier 1769, un ouragan encore plus violent que le précédent arrache la frégate à son banc de sable, *"l'engloutit sans ressource"*. Voici Cornic à pied.

Pire, le voici sans force. Partent, très vite, quelques hommes de plus, que l'espoir de rentrer au pays ne soutient plus face à la maladie. Le capitaine lui-même, *"que les chaleurs et la lassitude épuisoient"*, est victime de l'épidémie. Et les regards des indigènes, qui arpentent la plage pour grappiller les épaves de L'Utile, se font plus acérés.

On n'a pas nécessairement la même attitude, en effet, devant une solide frégate qui oscille sur la houle en face de son village, ses sabords relevés sur vingt gueules de canon - surtout si les étrangers en ont fait démonstration - et devant cette même frégate, vaincue par les dieux de la mer, couchée dans les déferlantes, crachant sa tripaille de caisses, tonneaux vides et de bouts de bois divers sous les yeux impuissants de ses maîtres déchus.

On peut même se dire, si on est un chef de guerre quelque peu ambitieux, qu'en aidant la tempête, on pourrait considérablement enrichir son peuple, orner sa case de quelques souvenirs autrement précieux que la minable verroterie offerte par les visiteurs.

Un bateau coulé, c'est un coffre au trésor...

Bien sûr, il y a un obstacle : le capitaine français et ses hommes, auxquels on a fait depuis six mois mille démonstrations de politesse.

C'est maintenant qu'une amitié véritable trouverait à s'exercer. Mais un chef de guerre ne fait pas de sentiment, surtout s'il a sous les yeux quelques-unes des richesses cachées de *L'Utile*, que les étrangers s'étaient bien gardés de lui montrer, évidemment.

Avec un vrai pistolet et la longue-vue du capitaine, le chef épatera tous ses voisins. Et les voiles, les espars, le bois... La nature a déjà fait une bonne partie du travail, en emportant des dizaines de marins, dont les tombes curieusement surmontées de croix bossellent le rivage.

Pour en finir plus vite, on pourrait peut-être l'aider un peu, la nature ?

Le *"Roy noir de Coulcouvite"* envoie donc un médecin au capitaine Cornic, porteur d'une potion radicale.

Elle l'est, en effet :

"Le capitaine partagea ses secours (cette médecine) avec un matelot malade, malgré les efforts du médecin (qui voulait sans doute réserver la forte dose à Cornic).

Le matelot mourut au bout de quatre heures, dans les agitations les plus douloureuses.

Un noir qui avoir mangé les vuidenges (abats) d'une poule mise dans le Bouillon meurt sur-le-champ d'une manierre aussy terrible. Telle fut la violence du Poison que le nègre mort changea de couleur ainsy que le malade.

Le capitaine enfin après cinq heures des plus affreuses convulsions meurt sur cette terre barbare, implorant pour luy la pitié du Prince (le roi Louis) pour lequel il s'est sacrifié, et Sa justice pour sa famille et ses intéressés."

Cornic le Jeune n'est même pas froid que le roi de Coulcouvite fait saisir tout ce qui a pu être sauvé de *L'Utile* et, pour s'assurer le secret sur son forfait, fait mettre aux fers les survivants de l'équipage. Cela ne lui coûte guère en chaînes : il ne reste qu'un second lieutenant de dix-huit ans, Heloury, et sept matelots...

On ne saura tout cela qu'un an et demi après. Le 14 juillet 1770 arrive en effet à Morlaix un jeune homme amaigri, fatigué, considérablement aguerri aussi : Heloury, qui est parvenu à s'enfuir de Timor.

Quémandant des passages sur vingt bateaux, il a connu tous les grands comptoirs de l'océan Indien. Le voici enfin, chez lui, *"après de longues courses"*. C'est ainsi : juste une phrase dans une lettre de Cornic aîné, résumant le périple surhumain d'un garçon épuisé, malade et sans ressources. On a l'exploit modeste en ces temps difficiles...

Le plus extraordinaire de l'affaire est que ce second lieutenant a pu mettre la main, avant de partir, sur les ordres secrets de son capitaine, et qu'il a pu les rapporter en France - ils serviront de preuve à l'appui des demandes de dédommagement - sans qu'aucun des capitaines étrangers rencontrés au cours du long périple ait pu jamais se douter que *L'Utile* n'était pas en mission commerciale ordinaire.

Dommage que Heloury ait été si discret et qu'il n'ait point écrit le détail de son odyssée : cette aventure aussi mériterait un livre...

Les malheurs de la famille Cornic auront un pénible épilogue : l'État, déjà peu enclin à payer les particuliers quand tout va bien, fera quelque peu la sourde oreille aux réclamations de Mathurin Cornic, qui aura le plus grand mal à récupérer les 189 556 livres que représentaient la frégate, les marchandises et l'argent qu'elle contenait.

Ne parlons pas de pension pour la veuve et les orphelins de Cornic le Jeune et de son équipage : ils n'ont fait qu'assumer les risques “normaux” d'un voyage au long cours.

Fortune de mer : drôle de formule pour désigner une loterie où les gagnants sont si rares...

24

L'Étoile de l'espoir

Poivre ne sait sans doute rien du sort de **L'Utile** - aucun texte du moins ne permet de le penser - mais l'absence de nouvelle doit le lui laisser deviner.

Encore une bouteille à la mer qui s'est perdue.

Que la cause en soit les Hollandais, un rocher, une tempête ou les poisons indonésiens ne change rien à l'affaire : c'est un échec de plus.

Mais Poivre s'est fait en quinze ans de chasse une conception personnelle de l'échec : une réussite qui se fait désirer.

Rien de surprenant donc à ce qu'il lance une nouvelle expédition, sans attendre d'être fixé sur le sort de *L'Utile* et de Cornic le Jeune.

On franchit avec celle-ci une étape supplémentaire dans la hiérarchie des petites audaces de la Compagnie. Nous avons vu les entreprises sournoises, puis les entreprises secrètes. L'aventure de *L'Utile* entrait dans la catégorie des opérations semi-officielles.

Voici maintenant - pas trop tôt, doit soupirer Poivre - le temps des chasses patronnées.

En effet, à force d'être harcelé de lettres et de demandes, le duc de Praslin, ministre de la Marine, séduit de longue date par la fougue poivrienne, a fini par lâcher la phrase que l'entêté botaniste attendait depuis des lustres : *"L'objet des Épiceries est le plus intéressant de ceux dont (l'intendant) est chargé"*, a-t-il écrit dans les ordres les îles.

Savourons avec notre chasseur sa victoire politique : enfin, après vingt-cinq ans d'efforts, on reconnaît la priorité de la mission qu'il s'est donnée !

Le seul ennui, on l'a vu, est qu'il ne peut pas se consacrer personnellement à l'ultime aventure. Françoise et Praslin lui-même n'apprécieraient guère. Et puis, la cinquantaine atteinte, on n'a plus autant envie d'aller risquer ses os en de hasardeuses navigations. Poivre cherche donc, à peine arrivé à l'Ile de France, un homme qui puisse à la fois être son agent, son confident et son fils spirituel.

Il le trouve en la personne de Jean Mathieu Simon Provost, écrivain des vaisseaux de la Compagnie. Choix mûrement pesé : Provost a beaucoup voyagé et connaît l'Indonésie. Il parle même le malais. Ajoutons qu'il est Breton, natif d'Auray, et qu'à quarante ans il allie la vaillance à la maturité.

Comme Cornic, il ignore les véritables épreuves qu'il aura à franchir, mais il est moins tête folle, ce qui est un atout ; on ne le verra pas aller s'user les jambes et la santé dans les jungles tropicales.

Notons enfin que Provost est à la fois marin et intellectuel. Il est écrivain, pas lieutenant ou capitaine, et ce n'est pas un hasard si Poivre confie son projet et ses espoirs à un homme étranger aux soucis de voilure, de tempête et de route. En fait, il a cherché un alter ego.

Il le confirme dans une lettre à Versailles : *"Monsieur Provost est le plus capable, de l'avis de toute la colonie, de conduire une pareille entreprise"*. Et, d'emblée, il confie son expédition à cet exécutant si parfait.

Dès 1768, la corvette *Le Vigilant*, commandée par le

chevalier de Trémigon, est envoyée vers les Moluques. L'expédition est un échec, se borne à constater Provost dans un rapport, sans préciser s'il s'agissait déjà d'une vraie chasse ou d'une simple reconnaissance.

Poivre, en tout cas, ne tient pas rigueur à Trémigon, puisqu'il est bientôt choisi pour diriger une seconde expédition. Cette fois, *Le Vigilant* sera accompagné par un simple “bateau” nommé *L'Étoile du Matin* et commandé par le lieutenant de frégate d'Etcheverry.

Une étoile qui va porter chance à Poivre, enfin.

Le vrai patron de l'expédition est en fait Provost, qui emporte dans une enveloppe scellée les ordres secrets de l'intendant et qui tranchera, hors cas de force majeure, sur la route à suivre : par le biais de son disciple, la main de Poivre reste ferme sur toute l'entreprise.

Les deux navires appareillent séparément en mai 1769 (à cette heure, *L'Utile* est fracassé, son équipage mort et Heloury en fuite). Direction les Indes, où l'on va officiellement faire du commerce. Maigres ruses, mais il faut tout faire pour tromper les Hollandais, qui maintiennent toujours aussi farouchement leur monopole. D'autant que dans la colonie, tout le monde n'apprécie pas de voir deux bateaux - et les bateaux sont rares - détournés pour ces sempiternelles épices auxquelles personne ne croit. Poivre accusera même ses camarades gouverneurs d'avoir organisé des fuites.

Longue et complexe croisière donc, puisqu'il faut détourner tous les soupçons. *Le Vigilant* monte d'abord vers Pondichéry où le rejoint, *“comme on en étoit convenu”*, *L'Étoile du Matin.*

Les deux bateaux attendent la mousson favorable puis, cales pleines comme d'honnêtes commerçants, piquent de conserve vers Manille. C'est seulement là que Provost ouvre son enveloppe secrète. Encore n'en confie-t-il le contenu qu'à Trémigon. Discrétion peut-être exagérée : le chevalier-commandant du *Vigilant* devait bien se douter depuis le début, lui qui avait dirigé la reconnaissance de l'année précédente, où le menaient les ordres du sieur Provost.

En janvier 1770, les deux bateaux quittent Manille pour Mindanao. De là, ils passent à l'île Jolo, dont on se souvient que le roi, le sultan Mohamed Alino Dien, carrément rebaptisé Ferdinand II par ses suzerains espagnols, avait été jadis tiré d'une fâcheuse affaire par Poivre.

Le sultan n'a pas oublié et réserve le meilleur accueil aux Français. Il n'a pas d'épices sous la main, hélas, mais donne toutes les indications nécessaires pour qu'on puisse s'en procurer ; en outre, il se déclare prêt à nouer des relations commerciales régulières avec la France, si celle-ci le veut. Une proposition qui tombera dans l'oubli...

Le roi de Jolo promet encore de se procurer des plants pour l'année suivante, si par malheur l'expédition tournait mal.

— Il y a parfois des contrebandiers de passage. S'ils proposent des noix bonnes à planter, je les garderai pour vous...

— Grand merci ! répondent en chœur Provost, Trémigon et d'Etcheverry.

Mais ils espèrent bien n'avoir pas à revenir à la prochaine mousson : cette fois, il faut réussir...

L'escale suivante, pourtant, est encore un échec : on leur avait assuré qu'il y avait des épices à Mayu, une île-satellite des Moluques, à cent milles à l'ouest d'Almahera, mais après un débarquement périlleux, ils n'y trouvent rien. Deux siècles de nettoyage hollandais ont éliminé une grande partie des plants sauvages de la région. La tâche ne sera pas si facile.

D'autant que le temps passe et que les vivres s'épuisent. Il s'agit de ne pas se tromper sur les escales futures : plus on tarde, plus on risque un malheur quelconque, dû à l'homme ou à la mer ; plus l'équipage ronchonne, aussi

La destination la plus logique, celle où l'on est presque sûr de réussir, est Seram, la plus grande des Moluques méridionales : là, il y a probablement des épices. Mais il y a aussi des Hollandais et la navigation sera risquée, à travers l'archipel sillonné par les vaisseaux ennemis.

Provost, Trémigon et Etcheverry, les trois chefs de l'expédition, tiennent conseil en pleine mer : quelle route choisir ?

Encore une scène qu'on aimerait voir comme au cinéma : la chaloupe du capitaine-chevalier, avec Provost à bord, quitte le *Vigilant* et se dirige vers *L'Étoile du Matin*.

Pourquoi vers *L'Étoile* justement, qui est le plus petit des deux bateaux, et non vers le Vigilant, "vaisseau-amiral" de l'expédition ? Mystère. Un indice peut-être de la part importante déjà prise par le "both", petit mais manœuvrant, et dirigé d'une main efficace.

Trémigon grimpe d'un jarret sûr l'échelle de corde, suivi d'un Provost moins fringant, malmené par des nausées - il en a de terribles - qui lui laissent le teint verdâtre. Ces messieurs se réunissent dans la "grand-chambre" du bateau, une pièce qui porte mal son nom, basse de plafond, encore plus petite qu'une cuisine de

H.L.M., mais mieux agencée avec ses meubles de poupée qui épousent l'arrondi de la coque, chefs-d'œuvre d'art pratique, telle la table pliante où s'accoudent les chefs.

On a ouvert les fenêtres à vitraux qui dominent la poupe et, par ces ouvertures trop étroites, entre à lourdes bouffées l'haleine chaude de l'océan.

On a fermé en revanche la double porte qui donne sur l'entrepont : l'équipage, assis mine de rien à l'ombre, jouant l'indifférence, n'a pas à connaître les disputes des patrons.

Trémigon expose ses inquiétudes : on joue au Chaperon rouge, à errer comme cela en ces mers ennemies. Peut-être avait-il imaginé que ce serait plus simple. Un débarquement, fût-ce au son du canon, sur une terre étrangère, le rapt brutal de quelques centaines de plants que les marins eussent emportés en leurs bras comme des jeunes filles captives, un appareillage en catastrophe et pousse le vent vers le bercail !

Le marin est par essence pressé d'aller au but. La divagation d'une île à l'autre, les renseignements flous, les écueils inconnus, l'horizon bouché d'où peuvent sortir comme d'une boîte de Pandore coup de tabac, chiens de garde hollandais ou pirates sont des angoisses auxquelles il n'est pas habitué. Les équipages n'apprécient pas plus que les capitaines : il faut en finir vite avec cette morne chasse. Cela fait quand même huit mois qu'on navigue !

Provost, malgré le mal de mer et peut-être le scorbut, lutte contre le vent de débâcle qui souffle en face de lui. Comme un Poivre bis, il alterne grommellements et sourires, réajuste doucement - comme ces bougres de marins réajustent leurs voiles - le moral perdu.

Est-ce sa faute si la croisière est déjà si longue ? Il y a eu ce détour par l'Inde, par Manille et Mindanao qui a pris beaucoup de temps. Et puis la chasse n'est pas si mal engagée puisqu'aux escales de Jolo et de Miao on a engrangé, faute d'épices, des indices pouvant mener à eux.

Les capitaines sont pressés ? Qu'on sépare les navires !

Le *Vigilant* ira fouiner du côté de Timor, où Poivre avait jadis trouvé ses plants. On a de bonnes chances d'y faire une récolte. Trémigon hoche la tête, satisfait : Timor est à l'écart des Moluques, les Hollandais n'y font pas régner la loi et l'on y sera en terre moins inconnue puisque Poivre et quelques autres y ont déjà fait escale.

Timor peut aussi être un piège, mais cela Trémigon ne le sait pas, ou du moins a-t-il confiance en sa puissance de feu.

Provost a senti chez d'Etcheverry un peu plus de cet ingrédient subtil qui n'est peut-être pas un plus grand courage, mais tout simplement de l'effronterie. Même sur un petit "bateau" armé de dix canons, celui-ci ne craint pas d'aller fouiller les Moluques. Il est vrai qu'on se faufile mieux quand on est minuscule. *L'Étoile du Matin* ira donc vers Seram, en plein dans la gueule du loup. Et que la Vierge lui prête grâce…

D'Etcheverry hoche la tête à son tour : d'avoir le rôle le plus ardu n'est pas pour lui déplaire.

On se serre la main, avec la solennité des gens qui savent qu'ils ne se reverront peut-être pas. Trémigon note dans son livre de bord : *"10 mars 1770. Pris congé de l'Étoile"*. Les hommes de d'Etcheverry, sur le pont, le dévisagent en silence comme il raccompagne ses deux visiteurs. Ils n'ont pas besoin de questionner pour savoir que leur chef est déjà impatient de faire hisser la toile : l'étincelle dans ses yeux suffit.

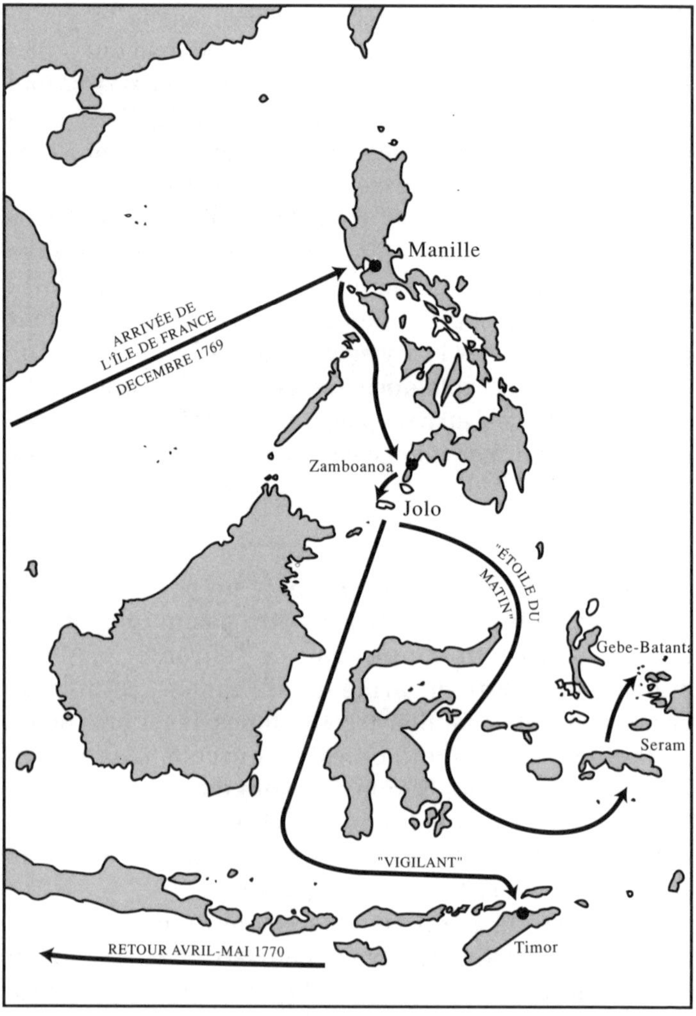

Le premier voyage de Provost : enfin des résultats ! Mais ils ne sont pas suffisants.

La chaloupe a tout juste rejoint le *Vigilant* que les ordres claquent à bord des deux bateaux : cap à l'Est pour l'un, à l'Ouest pour l'autre, et que Dieu nous prête chance !

On s'envoie les derniers saluts, d'un bord à l'autre, quelques quolibets aussi : qui rentrera vainqueur ?

Soudain un appel interrompt la manœuvre à bord de *L'Étoile*. Contrordre : monsieur Provost fait savoir qu'il quitte le "vaisseau-amiral" pour rejoindre le "both". Tant pis pour la cabine confortable du *Vigilant* et pour les coups de roulis, qui seront encore plus rudes sur cette coque de noix : Provost a flairé une aventure plus belle qu'à bord du grand navire. Heureuse intuition : c'est *L'Étoile* qui gagnera la course aux épices.

En effet, tandis que les hommes du *Vigilant* fouillent vainement l'intérieur de Timor, d'Etcheverry atteint sans mauvaise rencontre la côte de Seram.

On ne l'y laisse pas descendre aisément, cependant : à deux reprises, la petite frégate est obligée de repartir sous la menace des insulaires, encadrés par des planteurs hollandais. Les épices décidément sont bien gardées, même si la flotte batave s'avère quasi inexistante.

Mais d'Etcheverry est un entêté. Vous l'aurez d'ailleurs remarqué : il n'y a que des têtus dans toute cette histoire. "*J'avais pris la ferme résolution, écrit-il dans un rapport, de ne point revenir sans les épiceries pour l'enlèvement desquelles on avait fait depuis plus de vingt-cinq ans des voyages inutiles*". La réussite serait-elle une affaire de tête de bois ?

Le capitaine de *L'Étoile du Matin* insiste donc. D'autant qu'il y a Provost, qui joue à bord un rôle subtil de chef, de père et d'éminence grise du grand M. Poivre.

D'Etcheverry admire le courage physique de Poivre et

sa pugnacité : à sillonner ces eaux, il mesure la bravoure qu'il a fallu pour vouloir y retourner sans cesse. Oui, on rapportera des épices à l'intendant, pas pour les beaux yeux de la Compagnie - quoique les piastres de la récompense soient toujours les bienvenues - mais pour honorer l'illustre prédécesseur. Pour faire plaisir à Provost aussi, qui souffre stoïquement, malmené par les vagues et quelque mauvaise fièvre.

Ajoutons que d'Etcheverry vient du Pays Basque, autre terre de fierté et qu'il a su, mieux que Trémigon peut-être, rallier à son rêve tout son équipage.

— On leur montrera, nous de *l'Étoile*, que la valeur des hommes ne se juge pas à la taille des bateaux !

Voguent d'Etcheverry et les siens, en leur périlleux cabotage sur les côtes de Seram la hollandaise...

Un jour, au fond d'une baie isolée, le capitaine aperçoit quelques huttes. L'établissement paraît trop minuscule pour qu'on puisse y craindre un accueil aussi guerrier que les fois précédentes.

D'ailleurs, si l'astuce pouvait prendre le pas sur les armes... Il a sa petite idée là-dessus qu'il expose à Provost.

Provost est couché, malade. Mais suffisamment vaillant pour donner sa bénédiction.

— Soyez prudent quand même...

Prudent sans doute, mais on n'étouffe pas l'audace. D'Etcheverry décide d'aller seul à terre, avec deux matelots seulement. Ainsi n'effraiera-t-on pas indigènes ou colons.

En outre, en cas de mauvaise surprise, on ne risque que trois vies : le second a pour ordre d'appareiller sans attendre à la première alerte.

Voici donc notre capitaine avançant vers le rivage inconnu. À sa ceinture, un pistolet chargé. Et deux fusils au fond de la chaloupe, au pied des deux matelots qui rament en cadence, le dos rond, attendant balle ou sagaie. Autant dire rien du tout…

À bord de *L'Étoile du Matin*, le second suit avec anxiété le canot à la longue-vue. Pourvu que le capitaine ne soit pas allé se jeter dans quelque piège !

Mais il n'y a ni sagaie ni balle pour accueillir d'Etcheverry. Seulement un brave Hollandais qui se montre tout ému quand le capitaine de *L'Étoile* lui crie avec aplomb ses fausses mésaventures, depuis le canot : il a été pris par une tempête, détourné de sa route ; il ne sait plus où il est dans cet embrouillamini d'îles ; il manque d'eau et de vivres frais et ses hommes sont malades.

Le colon compatit. Pauvres gens ! Bien sûr, il donnera de l'eau. Et des fruits et légumes, dans la mesure de ses possibilités.

Sa mine s'allonge cependant quand il voit les armes au fond du canot. D'Etcheverry explique : on ne sait pas sur qui l'on peut tomber à terre, il faut être prudent. Le Hollandais se laisse convaincre une fois de plus. On a l'impression qu'il ne demande que cela : les visites sont si rares en sa baie lointaine… Il réfléchit rapidement, pose une condition.

— Venez jusqu'à chez moi, mais seul et sans arme.

D'Etcheverry n'hésite pas. L'homme semble inoffensif. Il lui emboîte le pas, laissant ses matelots sur la plage.

C'est quitte ou double.

À bord de *L'Étoile*, le second, qui l'a perdu dans sa longue-vue, commence à compter les minutes…

En chemin, d'Etcheverry a vite fait de se rassurer : pas une ombre de duplicité chez ce Hollandais qui semble avoir gobé l'histoire de la tempête. Est-il si naïf pourtant ? *L'Étoile* n'apparaît pas particulièrement délabrée et son capitaine a l'œil bien vif pour un quasi-naufragé. C'est que le planteur du bout du monde a lui aussi son idée derrière la tête...

Deux malins face à face.

D'Etcheverry a laissé son pistolet dans la chaloupe, mais a *"eu la précaution de (se) munir d'argent et de présents"*. Il l'a fait ostensiblement, sous le nez de son hôte.

Celui-ci a sans doute calculé en marchant car, arrivé chez lui, il fait entrer d'Etcheverry par une porte dérobée et le cache dans un cabinet isolé de sa maison, *"ne voulant pas qu'il soit vu par des noirs, malais qu'il avait sous ses ordres"*. Bref, le colon hollandais n'est pas aussi sot qu'on voudrait bien le croire : il se doute bien que ce qui amène un capitaine français, avec des fusils dans son canot et les poches pleines de cadeaux, n'est pas seulement une fantaisie météorologique. Il doit y avoir à gagner avec ce gaillard-là...

En cachant son visiteur aux esclaves de sa plantation, le colon a aussi franchi la subtile frontière qui sépare l'accueil normal dû à un capitaine perdu de la trahison de secrets d'État : le poisson a mordu à l'hameçon.

Subtil, d'Etcheverry ne vient pas tout de suite aux faits. Il reste dans son personnage de marin égaré et l'on bavarde tranquillement de choses et d'autres, de la dernière tempête et de la vie à terre, qui n'est pas toujours plus drôle que la vie en mer, surtout quand on est perdu sur un coin d'île sauvage. À bord de *L'Étoile*, le second se ronge les sangs, mais puisqu'il n'y a pas eu de coup de feu, puisque les deux rameurs attendent calmement auprès de la chaloupe, sur la plage...

Dans le cabinet de travail fermé aux regards curieux, le colon et le capitaine se trouvent peu à peu des points d'intérêt commun.

Le Hollandais est un de ces touche-à-tout comme on en

trouve beaucoup dans les “habitations” de l'île de France : ses connaissances agricoles sont complétées par de solides notions de météorologie, d'hydrographie et de bien d'autres sciences. Car il faut savoir être aussi bien ingénieur qu'architecte, éleveur que médecin, en ces exploitations isolées où l'on doit tout faire seul.

Le planteur montre au marin quelques-uns de ses plans : il a irrigué sa propriété en détournant les eaux d'une rivière, a été l’architecte de sa propre maison. Le capitaine admire, sincèrement : c'est là du beau travail.

Les voici presque amis.

Au fil de la soirée, le Hollandais confie également au visiteur son mal de vivre. Il se sent seul ici et la nation, savez-vous, n'aide pas du tout les paysans perdus. Au contraire, elle aurait même tendance à leur gâcher le travail, à les empêcher d'exploiter tranquillement leur lopin de terre. Ce ne sont que tracasseries, contrôles et impôts. Pas moyen d'être maître chez soi !

— Et puis, Monsieur, ces gens-là ne nous aiment pas…

C'est qu'il est Européen, lui, né dans la lointaine mère patrie et venu chercher fortune de l'autre côté de la sphère. Et à la nostalgie de son plat pays s'ajoute la mordante jalousie qu'il ressent chez les autres, ceux qui sont nés aux Moluques, qui en souffrent et n'aiment pas les “nouveaux”.

Il y a des années peut-être que cet homme n'a pas rencontré d'oreille compatissante et, comme on dit familièrement, il “vide son sac” : *“Il ne me cacha pas les justes griefs de la haine implacable et bien fondée qu'il avait contre sa nation”.*

D'Etcheverry, qui a longuement écouté, saisit l'occasion. La langue lui démange d'avouer le vrai but de sa mission, de marchander avec cet aigri les épices dont il a besoin. Mais un reste de prudence l'arrête. Il propose d'abord d'acheter à son hôte des cartes marines qu'il a faites de la région, fort habilement et avec une grande précision : ainsi pourra-t-il, explique-t-il, faire escale à coup sûr et ne point s'empaler sur quelque traître récif. Le colon renâcle : il a bien compris où tout cela menait. Puis, par la force d'un cadeau mais surtout par celle d'un sourire, il accepte : la brèche est ouverte.

Des cartes, la conversation glisse vers la navigation.

— Vous recevez souvent des visites de vaisseaux ? demande mine de rien d'Etcheverry.

— Presque jamais, répond le colon : ils sont trop occupés à la garde de l'île d'Amboine, où se trouve le principal dépôt des épices !

— À propos d'épices…

On y est.

— Des épices ? Vous n'en trouverez pas ici, les plantations sont trop bien gardées. Mais il y en a à Guéby (Gebe), à cinquante milles à l'est de Halmahera. Et d'aussi bonne qualité que celles d'Amboine !

Très intéressant, d'autant que les indigènes de Gebe font la guerre aux Hollandais et qu'ils n'ont toléré nulle installation étrangère sur leurs côtes : ils en ont plus qu'assez de voir débarquer des soldats, dont le seul but est d'arracher leurs muscadiers et leurs girofliers, et eux aussi mènent bonne garde.

Gebe, donc. C'est à trois cents kilomètres plein nord, au cœur du dispositif hollandais, juste au milieu de la mer des Moluques. Un endroit dangereux au possible, à mi-chemin entre Amboine et Ternate. Peut-être pas si dangereux, à la réflexion : Gebe est masquée aux deux comptoirs hollandais par les masses imposantes de l'île Halmahera à l'Ouest et de Seram au Sud. Les navires qui vont de l'un à l'autre doivent choisir une route plus directe : on prend peut-être plus de risques à s'attarder ici, à cent kilomètres à vol d'oiseau du fort d'Amboine.

L'impatience, sans doute, envahit d'Etcheverry. Maintenant qu'il sait tout ce qu'il devait savoir, qu'il a la carte des méchants cailloux qui parsèment les détroits, qu'il a vu que la mer était presque libre d'ici à Gebe, qu'il sait qu'il n'y a rien à tirer de Seram et que "ses" épices l'attendent dans le Nord, il n'a plus qu'une envie, filer, mettre à la voile, lancer son *Étoile* dans ce nouveau pari. Mais il faut rester poli, écouter encore les confidences du Hollandais, continuer à consoler le brave homme. On lui doit bien cela...

À la nuit tombante enfin, lesté des cartes si subtilement acquises, bavardant comme un vieux camarade avec le planteur solitaire, d'Etcheverry refait le chemin jusqu'à sa chaloupe. On respire sur la plage et au large, de l'autre côté de la longue-vue : le patron est intact.

D'Etcheverry fait "les adieux les plus affectueux" à son hôte si complaisant, échange les derniers sourires, les dernières politesses puis rejoint son bord.

L'Étoile explose de joie quand on apprend la nouvelle : cela fait toujours plaisir d'avoir un malin capitaine.

Et tandis que le petit bateau s'éloigne, une silhouette perdue dans le noir, sur la grève, regarde s'en aller cette bouffée d'Europe : ce soir, n'en doutons pas, un planteur forcera sur l'arak.

Route sans incident jusqu'à Gebe où *L'Étoile du Matin* arrive le 6 avril. Cette fois Provost accompagne le capitaine à terre : l'approche du but lui a tout d'un coup rendu la santé. Et cette fois aussi d'Etcheverry arbore bien haut le drapeau français, espérant que les insulaires feront la différence.

De fait, nos voyageurs parviennent sans trop de mal à se faire reconnaître comme non-hollandais et sont reçus à bras ouverts : *"Le roi nous fit l'accueil le plus gracieux et le plus flatteur ; et nous ayant fait des questions pleines de douceur, il me prit par la main et nous conduisit chez lui"*, écrit d'Etcheverry.

Comment se comprennent-ils ? Par le truchement de Provost, sans doute, et de la langue malaise dont personne, pour cause de piraterie ou d'honnête commerce, n'ignore les rudiments dans toute la région.

La diplomatie du capitaine d'Etcheverry fait en tout cas à nouveau merveille. Les cadeaux finissent de sceller une amitié d'autant plus rapide que le roi de Gebe a beaucoup de reproches à faire aux Hollandais. Il se déclare même prêt à déclarer allégeance au roi de France, si celui-ci voulait bien *"le délivrer entièrement de la tyrannie de ses maîtres actuels"*. Le chef indigène va jusqu'à prendre le risque de faire déchirer les pavillons hollandais qu'on lui a imposés et de faire arborer celui de la France - facile à réaliser en ces temps : un bout de tissu blanc - sur son palais. La Hollande, sûrement, n'a pas dû user de la méthode douce avec ces gens-là...

Une fête spontanée bat bientôt son plein devant le "palais royal" : la population est persuadée que la minuscule *Étoile* est venue la délivrer du joug colonial. Roulent les tambours et bondissent les guerriers. On a ressorti les sagaies des grands jours, et les brise-crânes, et peut-être déjà les marmites à prisonniers, dans le village tout pavoisé de blanc.

Provost et d'Etcheverry, à vrai dire, n'en demandaient pas tant. Le délire de l'accueil les inquiéterait plutôt : si l'ébullition de Gebe allait se savoir... Les côtes de Halmahera ne sont tout de même qu'à cent kilomètres et les croiseurs de Ternate à moins de deux jours en mer !

Mais puisque la joie est au rendez-vous, autant en profiter ; ce n'est pas si souvent qu'on reçoit un tel accueil. On se détend donc dans la grand-case royale, on accepte les présents et les mets saugrenus, on écoute patiemment les doléances des chefs qui n'en finissent pas, vraiment, de décrire les persécutions bataves.

Le roi de Gebe est tout heureux d'apprendre que son collègue de France a de semblables ennuis avec ses voisins, mais qu'il est parvenu à leur river le clou à la force des armes. Un soutien comme celui-là serait des plus utiles. Quelques pistolets déjà, comme ceux que portent ses invités, seraient du plus bel effet pour son prestige, même s'ils ne parviennent pas à chasser l'ennemi. Le roi de Gebe se fait tout sourire.

Provost et d'Etcheverry aussi. Et quand leur hôte demande quel cadeau pourrait le mieux sceller son amitié avec son cousin de Versailles, les deux hommes répondent d'une seule voix :

— Si vous aviez quelques épices, par exemple…

À l'expression du roi, les envoyés de M. Poivre comprennent que ce n'est pas encore tout à fait gagné.

Il n'y a plus de plant convenable sur Gebe, explique celui-ci, et c'est même pour cela qu'on y hait autant les Hollandais : ces cultures étaient depuis l'aube des temps la principale ressource du pays et ils ont tout rasé.

Provost baisse la tête. Encore raté !

— Mais il y en a à Patany, à sept lieues d'ici, poursuit le roi. Et le roi de Patany est mon suzerain. Il vous aidera, j'en suis sûr !

Les lieues indigènes sont à rallonge : Patany (Batanta) est toute proche de la Nouvelle-Guinée, à une bonne centaine de kilomètres au sud-est de Gebe. Qu'importe, c'est une distance que parcourt un bon bateau en moins d'un jour, et *L'Étoile* est un bon bateau.

Il faut croire que les Hollandais ont su se faire détester, ou que les Français ont su se faire beaucoup aimer en peu de temps. Car le roi de Gebe est prêt à de grands sacrifices pour contenter ses amis. Prendre le risque de fâcher la puissance colonisatrice, par exemple. Et, plus immédiatement, avoir le courage de grimper sur un bateau étranger, pour le guider jusqu'à Batanta :

— Je vous faciliterai les choses, arrivé là-bas...

Il faut donc lever l'ancre, une fois de plus. Manœuvre à laquelle les hommes de *L'Étoile* sont fâcheusement habitués depuis plus d'un an. Mais cette fois, il doit y avoir des débuts de sourires sur leurs visages : la fin de la quête semble plus proche. Tout le monde, en outre, a fait des efforts de toilette et de bonne tenue : c'est la première fois que le petit "both" véhicule un souverain...

D'Etcheverry ne peut que se féliciter d'avoir accepté la présence à bord du roi de Gebe : quand on arrive en vue de Batanta, une flotte menaçante vient à la rencontre de *L'Étoile du Matin* : plus de quatre-vingts pirogues, *"dont les plus petites pouvaient contenir au moins vingt hommes"*. Les indigènes sont armés de sagaies mais aussi *"de petites pièces de canon et de pierriers, d'espingoles"* et annoncent leur assaut par une décharge générale.

Ce type d'armement ne permet heureusement de tirer qu'à peu de distance et les attaquants sont tout surpris d'entendre, en réplique à leur fracassant accueil, le roi de Gebe qui leur explique, dans le porte-voix de *L'Étoile*, qu'il est avec des amis ; mieux, avec des sauveurs ! D'un geste, le roi de Batanta, qui avait pris place dans la pirogue de tête, arrête ses troupes. On se rencontre, on s'excuse, on sympathise. L'art de la persuasion, dont usent si bien d'Etcheverry et Provost, va encore faire merveille.

Dès le lendemain, toute la côte de Batanta s'orne de linges blancs : des pavillons français confectionnés à la hâte, qui marquent le ralliement du chef local... et surtout son rejet farouche des Hollandais. Batanta tout entière crie allégeance à un roi de France qui n'a jamais entendu parler d'elle. Combien d'îles ont été ainsi conquises par le sourire d'un capitaine et perdues le lendemain ?

Plus intéressante sans doute pour nos chasseurs que ces fracas guerriers est la proposition soufflée au roi de Batanta par son vassal de Gebe :

— Vous savez, Majesté, mes amis...

— Des épices vous feraient donc plaisir ?

Les deux chefs indigènes sont bien trop contents de jouer un mauvais tour à leurs envahisseurs. Et puis, les Français reviendront peut-être, plus forts et plus nombreux. À leur manière, les rois des Moluques sèment aussi : de l'espoir. Disons tout de suite qu'il sera long à lever...

Dans l'immédiat, on s'active à Batanta. Et, un beau matin, devant les yeux éblouis de Provost et d'Etcheverry, les rois dévoilent leur cadeau : des brassées de jeunes muscadiers tout fraîchement arrachés à la glèbe des montagnes et des paniers entiers de noix bonnes à germer ! Une offrande colossale, même si on ne comptait que la simple valeur marchande des noix. En échange d'une caisse de verroterie et de beaucoup de gentillesse...

Surexcitation des Français. On les touche enfin, les épices de l'intendant Poivre ! D'Etcheverry le marin doit se contenter de donner des ordres, de faire bien emballer les plants dans des sacs de jute avec un peu de terre, de les faire coucher l'un sur l'autre en des caisses solides, d'installer les muscades en lits superposés dans des demi-barriques comme l'a dit M. Poivre.

Mais Provost, qui en sait un peu plus en cette matière pour avoir entendu l'intendant lui en parler vingt fois, tâte le macis des noix, les flaire, les croque pour s'assurer qu'elles sont de bonne souche, qu'on a trouvé l'authentique muscade des Moluques, l'épice la plus précieuse du monde… après le girofle.

Car il reste le girofle, évidemment !

Conseil de guerre entre les deux Français. Que fait-on ? Les muscadiers qui sont là représentent la plus précieuse cargaison que si petit bateau a jamais eu à transporter.

Faut-il appareiller tout de suite, filer vers l'Ile de France ? Les eaux de Batanta restent dangereuses, même si on est à la frontière du groupe des Moluques. On peut craindre que l'effervescence provoquée par leur passage, qui vole d'île en île à la vitesse des pirogues, ne finisse par alerter les Hollandais. Et il serait trop bête de se faire prendre, maintenant qu'on a gagné.

D'un autre côté, il y a les girofliers, dont le roi de Batanta dit qu'ils poussent en ses terres intérieures. Il serait sot de partir à-demi vainqueurs, alors que les indigènes sont si coopératifs. Qui sait si on pourra revenir ? Qui sait si l'accueil sera le même la prochaine fois ? Si les Hollandais n'auront pas renforcé leur dispositif ?

L'écrivain et le marin ont sans doute le même réflexe, au moment d'engager leur pari : un coup d'œil vers là-haut où se décident tant de choses…

— Nous attendrons les girofliers. Si Dieu le veut évidemment.

Huit jours, deux mains presque pleines : c'est le temps qu'a indiqué le conseiller du roi, une sorte de prêtre nommé Bagousk Hundes, pour durée de la mission, les derniers girofliers de l'île poussant bien à l'intérieur, hors d'atteinte des razzias hollandaises.

— Huit jours, a approuvé d'Etcheverry.

Il sait d'avance que ce seront huit jours de supplice.

Il décide de remonter à bord, tandis que Provost reste l'hôte des chefs : il faut être prêt à filer, au cas où...

Le capitaine n'oublie pas une seconde qu'il a dans sa cale mille fois plus de muscade que Poivre n'en a jamais rapporté. Avec ses pauvres petits canons, il est devenu gardien d'un coffre-fort.

À peine Bagousk parti dans les montagnes avec son escouade, d'Etcheverry retourne voir Provost :

— Il est bien risqué d'attendre ainsi à l'ancre...

Provost comprend : la hantise du marin, c'est de rester planté au ras d'une côte, à la merci des tempêtes et des surprises ennemies. *L'Étoile du Matin* est paralysée sur ses câbles : qu'un gros vaisseau ou un ouragan surviennent, et c'en est fini d'elle.

— Allez donc vous promener, sourit Provost. Mais essayer de revenir !

Il imagine sans doute ce que serait son sort, seul Français perdu chez les indigènes, si *L'Étoile* ne revenait pas...

D'Etcheverry met à la voile, fait glisser son bateau le long de la côte. Toute une semaine durant, il explore l'île de Batanta, à la fois pour tuer le temps et pour tracer une carte. Qui sait, la France aura peut-être un jour besoin de ces renseignements ? Il reconnaît des pointes, des écueils, note minutieusement les avancées de cette terre dont les sommets volcaniques, torturés et ravinés par les pluies d'été, se perdent dans une brume quasi permanente. Il découvre ainsi *"une baie profonde, dans laquelle on peut mouiller cinquante vaisseaux de ligne"*. Et il revient scrupuleusement, les huit jours écoulés, face à la capitale.

Mais Bagousk n'est pas là.

— Tant pis, on s'en va.

"J'étais touché très sensiblement de ne pouvoir emporter l'objet qui pouvait perfectionner ma mission", écrit d'Etcheverry. Mais il faut être prudent. On a déjà trop joué avec la chance.

Provost aimerait accorder une petite grâce au prêtre de Batanta : la forêt est si inextricable qu'il a pu avoir besoin de plus de temps que prévu pour atteindre les vallées secrètes où pousse les derniers girofliers.

— Non. Il faut partir. Je suis responsable de la cargaison…

D'Etcheverry l'audacieux est devenu d'une prudence extrême. C'est que le trésor est là, à fond de cale, et qu'il ne faut pas le perdre.

— Eh bien, allons !

Salutations aux rois, derniers cadeaux.

Que pensent les maîtres de Batanta et de Gebe ? Ils se disent peut-être que ce n'est pas plus mal ainsi : les Français reviendront puisqu'ils n'ont pas tout eu.

Mais *L'Étoile,* décidément, porte bien son nom : des vents contraires retiennent le bateau en vue de l'île. Un jour, deux jours au bout desquels le capitaine voit toute une agitation dans sa longue-vue : Bagousk est revenu !

L'Étoile se rapproche de la côte, et c'est alors le rêve, le moment auquel Poivre, Provost, Praslin et bien d'autres tendent depuis si longtemps : les pirogues de Batanta, ces immenses esquifs à quarante rameurs, convergent vers le bateau ami. Elles ressemblent à des buissons flottants, emplies qu'elles sont de jeunes girofliers.

Il y en a trois cents ! Un trésor immense, incalculable.

Petit clin d'œil sans doute de Provost à d'Etcheverry :

— Ne vous l'avais-je point dit ?

Le capitaine de *L'Étoile* pense peut-être, plus prosaïquement, que les caprices du vent, pour une fois, lui donnent du galon.

Tandis qu'indigènes et marins chargent en riant le pactole botanique, on se congratule encore sur le pont de L'Étoile, entre chefs français et rois des Moluques. Promesses de revenir, de ne pas s'oublier, de parler en haut lieu de la souffrance des îles. Promesses d'attendre les amis, de collecter pour une future mission d'autres épices encore, de respecter ce roi lointain, si puissant et si chanceux d'avoir de tels hommes...

Puis, très vite, d'Etcheverry ordonne l'appareillage : ne forçons pas la chance.

Mais l'étoile des chasseurs est fidèle cette fois : le bateau retraverse sans encombre l'océan Indien et rejoint l'Ile de France après deux mois de navigation sans histoire. La fin presque trop heureuse de la quête fait oublier qu'elle a duré quand même un an...

Bien emballées, les graines et les plantes ont résisté à leur séjour en cale. Et, le 27 juin 1770, tout ce que la colonie compte de personnages importants, l'intendant Poivre en tête, vient fiévreusement assister à l'identification de la cargaison. Le plus agité est sans doute notre Poivre, qui voit là l'accomplissement du rêve de toute une vie. Le plus peiné est peut-être Trémigon, arrivé il y a peu de temps avec de mauvais plants de Timor : son adjoint l'a battu à plates coutures.

Une trentaine de personnes parcourent, à cheval ou en

chaise, la route poussiéreuse des Pamplemousses. Arrivés là-bas, ces messieurs prennent à peine le temps de baiser la main de la jolie Mme Poivre, pressés qu'ils sont de s'entasser dans un hangar, où, sous la protection d'un cordon de soldats, sont alignées les caisses.

Pourquoi tant de témoins et tant de précautions ?

Parce que Poivre, cette fois, ne veut plus que quiconque puisse nier ou détruire son œuvre.

Il s'est donc entouré des plus illustres colons, de savants et de marins de renom. C'est ainsi qu'entre le gouverneur, on trouve parmi les visiteurs l'ingénieur Cossigny, le grand botaniste Commerson (que Poivre est parvenu à retenir à l'Ile de France, à l'escale de l'expédition Bougainville), le navigateur Marion-Dufresne.

Il y a même un homme d'église, sans doute teinté de curiosité scientifique et dont personne, c'est évident, n'osera mettre en doute la parole : l'abbé Galloys figure parmi les signataires du procès-verbal.

Les premiers mots de celui-ci soulignent d'ailleurs cette volonté de “prouver” :

“Pour rendre plus authentique et mettre hors de doute quelconque un événement aussi heureux pour la colonie, et aussi satisfaisant pour le ministère de Monseigneur le duc de Praslin, nous nous sommes transportés tous ensemble au jardin de l'Intendance “

Et là, les témoins reconnaissent :

“...Quatre cent cinquante pieds de Muscadiers bien vivants, soixante-dix Girofliers avec leurs feuilles très vertes, et très aromatiques, dix graines de gérofle germées, hors de terre dans une caisse séparée où il y en a cent autres germées, et plusieurs plans également de gérofliers qui ont souffert du transport mais qui donnent des Espérances, plus cinq caisses contenant environ dix mille noix muscades rangées par couches séparées par des lits de terre, la plupart germées ; une de ces caisses contenant les noix avec leur brou et macis, parmi lesquelles plusieurs étaient également germées, et leur germe très long".

Commerson ajoute à ce constat un certificat très détaillé : oui, il s'agit bien d'authentiques muscadiers et girofliers.

Le botaniste est allé jusqu'à grignoter quelques noix non germées pour s'assurer de la qualité de leur parfum.

La dernière signature - celle du chevalier-gouverneur Des Roches - griffée sous la sienne au bas du certificat, dans le beau salon de Mon Plaisir, Poivre peut enfin se redresser, commander des rafraîchissements, serrer des mains, sourire, présenter à la ronde les deux héros du jour, Provost et d'Etcheverry.

Il a gagné. Il en rajeunit de vingt ans.

Souris aussi, Françoise : ton mari est heureux.

25

L'ultime récolte

Poivre possède maintenant plus de plants d'épices qu'il ne l'a jamais rêvé. Quatre cent cinquante muscadiers germent dans leurs caisses et l'on peut espérer d'excellents résultats des dix mille noix de Batanta, qui sont autrement fraîches que celles qu'avait apportées notre chasseur, aux temps obscurs.

On peut être moins optimiste pour les girofliers. Seulement soixante-dix ont survécu à la traversée et il n'est pas certain qu'on les sauve tous. C'est encore bien trop peu pour une production à grande échelle, même si Provost assure qu'un giroflier adulte, aux Moluques, donne ses dix mille clous l'an : qui sait si le terroir de l'Ile de France sera aussi favorable ? Soixante-dix girofliers, tout de même, c'est mieux que rien : personne au monde n'en possède un seul, hormis les Hollandais.

Les habitants de l'Ile de France assistent alors à un retournement de situation assez cocasse. On se souvient que Poivre, dès ses premiers voyages, s'était fait le vigoureux défenseur d'une richesse agricole mondialement répartie, pour le plus grand bonheur des peuples. C'est ce qu'on dit quand on a les poches vides... Mais maintenant qu'il partage avec les Hollandais un des plus riches monopoles du monde, voici que notre altruiste se transforme en Harpagon, courbé comme un maniaque sur ses cassettes de plants.

Il en répartit un certain nombre entre quelques colons sûrs et bons cultivateurs, ne serait-ce que pour être à l'abri de toute accusation, en cas de nouvel "accident". Mais le plus gros reste aux Pamplemousses, sous sa surveillance personnelle.

Et dès qu'il peut s'arracher à la contemplation de ses bourgeons pour descendre au Port-Louis, l'intendant concocte avec le gouverneur-chevalier Des Roches une ordonnance des plus protectionnistes :

"Nous avons deffendu et deffendons très-expressement à tout Colon, Habitant, ainsi qu'à tout particulier de quelques état, condition et qualité qu'il soit et à tous gens de couleur, libre, affranchi ou esclave, de transporter hors de cette Isle, aucun plant ou fruit propre à germe, soit de Muscadier, soit de Girofflier".

Les contrevenants sont passibles de *"crime de trahison envers l'État et envers la Colonie"*, faute gravissime qui peut entraîner le séquestre des biens de son auteur, une amende très lourde et un emprisonnement de plusieurs années ; chez les esclaves, cela se punit au fer rouge et à la corde.

Encore plus traître à la patrie celui qui *"sera convaincu d'avoir enlevé ou fait enlever chez un Habitant les dits plants ou graines [...] ou qui autrement les auroit détruits et fait périr"*. Que les Aublet en puissance se tiennent bien...

Poivre, qui a consacré tant de temps et d'énergie à flouer les Hollandais se comporte finalement comme eux. Pire : il prévoit dans son ordonnance qu'une somme de mille livres - considérable : on achète une petite maison avec mille livres - sera prélevée sur les amendes infligées aux coupables à titre de récompense pour leurs dénonciateurs.

Tout cela n'est guère joli pour un homme généreux, d'où la polémique qui s'est instaurée plus tard chez quelques-uns de ses biographes : l'intendant était-il l'inspirateur de cette ordonnance qui lui ressemblait peu ? Ne fallait-il pas y voir plutôt la main de Des Roches ou l'influence de la Compagnie ?

Non. La reconnaissance des épices est datée du 27 juin 1770 et l'ordonnance du 16 juillet. Versailles n'a évidemment pas pu donner son avis dans un temps si bref. Quant à Des Roches, il se soucie fort peu des questions agricoles.

C'est donc la lourde main de Poivre qu'il faut voir dans ce texte. Rien d'étonnant pourtant à ce qu'il fulmine d'avance contre ceux qui voudraient toucher à son trésor : n'oublions pas qu'on le lui a volé deux fois ! Pour l'instant, il s'agit de protéger et de multiplier la récolte de *L'Étoile*. Après, les choses pourront changer.

D'ailleurs, l'ordonnance ne sera jamais appliquée.

Parce que les épices crèveront d'elles-mêmes, sans sabotage aucun.

Ce n'est pas faute de soins pourtant aux Pamplemousses. Jusqu'au cœur de la nuit, Poivre file au jardin pour contempler “ses” girofliers et muscadiers, compter les nouvelles feuilles et espérer des fleurs.

Pourvu que tout cela pousse bien ! Pourvu que les autres colons… Pourvu qu'une maladie n'aille point… Que les ouragans de l'été ne détruisent pas tout…

Françoise, épouse modèle, doit quand même ronchonner, dans son grand salon vide : son diable de mari est plus agité encore qu'avant sa réussite.

En juin 1771 - le temps d'un aller-retour de courrier : un an... - Poivre reçoit les félicitations du duc de Praslin : "*Sa majesté a reconnu que le succès de cette entreprise était principalement dû à votre zèle, à vos connaissances, et au plan que vous en avés donné*".

Il y a une belle promotion à la clé : voici notre homme "chevalier du Roi" (anobli, donc !) ; il devient en outre Commissaire général de la Marine, Commissaire pour Sa Majesté et ordonnateur ! Il continue bien sûr à faire fonction d'intendant aux îles : il y a tant excellé.

Les autres héros de l'aventure n'ont pas été oubliés. Trémigon et d'Etcheverry, à leur retour en France, ont pris du galon, ce qui se traduit en marine par un bateau plus gros et quelques canons de plus. Gageons que d'Etcheverry, malgré toute sa fierté, a eu une pincée de regret pour la petite *Étoile du Matin*, qui lui a si bien porté chance.

Promotion aussi, et des plus flatteuses, pour Provost. L'ex-scribouillard se voit bombardé Commissaire de la Marine, avec six mille livres de traitement par an. La lettre du duc de Praslin signifiant cette récompense souligne que Provost touchera sa pension, qu'il travaille ou non en tant que commissaire ; on en souhaiterait autant à tous les écrivains...

Cela ne suffit pas cependant à rassurer Poivre. Le terroir mauricien n'est pas aussi bon qu'on l'espérait. C'est un sol volcanique, pourtant, comme aux Moluques. Mais on est au ras du tropique du Capricorne, dans un climat beaucoup plus frais. Et les épices ne réussissent pas bien, même aux Pamplemousses. Les germes jaunissent et tombent.

Un jour il a trop plu, le lendemain c'est la sécheresse. Et tous les soins des jardiniers n'y peuvent mais : le carré Turgot, pourtant si bien engraissé, arrosé tous les soirs, a des allures de lendemain de bataille. N'y survivent que quelques plants. Chez les autres planteurs, c'est pire encore : tout a péri.

Il faudrait essayer d'autres endroits. Le jeu des alizés sur le relief de l'île crée des microclimats, dont certains sont peut-être plus favorables. Et, surtout, il y a Bourbon la voisine, dont les montagnes considérablement plus hautes arrêtent les nuages sur la Côte au Vent et font du littoral sud-est une serre formidable, explosant de verdure. Les Bourbonnais en outre se montrent plus efficaces agriculteurs que leurs cousins de l'Ile de France. Il est vrai qu'ils n'ont guère autre chose sur quoi bâtir leur avenir, faute de port et de grand espoir militaire ou commercial.

Bourbon donc... Mais il faudrait d'autres épices : il ne reste au bout d'un an et demi qu'une demi-douzaine de girofliers et à peine plus de muscadiers de la si belle chasse, tant la mortalité a été catastrophique.

Le chevalier Poivre - qui signe maintenant *"Le Poivre"* ses ordres et messages - invite le commissaire et disciple Provost en son jardin dépeuplé, histoire de mieux lui faire saisir le problème.

Provost, depuis sa promotion, s'est quelque peu embourgeoisé : il a acquis des terres, pense fonder une famille. Cela ne l'empêche pas de s'embarquer à nouveau sur les idées de Poivre. Oui, il faut faire quelque chose, et d'urgence, pour sauver la vocation épicière des Mascareignes. Bien sûr, il est d'accord pour retourner aux Moluques. On n'est tout de même pas rouillé, à quarante-trois ans !

Une belle occasion se présente, justement.

Des scientifiques en tous genres font fréquemment

escale à l'Ile de France. On a eu l'astronome Le Gentil qui y a attendu huit ans le passage de Vénus devant le Soleil. On a eu Bougainville qui a déposé ici des brassées de plantes rares à son retour *"d'Otahiti"*. On a Commerson, cet illustrissime botaniste, débarqué de l'expédition Bougainville et qui mourra dans l'île. On a eu Surville, Marion-Dufresne, les chevaliers de Kerguelen et de Tromelin, tous grands explorateurs de mers ayant choisi le Port-Louis pour base ou pour escale. On a même eu un authentique Tahitien, le prince Aoutourou, embarqué par Bougainville au cours de son voyage puis rapatrié pour raisons humanitaires (il a succombé à l'Ile de France, hélas, sur le chemin du retour : petite vérole).

Et il se trouve qu'on a en cette année 1771 un autre fameux voyageur, futur auteur d'un des plus grands succès de la littérature géographique du temps : Pierre Sonnerat, à bord de la corvette *Le Nécessaire*, est en escale sur la route de l'Indonésie. Il en reviendra avec la matière d'un *Voyage à la Nouvelle-Guinée* qui révélera au monde tous les secrets de la navigation en ces eaux.

Coïncidence des plus heureuses, et en laquelle Poivre ne peut voir qu'un nouveau sourire du destin : Sonnerat est Lyonnais et petit parent de Françoise. L'intendant ne peut par conséquent que s'entendre avec lui : l'explorateur fera d'une pierre deux coups, en allant voir de plus près les sauvages de Nouvelle-Guinée, et en rapportant les épices des Moluques. Double gloire, double bénéfice, Sonnerat ne se fait pas prier.

Pour ajouter du poids à ses demandes, Poivre adjoint au *Nécessaire* une frégate petite, mais neuve, *L'Isle de France*, construite dans les chantiers du Port-Louis auxquels il a redonné vie. À bord de *L'Isle de France*, un excellent marin, le capitaine-chevalier de Coëtivy, qui laissera son nom à une île des Seychelles.

Les deux navires quittent le Port-Louis au milieu de l'année, pour le circuit habituel qui mène d'abord à Manille. Échange de marchandises, ravitaillement, radoub : le 28 décembre 1771, la mousson pousse les deux bateaux plein sud.

Recommence la périlleuse navigation au cœur d'archipels mal connus. C'est que Sonnerat, soucieux de rapporter de bonnes cartes, veut tout voir. On frise la catastrophe dès le départ : les deux bateaux n'évitent que de justesse les récifs de Panay, dans les Philippines centrales. Après une courte escale en son port "d'Antigue" (Antigua), ils repartent vers l'équateur et Zamboanga, dans l'île de Mindanao. De là, Le Nécessaire fait un petit crochet vers Jolo, où Poivre entretient scrupuleusement l'amitié avec le sultan local : bien que vierge d'épices, Jolo reste une bonne base arrière, à trois jours des Moluques.

Le 9 février 1772, enfin, droit vers l'archipel et la première Moluque, "Tagotanda" (Tahulandang), une île éloignée, au nord-ouest de Halmahera. Cette escale est un pari : il n'y a en principe pas d'épices dans ces îles du nord. De fait, les quelques hommes envoyés à terre rentrent en secouant la tête : ce petit bout de caillou ne produit plus rien de bon depuis au moins un siècle.

Cap au sud-est donc, puisqu'il faut tout risquer à nouveau. Et le 20 février, après un prudent contournement de Halmahera, très au large, les deux bateaux mouillent devant Gebe.

Les trois coups de canon tirés par *L'Isle de France* sont presque de trop : l'apparition des pavillons blancs a suffi à mettre en ébullition tout ce que l'île compte de gens valides. Les amis français sont revenus, et avec plus de forces !

La mer en un instant se couvre de pirogues, et c'est dans une de celles-ci, sans façon, que Provost embarque pour aller retrouver son ami le roi. Embrassades et cadeaux...Mais le roi a l'air soucieux :

— Il y a deux senaus hollandais qui croisent dans la région...

Conseil de guerre immédiat à bord de *L'Isle de France* et du *Nécessaire* : que fait-on ?

Pour une fois, les chefs indigènes ne poussent pas au conflit. Sans doute le roi de Gebe a-t-il senti que ses plantes intéressent les visiteurs infiniment plus que sa liberté.

Cela ne l'empêche pas d'aider Provost et les siens :

— Rester en rade de Gebe est trop risqué. Je vous conseille d'aller pour quelque temps à Poulo Faox : personne n'y passe jamais.

"Faox" est un îlot voisin. Il n'y pousse pas d'épice, mais l'endroit pourrait servir de base, tandis que comme la fois précédente les indigènes partiront en chasse.

Sonnerat et Coëtivy donnent leur accord et les deux bateaux glissent d'une île à l'autre. On les serre au plus près du rivage et, comme il n'y a pas de port, les Français construisent avec l'aide des indigènes un petit village sur un coin de côte défriché et même un embarcadère "pour charger les effets du roi".

Pendant qu'ainsi on scie et lie, les bateaux partent chacun à leur tour en mission d'exploration. C'est d'abord *Le Nécessaire*, avec Provost à bord, qui pique vers les îles "Vadar" (Poulo Waigeo). Scénario classique :

— Nous n'avons pas d'épices ici sur la côte, disent les chefs après les échanges de cadeaux, mais nous pouvons aller en chercher dans l'intérieur...

Provost leur donne "tous les instruments nécessaires pour lever ces plants" et rentre. Il trouve un émissaire du roi de Gebe qui l'attend sur le débarcadère :

— Revenez vous installer chez nous. Vous y serez tellement mieux !

Provost n'hésite pas : son action sera plus efficace à partir de Gebe. Il y sera plus gâté aussi...

Il profite donc d'une mission de *L'Isle de France* pour se faire débarquer. Forte émotion, au moment où la frégate approche du village : un croiseur hollandais apparaît au large ! Mais les Français ont décidément la chance avec eux : la petite *Isle de France* se confond avec la côte, elle n'est pas vue.

Tout de même, cela montre à quel point le danger est proche et Provost, tandis qu'on lui bâtit *"une case honeste"*, presse son ami le roi d'accélérer les choses.

— Il faut que vous fassiez comme la fois précédente le tour des îles voisines : à Batanta peut-être, ou à Poulo Moar, vous trouverez votre bonheur...

Voici donc *L'Isle de France* et Coëtivy repartis pour une promenade d'autant plus périlleuse que le gros temps se lève soudain, malmène furieusement la frégate et lui fait voir de près les dents blanches des récifs. Consolation : cela a peut-être incité les Hollandais à rentrer au bercail.

La mer comme d'habitude se couvre de "préaux" (prahos : pirogues) quand *L'Isle de France* arrive en rade de Poulo Moar. Salutations, transactions. Les épices sont chères à Moar.

— C'est parce que nous devons aller les chercher en terre voisine avec laquelle nous sommes en guerre, explique le roi local.

— Eh bien allez-y, et vite ! soupire Coëtivy.

Cela fait un mois qu'on traîne dans la région pour ne rien récolter.

Part alors au large une armada de guerre - soixante

pirogues, un bon millier de rameurs - tandis que Coëtivy, comme d'Etcheverry avant lui, ronge son frein.

Il est à demi-fou d'impatience et sur le point de partir quand, trois jours après, revient l'expédition. Elle rapporte *"une grande quantité de Muscadiers mais pas un Giroflier, quoiqu'ils eussent promis"*.

"Ils pensaient tromper et qu'on ne connoissoit pas du tout l'adifférence de l'un et de l'autre arbre", expliquera Provost : toutes les îles ne sont pas Gebe.

Colère de Coëtivy :

— Je n'ai que faire de vos muscadiers ! Ce sont des girofliers que je veux !

Les piroguiers rembarquent leur verdure en maugréant : que va devenir le commerce si les étrangers se mettent maintenant à devenir experts en botanique ?

Cependant est arrivée, avec les chasseurs d'épices, une pirogue toute chamarrée, qui a piqué droit à terre. Coëtivy apprend bientôt qu'il s'agit de l'embarcation de la reine de Batanta, et qu'elle l'attend au village. Il n'ignore pas à quel point Batanta a contribué au succès de la première expédition française et se rend dans l'instant à la convocation.

On ne sait pas hélas si la reine de Batanta était jeune et belle ni comment se déroula l'entrevue. Rêvons de bijoux barbares sur une peau couleur de miel, et de guerriers en armes aux portes de la case...

L'essentiel n'est d'ailleurs pas là. Au capitaine français qui lui offre respectueusement une pièce de taffetas peint (pour s'en faire un jupon ?), elle apprend que son mari le roi est momentanément retenu par une révolte dans un de ses territoires. Mais dès qu'il aura fini de massacrer les dissidents, ce qui n'est l'affaire que de quelques jours, il se mettra comme jadis à disposition de ses amis. Coëtivy se confond en remerciements. Sa Majesté moluquoise lui offre, pour sceller leur accord, du bétel à mâcher, ce qui est nettement moins poétique que ce que nous rêvions plus haut : la rencontre du capitaine et de la reine lointaine s'achève dans le jus rouge des crachats rituels.

L'Isle de France est à peine rentrée à Gebe que débarque effectivement un vieux complice : le prêtre Bagousk, chef de l'expédition qui, deux ans auparavant, combla Provost de plants. La reine l'a envoyé sans attendre que la guerre fût finie.

Gêne de Provost, sans doute, pour expliquer que le si beau cadeau a lentement dépéri. Mais il est des arguments qui coupent court à toute conversation : fouillant dans ses “effets de traite”, Provost en extrait trois superbes présents, l'un pour Bagousk lui-même, l'autre pour son maître de Batanta, le troisième pour le roi de Maba qui a promis son aide.

— Je reviendrai avec plus d'épices encore que la dernière fois, promet le “grand prêtre de la Loi de Batanta”.

D'autres ambassades se succèdent dans les jours qui suivent : Gebe devient pour quelques jours capitale internationale. Y débarquent d'abord plusieurs chefs des îles voisines, puis le roi de Batanta, tout frais sorti des combats et fier de sa victoire. Il est accompagné de son fils et d'un “Prince de Lidor”. Et le lendemain c'est un plénipotentiaire de “l'empereur de Salvaly” (Poulo Salawati) qui débarque : Gebe n'a jamais reçu autant de visiteurs.

Cette ébullition, hélas, a d'inquiétantes conséquences : Provost apprend que les Hollandais ont été informés de

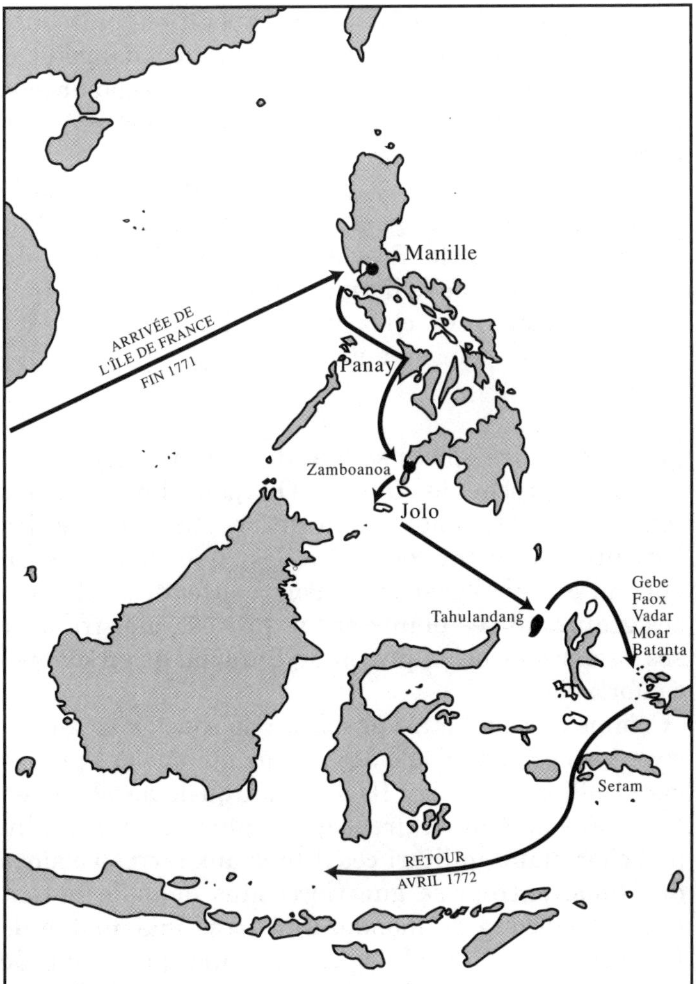

Le second voyage de Provost : des muscadiers et des girofliers par milliers, la quête est terminée, Monsieur Poivre sera content...

sa présence, qu'ils montent une expédition, puissante de plusieurs navires. Tout cela devient bien dangereux.

— Ne vous faites pas de souci, lui disent en chœur tous ces rois rassemblés : s'il y a combat, nous mettrons nos forces à votre disposition.

Le roi de Salawati propose à lui seul trois mille hommes, soixante pirogues et toute son artillerie. Mais le dernier souci de Provost est bien de casser du Hollandais : comme la dernière fois, il veut prendre ses épices et retourner chez lui. La décolonisation des Moluques sera pour un autre jour.

Cependant les épices se font désirer et le temps qui passe rapproche le danger. On peut imaginer les inquiétudes du chef d'expédition, tandis que les bateaux se cachent contre les îles : que survienne un ennemi et finie l'aventure ! Poivre attendra mille ans ses graines et ses plants et lui, Provost, moisira avec ses camarades en la prison de Batavia, qu'on dit peu confortable...

Comme si cela n'était pas assez de souci, voici qu'arrivent les gens de Poulo Moar, ceux qui avaient promis des girofliers à Coëtivy. Ils n'ont que quelques plants en fort mauvais état et tirent grise mine : il leur a fallu arracher manu militari ces arbres aux terres voisines de Maba, entreprise guerrière dans laquelle ils ont perdu beaucoup de monde. Embarras imaginable de Provost : le roi de Maba est un allié qui risque de s'offusquer de ces méthodes brutales ; les “effets de traite” apaiseront-ils les esprits ?

Le lendemain justement un groupe de pirogues apparaît et stoppe à deux encablures du rivage. Un émissaire descendu à terre annonce la visite du roi de Maba ; la vie n'est décidément pas monotone à Gebe.

Provost hésite cependant à faire aligner sur la plage ses marins au port d'armes, friandise honorifique dont raffolent ses hôtes : le roi qui tangue au large n'a pas l'air très royal. Ses collègues présents ne le reconnaissent d'ailleurs pas. Il est vrai qu'à distance, on ne voit qu'un bonhomme tout chamarré, assis à l'ombre d'un capot de branchages.

L'émissaire fait plusieurs fois l'aller-retour entre le rivage et la pirogue prétendument royale : le protocole tarde à s'instaurer et son maître s'impatiente dit-il. Mais Provost tient bon. Finalement, l'homme accepte de débarquer sous haie d'honneur réduite. Il file directement vers la case de Provost, sans saluer les chefs des îles voisines ; attitude pour le moins curieuse, qui éveille le soupçon.

Cet étrange individu semble pourtant bien informé. Il fait un compte rendu précis à Provost de ses précédentes tentatives et lui dit qu'il a vu le grand prêtre Bagousk. Et de fort près :

— Il m'a rendu visite à Maba soi-disant de votre part. Mais il était porteur de biens vous appartenant. J'ai fait mettre ce voleur en prison !

Provost n'y croit guère, mais on ne sait jamais, en ces îles bouillonnantes. Et si Bagousk est prisonnier, c'en est fini du dernier espoir. Le commissaire de Poivre achète donc, au prix fort, les maigres plantes qu'apporte son visiteur et le renvoie d'urgence, avec pour mission de délivrer Bagousk. Pourvu qu'on ne l'ait pas massacré entre-temps...

Mais nous avons vécu la suite, au début de ce livre : Bagousk, qui n'a jamais été emprisonné, arrive cinq jours plus tard, le 29 mars 1772, au son des “trimptanes” et de la mousqueterie, avec le vrai roi de

Maba, quarante immenses pirogues, deux mille hommes. Et des centaines de plants de muscade et de girofle.

La chasse est bien finie.

Le 1er avril arrivent encore des plants et des tortues de mer de deux cents kilos, qu'on échange contre quelques brasses de toile. Utiles, les tortues : elles fourniront de la viande fraîche pour le retour.

Pendant trois jours, on embarque la précieuse et fragile cargaison. Provost, en comptable scrupuleux des intérêts de la Compagnie - en bon disciple de Poivre aussi - récupère également les “effets de traite” qui n'ont pas été dépensés : pas de cadeau exagéré aux indigènes des Moluques.

On peut se demander pourquoi ceux-ci, avec une belle constance, ont aidé les Français, au risque de subir de sérieuses représailles de la part de leurs maîtres. Les chefs n'étaient pas sots et devaient bien se douter que la seconde aventure se terminerait comme la précédente : ils pouvaient bien arborer le drapeau du roi Louis, la France se souciait peu de leur sort.

Pensons aussi que les Français ne furent pas seuls en ces eaux : d'autres navigateurs franchirent en ces temps le barrage hollandais. Pourquoi ces Moluquois risquèrent-ils la guerre pour donner des girofles à la France et pas à l'Angleterre, par exemple ? Il faut bien supposer ici, comme dans les expéditions de Poivre, que la valeur personnelle des hommes fut pour beaucoup dans leur succès. Si d'Etcheverry n'avait été si subtil, Provost si diplomate, Coëtivy si entêté, rien n'aurait réussi. Peut-être faut-il mettre tout simplement la réussite de la chasse aux épices sur le compte de la gentillesse ?

Le 6 avril 1772, les cales sont pleines et Provost prend congé de ses amis de Gebe et de tous ces rois qui se sont dérangés - et exposés - pour lui. Voiles hissées, *L'Isle de France* et le *Nécessaire* appareillent, sous les ovations de toute l'île.

Les amis français aux grands bateaux reviendront-ils ?

Jamais.

Et la France a oublié les Moluques. Elle ne sait même plus où elles sont : l'archipel n'est plus d'aucun intérêt depuis que son trésor s'est galvaudé de par le monde.

Merci quand même, empereur de Salvaly, rois de Gebe, de Maba et de Batanta, prince de Lidor, chefs de Poulo Moar et autres îles, de nous avoir tant donné en échange de si peu...

Le 2 mai, les navires passent les détroits et entrent dans la mer libre. Le 4 juin, ils mouillent au Port-Louis, *"avec leurs trésors et leurs richesses"*.

Cette fois, c'est assez : l'Ile de France est plus qu'abondamment pourvue en épices des deux sortes. Le monopole hollandais est bien brisé.

Et M. Poivre, toutes missions accomplies à cinquante-trois ans, peut enfin se reposer...

26

Le départ

Le 16 juillet 1772, l'intendant Poivre écrit une lettre triomphale à son ministre : Provost et Coëtivy lui ont rapporté plus de quarante mille noix de muscade bonnes à germer, des centaines de muscadiers et de girofliers, plus des graines de girofle !

Plus question cette fois de règlement protectionniste : Poivre est de plus en plus convaincu que l'avenir des épices ne se jouera pas qu'à l'Ile de France. Il gardera cependant une préférence pour le pays où il aura été aussi heureux : bien des années après sa retraite, il regrettera que "la négligence des colons" n'ait pas fait de l'île la seconde Moluque qu'il avait rêvée.

Ses précieux plants sont à peine en terre qu'il se soucie de l'avenir. Car c'est décidé, cette fois : il s'en va. Françoise et ses deux filles ne l'ont que trop peu vu en ces cinq années de travail et il est temps qu'ils jouissent tous d'une bonne vie en famille. Il a cinquante-trois ans, tout de même, et peut aspirer au repos.

Il se préoccupe d'abord - évidemment - de la pérennité de ses épices. Sur ses ordres est imprimée une notice fort détaillée sur la culture du muscadier et du giroflier. On y trouve tout sur les soins des arbrisseaux, la fumure de la terre, les coupe-vent, l'arrosage ; on y trouve surtout les erreurs à ne pas faire : l'intendant n'a pas envie de devoir renvoyer Provost en chasse. Le pourrait-il d'ailleurs ? La santé de ce dernier s'est altérée à la suite de son dernier voyage. Poivre ne le sait pas, mais son si efficace agent n'a plus que quelques années à vivre.

Pour veiller sur ses protégés quand il sera parti, Poivre se cherche donc un second héritier : Provost avait été le disciple sur mer ; il faut maintenant un élève terrien, capable de soigner au mieux les Pamplemousses.

L'élu se nomme Jean Nicolas Céré. Il s'enorgueillit d'une biographie tout à fait étonnante : fils d'un officier d'origine italienne installé à l'Ile de France, lui-même né dans l'île, Jean Nicolas enfant est envoyé en France à l'âge de cinq ans pour raison de santé ; longue croisière, qui passe par les Antilles. En cours de route, le capitaine, à qui l'enfant avait été confié, meurt ; on ne sait plus, à l'arrivée, qui est ce petit ni à qui le confier... Jean Nicolas, que ses parents pensaient mort lui aussi, passe six ans chez des paysans charitables, jusqu'à ce qu'on le retrouve enfin.

Cette entrée rocambolesque dans la vie ne l'empêche pas de faire de brillantes études au collège de Vannes. À l'âge des choix, le vent de l'aventure se remet à souffler : Jean Nicolas sera officier comme papa. Belle carrière : le voici bientôt major aux Indes, héros de deux campagnes et couvert de gloire ! Mais le père se fait vieux, il faut gérer les terres familiales. Céré rentre alors en son île natale, non sans avoir appris la botanique en route pour être meilleur colon.

Le gaillard, on le voit, est loin d'être ordinaire. On comprend l'engouement de Poivre : il a choisi une fois de plus un homme à son image.

Ayant élu son successeur à Mon Plaisir, Poivre prend sa plus belle plume pour écrire le 25 août 1772 sa lettre de démission. Praslin comprendra. D'ailleurs il y avait du remplacement dans l'air : l'intendant a déjà “usé” (ce n’est pas un vain mot) deux gouverneurs et on parle d’un troisième, qui arrivera bientôt.

Sa lettre à peine partie, Poivre se met en devoir d'assurer l'avenir de ses chers Pamplemousses.

Il a bien réfléchi à la question. Céré n'est pas pauvre, ayant fait de belles campagnes qu'il a terminées avec le grade de major d'infanterie. Il a trente-cinq ans, est homme d'expérience et l’on peut supposer qu'il s'occupera bien de la propriété.

Pourtant Poivre hésite à vendre celle-ci à un particulier : qui sait quelle lubie peut passer demain dans la tête d'un homme ? D'ailleurs une bonne partie du patrimoine de Mon Plaisir est d'essence coloniale, puisque pendant cinq ans, Poivre s'en est servi comme jardin d'acclimatation. C'est donc à la colonie que doit revenir le domaine. Choix malheureux : finie l'époque des grands botanistes, la colonie si généreusement dotée laissera dépérir le beau jardin. Mais des particuliers en eussent-ils mieux préservé les richesses ? Quand vint la folie de la canne à sucre, on coupa tant d'arbres centenaires...

Pour emporter l'accord de son ministre, Poivre casse les prix : il revendra Mon Plaisir pour 38 400 livres, somme exacte qu'il a payée il y a cinq ans.

Il ne tient pas compte des innombrables travaux effectués dans le jardin et la demeure, du mobilier, des aménagements, bref de tout le temps et de tout l'amour investis dans la propriété. Versailles acceptera, évidemment, et autorisera le chevalier Le Poivre à vendre pour la somme susdite ses terres et immeubles au nouvel intendant Maillart-Dumesle, son successeur.

Il est intéressant de faire une petite escale, avant que s'en aille le maître, dans cette grande propriété de Mon Plaisir.

Elle reste aujourd'hui une des plus belles attractions touristiques de l'Ile Maurice et un des plus célèbres jardins tropicaux du monde, bien qu'elle ait été amputée au fil des siècles d'une bonne moitié de sa surface, au profit de la canne. Cependant, les ajouts botaniques opérés par Céré et quelques-uns de ses successeurs les plus dynamiques, la restauration du bâtiment, la suppression de certaines annexes ont rendu l'endroit fort différent de ce qu'il était en 1772.

“L'habitation”, au temps de Pierre Poivre, est une belle surface à peine ondulée de deux cents quatre arpents et seize perches (près de sept hectares) bordée par la rivière des Pamplemousses, à deux pas de l'église Saint-François.

Au visiteur de l'époque, le terrain apparaît en bonne partie boisé des restes de la forêt sauvage qui recule à grands coups sous la hache des défricheurs. Une allée rectiligne part de la route royale, devant l'église, et traverse, depuis un simple portail de pierre, ce fouillis végétal jusqu'à une grande clairière où trône la maison.

Sur la droite, le long de la rivière, une autre clairière, toute en longueur celle-ci : c'est là, dans les terres les plus grasses, que Poivre acclimate le meilleur de ses plants. Mais le curieux en trouverait d'autres en les lieux les plus incongrus : les vieux “bois noirs” de la forêt servent d'ombrelle à des tiges délicates venues de l'autre bout du monde.

Car c'est là la curiosité principale de l'endroit : un sanctuaire végétal érigé à l'honneur de tous ceux qui ont risqué leur vie - et l'ont perdue parfois - à parcourir les mers.

Dès avant Poivre, des colons éclairés avaient commencé à acclimater des plantes exotiques (le mot étant à prendre dans son sens le plus large). Ainsi un certain Le Juge, originaire de Segrais (Seine-et-Oise), conseiller vétéran, commandant du quartier des Pamplemousses, et qui en sa demeure de Mon Goût, à une demi-lieue de Mon Plaisir, introduisait, dès les années 1750, des arbres fruitiers d'Europe. Ou encore Joseph François Charpentier Cossigny de Palma, créole né à l'Ile de France d'un officier du génie et qui, en sa propriété de Palma, sur les plateaux de l'intérieur, acclimata entre autres l'abricotier du Cap-Vert, l'encens et la canne à sucre.

Aucun cependant n'eut la pugnacité - et les moyens ! - de l'intendant Poivre. Ni donc ses résultats.

À peine fut-il en place que Poivre sollicita l'appui officiel de la Compagnie et l'aide des capitaines de passage pour enrichir la flore de l'Ile de France, et par extension celle de Bourbon.

Il faut dire que les Mascareignes étaient particulièrement bien placées pour ce rôle d'escale botanique, étant situées, par le jeu des alizés, aussi bien sur la route du retour des Indes que sur celle de l'Indonésie et du Pacifique. C'est ainsi que Bougainville y déposa sa bougainvillée, que Provost rapporta entre autres espèces l'anone (*Anona reticulata*) de son second voyage aux Moluques et que le naturaliste Commerson fit don aux îles de l'hortensia qu'il avait remarqué en Chine.

Ajoutons qu'une réelle confraternité régnait entre tous les botanistes plus ou moins amateurs de l'endroit et qu'on s'échangeait volontiers boutures, plants et semences, afin de mieux faire fructifier les espèces nouvelles.

Cette verte passion, qui dura un bon siècle, n'eut pas que d'heureuses conséquences : certaines essences s'évadèrent des jardins et allèrent concurrencer les plantes locales en leurs écosystèmes. Et si le moindre fourré est farci, à Maurice ou à la Réunion, de ronces en tous genres, c'est bien parce que d'imprudents expérimentateurs les y ont introduites...

Il y a tout de même beaucoup plus de plantes utiles que de pestes végétales dans l'impressionnant catalogue du jardin de l'intendant Poivre.

L'énumération de toutes les espèces rassemblées en cinq années de gestion vigoureuse prendrait vingt pages écrites serrées, et va de l'abricotier d'Amérique au zédonaire, espèce bizarre dont nous offrons le nom aux cruciverbistes.

Le curieux fait dans ce jardin le tour du monde à chaque pas : l'amaranthe rouge du Bengale y voisine avec l'anis à feuilles pinnées des Moluques, le badamier des îles Seychelles, le basilic de France, le buis de Chine, le café de Moka, le cannelier de Ceylan, le calebassier du Brésil, le citronnier de l'île de Combava (sans doute Kumbakale, en Indonésie), l'évi “d'Otahiti”, le filao de Madagascar, l'héliotrope du Pérou, le mambolo des Philippines, l'oranger du Mozambique, celui du Brésil et celui de Surate (en Inde du Nord), la patate de Cadix et la tubéreuse de Goa...

Quant au poète, il peut pêcher d'étranges végétaux dans cet inventaire à la Prévert : belle-dame et sensitive, songe et angélique côtoient le bonnet carré, le bouquet-tout-fait, la langue de cerf et le bois puant. Dans les carrément bizarres, citons pour finir l'arbre à savonnette et le rétrécissant de Madagascar (l'histoire ne dit pas, hélas ! ce qu'il rétrécissait), la pomme d'amour (qui n'est qu'une tomate) et cette essence locale baptisée, on ne sait pourquoi, le spermatique.

Parmi toutes ces plantes cueillies aux quatre coins du monde, certaines, fort précieuses, doivent directement leur introduction à Poivre, soit qu'il les ait rapportées lui-même (comme le riz pérenne de Chine), soit qu'il les ait commandées à des capitaines en mission d'exploration.

Au nombre des plus utiles, le rima, une espèce d'arbre à pain venue de Tahiti, qui ne remplacera jamais le vrai pain ni le riz dans les habitudes alimentaires locales, mais continue de nos jours à fournir d'excellents beignets et la base de soupes onctueuses. On doit aussi à Poivre un mûrier de Madagascar, le thé de Chine, le bois de campêche, diverses variétés de cocotiers, de dattiers et de manguiers, le quatre-épices, le chêne d'Europe, le pommier et le pêcher (qui ne réussiront guère), l'avocat des Antilles, le sagoutier des Moluques (prisé ici pour la beauté de ses palmes ; mais là-bas il est un des principaux aliments), le savonnier de Chine, le mangoustan, le maran de Jolo…

Le lecteur nous pardonnera cette longue promenade dans les allées de Mon Plaisir : elle était nécessaire pour qu'il puisse mesurer quelle somme de passion a été investie dans ce trésor végétal.

Poivre, on le devine, y a passé plus de temps qu'en sa demeure, pourtant fort agréable. L'état de l'outillage, qui décompte les pioches par dizaines et les “râtissoires” par brassées, souligne d'ailleurs qu'on a beaucoup transpiré dans ce jardin modèle : les esclaves ont fait du bon travail, sous la houlette paternelle mais ferme de leur maître. Car, ne l'oublions pas, la force motrice, et pour longtemps encore, reste celle de gens aussi exotiques que les plants qu'ils soignent, arrachés aux deux côtes d'Afrique, à Madagascar et à l'Inde…

Entourée d'esclaves elle aussi, mais aux mains

propres ceux-là, la jolie Mme Poivre a pour royaume la maison et le petit jardin d'agrément qui l'entoure.

La vieille demeure de La Bourdonnais a été fort améliorée par l'intendant mais garde des dimensions modestes. Elle adopte le plan symétrique des maisons coloniales : au centre un grand salon, qui s'ouvre par devant sur une galerie à colonnes, la varangue ; le salon donne des deux côtés sur deux chambres (à l'arrière) et deux cabinets (à l'avant), parfaitement semblables.

Ce n'est pas très pratique à meubler puisque chaque cloison est crevée d'une porte à double battant, mais la multitude des ouvertures et leur orientation sur les quatre façades permet d'intelligents dosages des courants d'air : il fait frais dans les cases créoles, même au plus chaud de l'été.

Tout cela s'agence sous un toit à quatre pans couvert de bardeaux. Pas de grenier ni de cave, mais une terrasse épaisse qui élève la demeure au-dessus des terres ; on y accède par une volée de larges escaliers : plus ceux-ci sont hauts, plus le patron est riche.

Pas d'eau ni de feu non plus en cette maison de bois. La cuisine se prépare dans une cabane annexe sise à prudente distance, dont la fumée s'échappe tout bonnement par la porte. Quant à la salle d'eau, elle reste à inventer : on s'asperge pour l'instant avec le contenu d'une bassine ; seul le visage a droit à un nettoyage un peu plus approfondi, en face de la "toilette", meuble à bassin sis dans la chambre. Les priorités du temps sont ailleurs et, n'en déplaise au romantique Bernardin de Saint-Pierre, ses héros (et lui-même) ne devaient pas sentir bon tous les jours...

Le mobilier des Poivre est fort modeste. Leur seul luxe consiste, dans le salon, en deux grandes glaces à cadre doré de quatre pieds de large, flanquées de deux chandeliers de cuivre, et un lustre en cristal d'Angleterre, accessoires qui restent de nos jours encore le décor de base des grands salons créoles.

Ne meublent cette pièce qu'une petite table à "*cadrille*" (le jeu de cartes du temps) et une console, plus un canapé et onze chaises. Pas de grande table : ce n'est pas ici qu'on mange, mais sous la varangue, autrement agréable, où s'alignent une table de huit couverts et une autre de quatorze. Il est vrai que la varangue, qu'on peut abriter des ardeurs du soleil par de grands rideaux de toile à voile, domine le jardin...

Les cabinets et les chambres sont garnis de manière fort spartiate : petites tables et "encoignures" (des consoles d'angle) en sont les uniques meubles.

Seul le cabinet de travail de l'intendant, donnant sur la varangue, est un peu mieux loti : on y trouve, outre table et fauteuils, un lit "à la duchesse" où l'intendant sans doute devait faire la sieste, un œil à demi ouvert vers ses plantations inondées de soleil. Détail moins poétique : c'est dans cette pièce aussi que l'inventaire situe la seule chaise percée de toute la demeure...

La chambre de Françoise est la pièce la plus belle : à toute reine tout honneur. Un grand miroir, des rideaux en toile légère, une table à toilette, des chaises dorées et cinq tableaux au mur prouvent que l'intendant n'a vraiment dorloté dans sa vie que ses plantes et sa femme. Il est vrai que celle-ci a dû passer de longues journées seule en cette maison et qu'il lui fallait au moins un endroit agréable.

On se plaît à l'imaginer, dans la douce lumière filtrée par les rideaux, pouponnant sa petite Ile de France nouvellement née. Ou bien, plus à l'ombre, front plissé, penchée sur une console, ciselant une réponse qui ne soit pas blessante au collant Bernardin de Saint-Pierre...

A-t-elle quelque pincement au cœur, Françoise, en quittant à la fin de 1772 cette maison où elle a vécu cinq ans ?

Les départs sont toujours un déchirement, même si on rêve d'un avenir meilleur. Or en l'occurrence, l'avenir, ce sont les rivages brumeux de la Saône, la Freta qui n'a certainement pas la même lumière, des serviteurs évidemment moins nombreux et, beaucoup plus sérieux, la retraite de Pierre : comment le bouillant mari s'accommodera-t-il de l'inactivité ?

Gageons donc que Françoise verse des larmes au moment de quitter son nid tropical, et qu'elle embrasse même ses esclaves les plus proches, comme si elle voulait emporter toute l'île avec elle.

Gageons que Pierre, lui aussi, a l'œil un peu humide en contemplant ses chers carrés où poussent doucement toutes les plantes du monde. Lui qui a tant voyagé ne voyagera plus. Il le sait. Il en souffre.

Consolation : le couple repart enrichi de deux filles, dont l'une porte le nom de l'île. Et Françoise est à nouveau enceinte.

27

La Freta

Accompagnons notre chasseur vieillissant et sa douce Françoise dans leur retraite lyonnaise : ils le méritent bien, eux qui nous ont fait tant voyager ; d'autant que pour Françoise, la course n'est pas finie.

Le décrochage de la vie active est, pour beaucoup de frénétiques du travail, une petite mort. Poivre semble vivre ce tournant avec philosophie, mais il est évident que son retour à La Freta prend des airs d'exil.

L'intendant Poivre est redevenu Monsieur Poivre, à peine enrichi par une vie de labeur, sûrement pas enorgueilli par son titre de chevalier.

Il n'a plus de pouvoir, et guère d'amis en cette France qu'il a si peu fréquentée. Praslin a manifesté une reconnaissance polie pour la mission effectuée aux îles, sans plus : la main des détracteurs de toujours, de ceux qui n'ont jamais cru aux épices, se sent derrière cela. D'ailleurs on le verra, le nouvel intendant Maillart-Dumesle n'aime pas le girofle...

Est-il triste pourtant comme à son premier séjour, Poivre qui retrouve La Freta moisie par six ans d'abandon ?

Il pourrait l'être s'il n'y avait les plantes, s'il n'y avait Françoise, s'il n'y avait ses filles, toute cette vie qui l'entoure. Il a rapporté des graines, des dessins, un herbier : cela fera de la matière à classer et de quoi pondre de beaux rapports pour l'Académie des Sciences et l'Académie de Lyon, dont notre homme fait partie. Plus tard, car pour l'heure, Françoise a besoin de tous ses soins.

Le couple est à peine arrivé à La Freta, en effet, qu'une mauvaise nouvelle tombe : Antoine Robin se meurt, Antoine Robin est mort. Les larmes à peine séchées sur la tombe du beau-père, Poivre se voit offrir, caprice du destin, une de ses dernières grandes joies : le 7 juillet 1773 naît à La Freta la troisième fille que lui donne Françoise, Marie-Marguerite. Non, même à cinquante-quatre ans et oublié de ses pairs, Pierre ne s'ennuie pas…

Il y a encore, pour meubler les longues heures calmes de la propriété, les courtiers innombrables dont Poivre inonde Céré. Comme s'il était encore en ses chers Pamplemousses, l'ex-intendant palpite pour un bourgeon éclos, s'impatiente des lenteurs de la nature, frémit d'angoisse à l'approche de la saison mauvaise. Il n'oublie pas non plus de prouver sa reconnaissance à ceux qui l'ont aidé : à plusieurs reprises il rappelle à Céré de bien affranchir, comme il le lui a promis, son principal jardinier, Charles Rama, et toute sa famille (ce qui ne sera fait qu'en 1776 par le décidément peu coopératif Maillart).

Il y a aussi les courriers à Jussieu et aux collègues de l'Académie des Sciences, qui savent reconnaître Poivre à sa vraie valeur et lisent, eux, ses thèses avec intérêt.

La mort de Louis XV et le changement de ministres accompagnant sa succession tirent cependant notre chasseur d'épices de l'ombre : Turgot, le nouveau ministre de la Marine, ne cache pas sa reconnaissance pour l'homme qui a “donné les épices à la France” ; il est vrai que Céré, enfin, peut afficher des résultats.

Le ministre n'oublie pas les autres artisans de cette réussite : Tromelin, Cossigny, Commerson, Provost et les capitaines. Mais c'est à Poivre que revient l'essentiel de son admiration. Il le reçoit à Versailles, lui fait rencontrer le jeune Louis XVI, qui lui attribue une pension de douze mille livres et lui fait remettre les insignes de chevalier de l'ordre de Saint-Louis.

Ces honneurs ne semblent pas monter à la tête de notre Poivre, qui continue à vivre en patriarche entre La Freta, où il essaie d'acclimater quelques plantes exotiques, et une maison sise à Limonest, qu'il a eu, l'humour d'appeler “La Poivrière”.

Après s'être tant consacré aux autres, il concentre ses efforts sur sa famille. On le verra même relativement indifférent aux “idées nouvelles” préfigurant la Révolution. Non qu'il soit insensible au vent de démocratie qui souffle sur la France : il a assez exprimé son opinion sur les méfaits de la tyrannie pour qu'on sache à quoi s'en tenir à son sujet. Mais l'âge et les ennuis de santé venant, il se tiendra un peu à l'écart de cette bataille. On ne le verra prendre parti ni pour un camp ni pour l'autre ; il est vrai qu'il disparaîtra avant que ces choix deviennent obligatoires.

Un journaliste et homme politique qui devait devenir célèbre - Brissot de Warville, futur chef des Girondins et... futur décapité de 1793 - rendit visite aux Poivre pendant cette heureuse retraite. Ses *Mémoires* nous décrivent un petit paradis familial, auquel Poivre était sans doute loin de rêver quand il avait quitté Lyon, trente ans plus tôt, pour aller “ évangéliser” les Indochinois :

“Poivre, l'ex-intendant de l'Ile de France, me cause un grand intérêt.

Je lui rendis une visite dans sa charmante habitation, située à quelques milles de Lyon, sur les bords de la Saône...

Quelle charmante retraite que celle que possédait ce philosophe aimable ! Un jardin délicieux enrichi des plantes qu'il avait recueillies dans toutes les parties des Indes ; des bosquets, des cascades, des rochers, des grottes, des ombrages. Une foule de perspectives variées et le murmure d'un fleuve tranquille, sur lequel nous retournâmes en bateau : que tout cela me parut enchanteur et digne d'être envié !

Mais ce qui excitait surtout mon enchantement et mon envie, c'était la vue de son heureuse famille. Il n'avait que trois filles et une femme jolie et infiniment respectable par ses vertus et ses aimables civilités.

M. Poivre m'accueillit sans faste, sans cérémonie, sans ce luxe de politesse qui accable et refroidit. Il ne cessa de m'entretenir avec intérêt pendant tout le temps que je demeurai près de lui ; nous fîmes deux fois le tour de son immense jardin. Sa femme n'était point sur nos pas et elle m'en parut plus aimable : je n'aime point ces femmes qui ont l'air de s'intéresser si vite aux étrangers et les suivent partout.

Les jeunes demoiselles faisaient des bouquets pour des personnes qui vivaient familièrement dans la maison ; elles ne songèrent point à nous en offrir et j'en fus également enchanté : il ne faut point que des jeunes filles soient moins discrètes que leur mère, et d'ailleurs il n'est pas bon qu'elles prodiguent les fleurs au premier venu (sic).

Au milieu de cette douce retraite, je croyais être transporté au sein de cet Élysée peint par Rousseau dans son Héloïse. Les habitants m'en paraissaient célestes. La bonhomie, la simplicité du maître, la douceur et l'affabilité de son épouse, la modestie, les agréments de ces jeunes filles, tout m'attachait, me transportait ; il me semblait être au milieu d'une famille patriarcale, j'y aurais passé toute ma vie.

La conversation ne languissait point avec l'homme instruit. Il savait tant de choses, il les savait si bien, et il avait si peu d prétention en les disant !

Voilà ce que je cherchais depuis longtemps dans les savants, dans les philosophes, ce que je n'avais jamais trouvé : la science utile et sans prétention ! Il ne me parla de ses écrits qu'avec la sévérité d'un rival. Cependant il en existe peu qui soient dignes de plus d'éloges pour leur mérite et leur utilité...

Si on met à part les jugements tout particuliers de Brissot sur le rôle de la femme (méditez, mesdames, cet avis qui émane pourtant d'un révolutionnaire et imaginez ce que devaient penser les conservateurs !), voici un tableau idyllique, qui nous montre un Poivre satisfait, enfin récompensé d'une vie de peines, au milieu des siens et de quelques souvenirs de ses lointains voyages.

Françoise doit être contente aussi, puisque son turbulent mari est enfin à portée de sa voix, confinant ses explorations au jardin familial...

Peut-être faudrait-il arrêter là le récit de la vie de Poivre - peu susceptible de complaisance : Brissot a largement prouvé par la suite son franc-parler - et garder de lui cette image à la fin de sa longue course : celle d'un homme tranquille, comblé, heureux.

Il le sera douze ans.

Il est des retraites plus courtes, surtout après une carrière aussi agitée. Mais, peu à peu, l'usure due à tant de voyages, à de si longs séjours en des climats difficiles, aux privations à bord des navires, à la souffrance de n'être pas toujours compris ni aidé, se fait sentir.

La santé de notre homme décline. La goutte le torture, "*s'empare de l'intérieur*" après avoir ravagé les extrémités. Le pire : il est gêné pour marcher, ne peut plus rendre visite comme il le voudrait à ses chères plantes. Heureusement qu'il y a Françoise, égale de caractère, aussi douce et jolie qu'au premier jour, et les trois fillettes qui égaient la maison.

Devant l'aggravation du cas, le médecin de Pierre Poivre lui recommande d'aller passer les hivers en un climat plus sec : ses printemps en seront meilleurs.

Fin 1784, la famille s'en va donc aux îles d'Hyères. Hiver enchanté, sur les bords de cette Méditerranée où il ne gèle pas. Poivre y rêve sans doute, une dernière fois, aux océans lointains où jadis, jeune et vaillant, il filait nez au vent vers mille aventures. La dernière l'attend, il le sait, et sera autrement terrible. Sourions vite à Françoise, contemplons vite les petites : les derniers moments sont si courts et si précieux...

Le séjour dans le Midi n'a pas changé grand-chose. Poivre rentre avec quelques couleurs, mais au bout de quelques mois de Freta, il se met à tousser : "hydropisie de poitrine", diagnostique le médecin de famille. Autant dire condamnation à mort : il n'y a ni sanatorium ni antibiotiques en 1785.

Notre homme – il a soixante-dix ans : en ces temps, c'est plus que l'âge d'un vieillard, c'est celui d'un survivant – s'affaiblit rapidement.

À l'automne 1785, il s'avère impossible de retourner en Provence : Pierre ne supporterait pas le voyage.

C'est donc le dernier hiver qui commence. On n'a pas voulu le passer dans la Freta devenue trop triste mais à la “Poivrière” : on y sera plus près des médecins et des apothicaires lyonnais, plus au chaud également.

Par les fenêtres de sa chambre, Poivre voit peut-être des branches d’arbres décharnées et doit se dire que son si beau jardin, lui aussi, doit être déjà en deuil. Douleur supplémentaire : son aînée, Marie-Antoinette Françoise, est fort malade elle aussi et l’on craint qu’elle ne suive son père au tombeau.

L’homme décline, le prêtre passe.

Que se sont-ils dit ?

La vocation ratée, peut-être, est revenue sur le tapis. Poivre s’est accusé, à cette heure des derniers aveux, d’avoir été si mauvais missionnaire ; mais il a été si bon botaniste que Dieu, c’est sûr, lui pardonnera…

Un signe de croix, quelques mots latins : c’est déjà l’antichambre de l’au-delà. Et la vie continue à ficher le camp, bruyamment, par ces poumons qui ronflent et sifflent, jusqu’à ce matin où tout devient silence…

“Il succomba, dit la préface des *Voyages d’un philosophe*, à l’instant du dégel, avec la même tranquillité qu’il avait gardée toute sa vie, et comme un philosophe religieux qui, ayant toujours été bienfaisant, se confie parfaitement à la bonté du bienfaiteur universel”.

L’histoire pourrait s’arrêter là. Mais Françoise Robin, veuve Poivre, mérite bien quelques lignes de plus.

On l’a vue digne et vertueuse épouse de l’intendant de l’Isle de France, mère de famille “*infiniment aimable*” à La Freta.

Il lui reste à être une veuve forte.

28

La veuve

Un de ses biographes, M. Souriau, a écrit de Françoise Poivre, dont il a longuement étudié les écrits : "*Elle paraît avoir été une personne de tête, très décidée, fort énergique. Ses lettres nous montrent qu'elle était quelqu'un* (le mot est souligné). *Philosophe aussi, mais à sa manière, car c'était une ardente catholique, elle avait l'esprit net et le cœur généreux*".

Cette honnêteté et cette force, que nous avons déjà vues à l'œuvre aux jours romantiques de l'Ile de France, Françoise va continuer à les mettre au service de son mari, par-delà la mort.

Elle a trente-six ans et se retrouve seule avec trois filles dans une propriété trop grande qu'elle n'a pas la force de gérer. Circonstance aggravante : Marie-Antoinette Françoise, sa première née, décline de jour en jour.

Mais Françoise, décidément, est de la même race que son défunt époux. Elle trouve dans le travail l'énergie de surmonter toutes les épreuves.

Dès avant la mort de Pierre, elle lui avait servi de secrétaire, mettant en ordre ses papiers, écrivant aux amis sous sa dictée. Le grand homme enterré, elle se consacre à son souvenir, entretient une correspondance assidue avec Céré, lui envoie des recommandations dignes de Poivre en personne. Elle écrit aussi à Cossigny de Palma, cet autre colon fameux de l'Ile de France, dont l'influence politique va grandissant dans l'île. Elle envoie à Joseph Hubert, efficace planteur de l'île Bourbon et grand admirateur de Poivre, un portrait de son idole défunte.

Elle écrit aussi à l'Académie, aux anciennes relations de son mari pour défendre bec et ongles sa réputation : les ennemis de toujours font courir, maintenant qu'il n'est plus là pour les contredire, de faux bruits sur sa gestion des Pamplemousses.

“Je suis bien indignée des propos injustes et faux qui se tiennent sur ce jardin de Mon Plaisir ; je puis vous assurer que tant qu'il a été entre les mains de mon pauvre mari, il n'a pas coûté un sol au Roy.

Il était cultivé à nos frais et par nos Noirs qui se nourrissaient des produits de l'habitation.

Je désirerais bien que M . le maréchal de Castries fût instruit à fond de tout ce qui regarde ce jardin...”

Elle écrit même à Bernardin de Saint-Pierre, maintenant illustrissime, passant l'éponge sur ses errements de jeunesse pour ne garder le souvenir que de l'humaniste.

On échange bons mots et réflexions sur les îles. On se parle surtout de l'esclavage qu'il faudrait abolir, de l'aide à apporter aux pauvres et aux humbles, du bonheur des hommes, tous thèmes chers au mari disparu, dont Bernardin ne rate aucune occasion d'encenser les mérites : il n'est pas rancunier ; il est vrai que la gloire lui a apporté son cortège de succès féminins et qu'il n'en est plus à courir des proies impossibles.

Jean Cartault, qui a étudié dans le détail la volumineuse correspondance de Françoise, en garde l'impression d'une forte volonté, d'une grande culture et d'un esprit ouvert aux grandes questions du temps.

La veuve Poivre aurait pourtant de quoi se replier sur ses propres problèmes : quelques mois après Pierre, en octobre 1787, sa fille aînée meurt à son tour. Et la gestion de La Freta, qui se fait trop lourde, l'oblige à s'en débarrasser, dès 1788. Hormis la “Poivrière”, où s'attachent de trop tristes souvenirs, elle ne possède plus aucun lieu témoin de sa vie commune avec Pierre.

Alors elle voyage, traînant avec elle Isle de France (plus simplement appelée “France” par les siens : c'est moins lourd à porter) et Marie-Marguerite, dix-sept et quatorze ans, qui continuent d'apprendre, dans le sillage de cette mère dynamique, à regarder le monde, et à essayer de ne pas le juger trop durement.

On la voit à Paris, où elle se démène pour faire éditer de la manière “*la plus digne possible de son vertueux auteur*” les derniers manuscrits de Pierre. Elle y loge parfois chez une parente, parfois chez un vieil ami de son mari, un certain Pierre Samuel Dupont, pour l'heure conseiller d'État. À force de prières, elle persuade même le personnage de s'atteler à une lourde tâche : rédiger la première biographie de Poivre.

À ses tribulations personnelles s'ajoutent les péripéties d'une époque agitée. En avril 1789 elle est à Versailles, en novembre, à Paris : deux escales en Ile de France, à quelques mois d'intervalle, qui lui font mesurer tous les changements en cours. C'est bien toute une époque qui est en train de sombrer.

Françoise est d'autant mieux informée qu'elle fréquente les milieux réformateurs, grâce notamment à ses liens amicaux avec Samuel Dupont : Mme l'intendante est restée un personnage politique, même si elle n'occupe plus les devants de la scène.

Dupont a exactement vingt ans de moins que Pierre Poivre (il n'a donc que neuf ans de plus que Françoise).

Comme Pierre, il est d'extraction bourgeoise, mais a été anobli en 1785 pour bons et loyaux services : c'est lui qui a mis au point, dans l'ombre du marquis de La Fayette, de 1781 à 1783, les traités de paix avec les tout jeunes États-Unis d'Amérique. Depuis, il signe “Du Pont, de Nemours”, du nom de sa ville natale ; la virgule sautera bientôt : c'est ainsi que naissent les particules.

Dupont ou Du Pont est veuf depuis 1785 et l'éducation de ses deux fils devenus grands ne lui prend plus guère de temps. 1789 le voit donc plongé dans la politique jusqu'au cou : il s'embarque comme bien d'autres sur cette grande galère baptisée Liberté, dont plus d'un rameur se perdra en voyage.

Dès le départ, il affiche ses convictions égalitaires : en avril 1789, c'est au collège du Tiers-État, dont il est issu, qu'il présente sa candidature à la Constituante et non à celui de la noblesse, dont il se sent un trop jeune membre. Il est élu à forte majorité par le bailliage de Nemours et participe aux travaux de l'assemblée jusqu'à sa dissolution en 1791. On le voit alors s'acheter un petit atelier d'imprimerie et produire des libelles comme il en paraît tant dans Paris enfiévré.

Réformateur, Du Pont n'en est pas moins loyaliste. Il n'accepte pas que le peuple s'en prenne à la personne du roi et le 10 août 1792, quand la foule assiège les Tuileries, il met spontanément sa plume - faute d'avoir pu le faire avec son épée - du côté des gardes suisses. Représailles : on saccage son imprimerie et Pierre Samuel ne doit lui-même son salut qu'à une fuite éperdue. Des amis le cachent puis il file en banlieue où il se fait passer pour médecin. En novembre, les esprits semblant calmés, il part dans le Loiret où il possède une propriété : il est temps peut-être de se faire oublier.

Mais la Révolution a la mémoire longue. En juin 1794, la milice vient arrêter notre homme : Robespierre, après avoir nettoyé Paris, veut aussi décapiter la province.

Heureusement, la lenteur des communications va sauver Pierre Samuel : on l'a interpellé trop tard et Robespierre passe lui-même à la guillotine (27 juillet) avant l'exécution de cette nouvelle victime.

Sauvé, c'est le cas de le dire, sur le fil du rasoir, Du Pont de Nemours rentre prudemment dans le Loiret où il va goûter les délices de la gloire (il est triomphalement élu membre de l'Académie des sciences morales et politiques) et celles de l'amour.

Car Françoise, qui se croyait trop vieille à quarante-sept ans pour ces émotions, s'est surprise à vibrer pour l'impétueux pamphlétaire. Elle avait aimé en Pierre l'infatigable coureur de mer ; elle admire en Pierre Samuel le courageux défenseur d'une certaine idée de la liberté.

Il est vrai que Françoise avait déjà palpité, par filles interposées, pour de beaux orléanistes : France et Marie-Marguerite sont toutes deux tombées amoureuses de jeunes nobles de province, dont la tête en ces temps n'est pas vraiment assurée sur les épaules, d'autant qu'ils ne se taisent guère et clament haut et fort leur dégoût des méthodes jacobines.

Ainsi Jean Xavier Bureaux de Pusy, qui a épousé la créole Isle de France en mars 1792, était-il cinq mois plus tard en prison avec La Fayette, tandis que sa jeune épouse, enceinte, devait fuir en Alsace la vindicte des guillotineurs.

Jacques de Reverony Saint-Cyr, marié à Marie-Marguerite en 1793, n'a pas eu ces ennuis. Tout de même, le couperet passe fort près, à diverses reprises, des descendants de Poivre...

Françoise se serait-elle déclarée à Pierre Samuel, en des temps plus sereins ? Oui sans doute : on ne l'a pas vue femme à faire de faux-semblants. Et, de veuve fidèle, elle redevient épouse modèle, le 27 septembre 1795 : puisque le nouveau mari est ami de l'ancien, il n'est point besoin de le renier.

C'est ainsi que dans les années suivantes, les Du Pont vont mener une existence partagée entre les hommages dus à l'illustre défunt (la grande biographie est toujours en chantier) et les péripéties provoquées par les audaces politiques de Pierre Samuel. Car le mariage et la relative stabilisation amenée par le Directoire n'ont pas calmé le personnage, qui continue à discourir et écrire contre tout ce qui lui semble excès et atteinte à sa vision de la démocratie.

Il est vrai que le mariage n'avait pas non plus détourné Poivre de ses épices...

Arrive ce qui devait arriver : en 1797, le “jeune” marié (il a quand même cinquante-huit ans !) est à nouveau emprisonné. Il ne risque pas sa tête, cette fois, mais cela ne vaut guère mieux : le Directoire déporte les opposants par fournées vers Cayenne. Fort peu survivent au climat et aux fièvres et les bateaux pour la Guyane ressemblent finalement aux charrettes pour la place de la Concorde : il n'y a pas de voyage retour.

S'il part, à son âge, Pierre Samuel est mort, Fort heureusement, deux avocats de renom interviennent spontanément en sa faveur : Tallien, un des “tombeurs” de Robespierre, et Marie-Joseph Chénier, frère du fameux poète décapité sous la Terreur, auteur lui-même du *Chant du Départ*.

Le poids moral de ces deux révolutionnaires bon teint sauve Du Pont du voyage fatal.

L'acte eût été plus beau encore si Chénier n'était allé jusqu'à dire, pour apitoyer le tribunal, que Du Pont était octogénaire et quelque peu gâteux, ce qui expliquait ses “écarts de jugement” ! Sympathique attention mais description peu flatteuse, qui laisse supposer que le nouvel époux de Françoise faisait plus que son âge. Mais fi des maladresses : seul le résultat compte et Pierre Samuel est sauf... Il n'ira pas voir, à Cayenne, ce que deviennent les épices de feu son ami Poivre.

Il faut partir quand même, ainsi que Bureaux de Pusy, le gendre de Françoise, enfin sorti de prison en même temps que La Fayette : le nouveau gouvernement ne supporte plus les contradicteurs.

Où aller ? La Fayette et son ami Du Pont ont gardé des contacts en cette Amérique qu'ils ont accompagnée sur les chemins de l'indépendance. Va donc pour l'Amérique...

C'est une autre aventure, qui mériterait un autre livre : Françoise, décidément à la pointe de l'action, organise tout, voyage avec : son gendre de France en Hollande, de Hollande au Danemark, à la recherche d'un embarquement. En mai 1799, elle part avec Bureaux de Pusy pour la troisième croisière de son étonnante destinée : sa fille Isle de France est enceinte et ne peut voyager ; quant à Pierre Samuel, il est fort occupé à rassembler la tribu des Du Pont pour le grand départ.

Traversée animée, et digne des odyssées de Pierre Poivre lui-même : le bateau de Françoise est capturé par les Anglais, les passagers interrogés et nos héros ne doivent qu'à leur statut d'exilés la chance d'être libérés.

Sept mois plus tard, Pierre Samuel et la famille agrandie d'un petit-fils rejoignent Françoise et Bureaux à New York. On s'installe à Newport, Rhode Island, où Pierre Samuel a de grands projets. Il jettera, non sans difficulté, les bases d'un empire industriel devenu depuis lors un des plus puissants d'outre-Atlantique.

Amusant de penser que l'esprit d'aventure insufflé par la chasse aux épices y est un peu pour quelque chose...

On les verra revenir en France, où Françoise aura le chagrin, au fil des années, d'enterrer nombre des siens : son gendre Bureaux de Pusy, une de ses petites-filles, sa fille Marie-Marguerite puis Pierre Samuel lui-même, mort en Amérique, loin d'elle (rallié à Louis XVIII, l'infatigable agitateur avait fui au retour de Napoléon) en 1817.

La formidable vitalité de Françoise lui permet de traverser ces nouvelles épreuves. Comme toujours, elle se console de ses peines en aidant plus malheureux qu'elle. Ce personnage hors du commun aura la joie de renouer avec son passé en mariant une de ses petites-filles avec un Charpentier de Cossigny, fils de ce Cossigny émule de Pierre Poivre, et une autre à un La Fayette, héritier de l'illustre ami de Pierre Samuel Du Pont de Nemours.

Son aventure personnelle ne se terminera qu'en 1841, à Paris, où elle s'éteindra à l'âge peu commun pour l'époque de quatre-vingt-douze ans, après avoir connu les deux Indes, le monde de l'esclavage et celui de la liberté naissante, la révolution des idées et celle des techniques, quatre rois, un empereur... et deux maris exceptionnels.

Et tandis que Françoise déroulait le fil passionnant de sa longue vie, les épices de Pierre continuaient à pousser...

29

Les héritiers

La chasse aux épices s'est bel et bien terminée avec Coëtivy et Provost.

Le temps de la culture lui succède. Il aura, lui aussi, ses coups de théâtre, mais avouons que les émotions du planteur n'ont pas le fascinant de celles du marin. Et même le spectacle d'un Joseph Hubert arc-bouté contre son muscadier, en plein cœur d'un cyclone, n'atteint pas le terrible du massacre de *L'Utile* ou le poignant du passage des pirogues, à la pointe de Gebe...

Finissons-en donc rapidement, maintenant que les épices conquises enfoncent bien sagement leurs racines en terre civilisée : la saga fait place aux rapports agricoles et ce n'est pas là littérature très gaie.

Des rapports, l'infatigable Jean Nicolas Céré en pond des kilomètres après le départ de Poivre. Il a eu quelque difficulté, d'abord, pour entrer en fonctions : le nouvel intendant, Maillart-Dumesle, ne partage pas les lubies de son prédécesseur et défend farouchement, contre toutes les épices du monde, la thèse d'une Ile de France productrice de blé et de légumes : "*Monseigneur, en attendant que l'expérience démontre ce qu'on doit attendre pour le commerce des Épiceries de l'Isle de France, Je m'applique à l'approvisionnement de grains nourriciers de manière à la mettre à Labrix de tout évennement sur ce Point Principal et important*", écrit-il à son ministre en 1776. Le ventre avant le palais, en quelque sorte...

Avec Poivre, qui l'a littéralement abruti de recommandations avant son départ et continue à l'inonder de lettres, l'intendant est brutal : "*Avant de partir, vous m'avez entretenu durant des jours entiers de girofles et de muscades ; cela ne vous suffit pas et maintenant vous revenez constamment sur ce sujet. Permettez-moi de vous dire franchement que j'en ai mon soul des arbres à épices et que je considère que vous exagérez l'importance de vos cultures chéries au point de vue commercial*".

Heureusement, Poivre garde des partisans, tant à Vermilles qu'au Port-Louis : on ne tuera pas une seconde fois les épices.

Céré parvient donc à se faire confirmer dans ses fonctions de conservateur des Pamplemousses. Comme beaucoup d'amateurs en cette patiente conquête, il y fera merveille. Les premières récoltes, pourtant, sont bien chétives : faut-il s'enorgueillir des "trois ou quatre clous tombés" de 1775 et de ceux de 1777, "petits, secs et maigres" ?

La vraie récompense arrive cependant: en 1779, on récolte 5 000 baies de girofle dont il lève plus d'un millier de plants. Dès cette année, on en envoie à Bourbon. En 1782, Céré produit 2000 plants et organise des distributions à tous les colons qui en désirent. En 1786, il distribue plus de 10 000 jeunes girofliers, une cinquantaine de muscadiers et 40 000 noix bonnes à planter.

Côté muscade, les choses ont failli tourner mal : Provost avait rapporté cent mille noix de son dernier voyage, dont on avait sélectionné les cinq mille meilleures ; mais de ce nombre juste une trentaine a germé, ce qui portait la pépinière de Mon Plaisir a quarante-six muscadiers seulement, en comptant les rescapés de la première expédition !

La cause en est les ouragans, qui renversent ces arbres trop peu résistants, les sécheresses qui tuent les jeunes pousses ou font tomber les fruits, les rats qui pullulent et rongent les écorces.

Céré ne se laisse pas décourager, soigne, plante, bouture, multiplie. Il cueille ses premières noix en 1778 sur un muscadier planté par Poivre sept ans plus tôt : la culture est affaire de patience.

Cinq ans plus tard, il compte plusieurs centaines de muscadiers "créoles" (issus de noix récoltées dans l'île) et en distribue à Bourbon et jusqu'à Cayenne.

Même Maillart-Dumesle, avant de s'en aller, doit reconnaître la "scrupuleuse attention" de l'héritier de Mon Plaisir. Mais il insiste aussi sur l'impérieuse nécessité de tester les épices en d'autres territoires : "*On pourra en faire passer sans frais, quand les occasions se présenteront, à Cayenne où je crois que le sol, la latitude et le climat seront plus favorables qu'icy, où les insectes, les brises et les ouragans, le climat et la latitude enfin au total ne me paraissent pas propres à assurer cette culture en grand*".

Céré est de son avis, quoiqu'il lui en coûte de devoir reconnaître que son si beau jardin n'est pas le terroir parfait. Mais puisqu'on ne peut s'enorgueillir de tout produire ici, on tirera fierté d'avoir enrichi les autres et, l'année même où meurt Poivre en son hiver lyonnais, son efficace disciple fait le bilan de quinze ans de travail :

"Le Jardin du Roi, depuis sa formation par Mr Poivre, est devenu tributaire, par ses riches pépinières, de Pondichéry, de Goa, des Isles Seychelles, Bourbon, Madagascar, du cap de Bonne-Espérance. Il a aussi enrichi déjà eux fois l'isle de Cayenne et la Guyane française de girofliers, de muscadiers mâle et de muscadiers femelles, de canneliers, espèce de Ceylan, de 24 plants de véritable poivrier blanc de Mahé, de théiers, cardamome, cardamum minus, de rotang, de sagou, vakoas, litchis, roussiats, etc.

Il a aussi procuré divers plants utiles ou intéressants aux Isles de St-Domingue et de la Martinique.... Il a même fourni pour Sa Majesté l'empereur Joseph II, à la demande des chefs de la colonie, un envoi considérable et très intéressant d'arbres et de montres (vitrines d'exposition, inutilisables pour la culture) de nos muscades, de nos girofles et de toutes nos curiosités en ce genre."

La distribution ne s'est pas toujours faite sans heurt, Céré n'étant point généreux de ses graines et plantes, hormis vis-à-vis de Bourbon : le réflexe de la cassette, hérité de Pierre Poivre...

Il a fallu qu'à plusieurs reprises le ministre le tance pour qu'il accepte d'envoyer des épices à Saint-Domingue.

Prudence explicable : la longueur du voyage offre le risque de se voir prendre par l'Anglais, en un seul abordage, ce qu'on avait mis tant de temps à prendre au Hollandais.

Pour ces mêmes raisons, Céré éconduira des envoyés de l'Indien Tipoo Sahib, pourtant fort insistants : l'Inde n'est pas assez sûre pour qu'on y plante "nos" girofles et muscades.

Les expériences sont plus ou moins heureuses selon les pays destinataires. Aux Seychelles, les épices ne réussissent pas mieux qu'à l'Ile de France, bien qu'on ait placé chaque plant sous la protection directe d'un saint du paradis !

Bourbon, en revanche, confirme sa vocation d'île agricole, grâce notamment aux efforts d'un colon éclairé de sa côte au vent, Joseph Hubert.

Grâce à Hubert et à ses pairs, les épices - et tout particulièrement le giroflier - vont faire pendant vingt ans la fortune de l'île sœur. Jolie revanche de la Cendrillon des Mascareignes sur sa brillante voisine. Il faudra en 1804 et 1805 deux terribles cyclones, modestes en vents mais diluviens, pour emporter avec une bonne partie des terres arables le rêve d'épices et le célèbre café de Bourbon, et assurer leur rapide remplacement par la canne à sucre.

Joseph Hubert pourtant n'est pas botaniste de profession - qui l'est, finalement, dans toute cette épopée ? - mais il est, à l'image de Poivre qu'il admire, curieux, industrieux et patient. Il a nommé tout un pan de son jardin, à Saint-Benoît, sur la côte est, "au vent" donc, le "carré Poivre" et y a acclimaté des muscadiers, un mangoustan de Malaisie, un cannelier, des poivriers, un bétel et surtout un giroflier dont on dit à tort qu'il a été le premier de l'île, à l'origine de tous les autres plants : en réalité, d'autres échantillons avaient été envoyés simultanément de l'Ile de France à plusieurs habitants.

C'est un homme de légende au même titre que son inspirateur et, comme chez Poivre, il est difficile de faire dans le récit de sa vie la part de la vérité et de la fable.

Passa-t-il vraiment une nuit entière accroché à son giroflier pour le sauver du vent ? Lui-même ne l'écrit pas. Mais en enrichissant l'île pour une génération, en créant sur les basses pentes incultes du volcan un nouveau quartier de colonisation, il entre dans l'histoire de son pays comme un modèle d'efficacité et d'intelligence dont les vieux colons parlent encore quand la “mauvaise conjoncture”, coup de vent des temps modernes, souffle sur la canne à sucre.

C'est à Cayenne finalement, en ce climat torride où périrent tant d'hommes - mais un climat quasiment moluquois : on est au ras de l'équateur - que les épices de M. Poivre, après avoir parcouru la moitié du tour de la terre, réussirent le mieux.

Leur illustre chasseur n'en sut rien : les premiers envois, en 1771, furent un échec et il fallut faire une seconde expédition en 1788 ; Poivre était mort alors.

De son paradis - où il bourlingue et pioche s'il a de quoi le faire - Poivre a dû sourire en voyant ce qui accompagnait, dans une cage sur le pont, ses chers végétaux vers leur escale américaine : toute une volière d'oiseaux martins, sortes de merles indiens insolents et bavards qu'il avait importés lui-même à l'Ile de France pour venir à bout de criquets ravageurs.

Avec les parfums, l'intendant défunt léguait aux Indes Occidentales piaillements et vacarme.

Aujourd'hui on ne trouve plus d'épices à l'Ile Maurice et à la Réunion, sinon en cherchant bien, dans quelque jardin séculaire. Il y a belle lurette que l'économie de la Guyane ne repose plus sur le girofle, la muscade, la cannelle et le poivre : les épices ont changé de pays et sont devenues denrées courantes, produites à la tonne dans tous les continents.

Elles ne sont pas devenues quelconques pour autant et, si la magie de la rareté s'est envolée, celle de l'arôme reste heureusement présente. Puisse faire ce livre que vous la goûtiez mieux.

Car si le monde a oublié Poivre - il n'a qu'un pauvre buste à St-Denis de la Réunion, une minuscule rue dans le vieux Port-Louis, une autre presque plus petite à Lyon - l'âme des chasseurs reste encore présente en chaque clou de girofle, en chaque noix de muscade.

Avec le souvenir de cinq mille ans de rêves.

Et une grande bouffée de brise océane.

St-Denis en l'isle Bourbon
10 juillet 1989 – novembre 2000

BIBLIOGRAPHIE

Nous .avons limité cette bibliographie aux ouvrage majeurs ; la plupart d'entre eux ne sont plus consultables qu'en archives ; on trouvera l'essentiel de la documentation sur cette période à la Bibliothèque nationale, aux Archives de l'île Maurice, à la Carnegie Library de Curepipe, île Maurice, à la Bibliothèque départementale de la Réunion, aux Archives départementales de La Réunion, que nous remercions pour leur collaboration ; nos remerciements également à la Bibliothèque municipale de Lyon, où se trouvent quelques documents sur Poivre, introuvables ailleurs.

Archives historiques et statistiques du département du Rhône, tome XI, Hizard, Paris, 1829.

BORY DE SAINT-VINCENT Jean-Baptiste Georges, *Voyage dans les quatre principales îles des mers d'Afrique...*, Paris, 1804.

BOUDET Paul, *Un voyageur philosophe : Pierre Poivre en Annam, 1749-1750*, Hanoi, 1941.

CARTAULT Jean, *Notice sur Pierre Poivre et Françoise Robin*, manuscrit dactylographié, Valentigny (Aube), 1965 (Bib. de Saint-Denis).

CASTONNET des FOSSES H., *Pierre Poivre, Sa vie, Ses voyages, in Bulletin de la Société de Géographie de Lyon*, Lyon, 1889,

CHARPENTIER Français, *Discours d'un fidèle sujet du Roy touchant l'établissement d'une compagnie française pour le commerce des Inde orientales*, Paris, 1664.

CORDIER Henri, *Voyage de M. Poivre, in Mémoires divers sur la Cochinchine*, N° 9, Revue de l'Extrême-Orient, 1884.

DUTACQ F., *Un épisode de la vie de Pierre Poivre : les deux premières années de l'intendance des îles de France et de Bourbon*, Audin et Cie, Lyon, 1923.

DUPONT DE NEMOURS Pierre, *Notice sur la vie de M. Poivre (rééditée) avec une introduction critique et des notes par Louis Mallaret*, Testelin, Saigon, 1932.

FELS Marthe de, *Pierre Poivre ou l'amour des épices*, Hachette, Paris, 1968.

HOWE Sonia, *Les grands navigateurs à la recherche des épices*, Malfère, Paris, 1939.

LACROIX Alfred, *Notice historique sur les membres et correspondants de l'Académie de Sciences ayant travaillé dans les colonies françaises des Mascareignes et de Madagascar au XVIIIe et au début du XIXe siècles*, Gauthier-Villars, Paris, 1934.

LY-TIO-FANE Madeleine, *Mauritius and the spice trade : the odyssey of Pierre Poivre*, Esclapon, Port-Louis (Mauritius), 1958.

LOUGNON Albert, *L'Ile Bourbon pendant la Régence*, Larose, Paris, 1957.

MAHÉ DE LA BOURDONNAIS François, *Mémoire des îles de France et de Bourbon*, édité par Lougnon en 1927.

MALLERET Louis, *Pierre Poivre*, Maisonneuve, Paris, 1974.

MALLERET Louis, *Quelques documents lyonnais concernant Pierre Poivre*, Testelin, Saigon, 1935.

MAYBON Charles, *Quelques documents inédits concernant Pierre Poivre, in Études asiatiques*, publiées à l'occasion du XXV anniversaire de l'école française d'Extrême-Orient, t. 2, Van Oest, Paris, 1925.

PAJOT Elie, *Simples renseignements sur l'île Bourbon*, Challamel, Paris, 1887.

PEROUSE G.A., *Un journal de bord de l'intendant Poivre (1767) de Lorient à Cadix et à l'Ile de France, in Cahiers d'Histoire* n° 4, Paris, 1976.

PEROUSE Maurice, *Françoise Robin ou l'étonnant destin d'une Dombiste de jadis, in Résonnance* n° 23, novembre 1985.

PERRAT Charles, *Un Lyonnais à la veille de la Révolution, Pierre Poivre*, Paris, 1939.

PILON Edmond, *Le roman de Mme Poivre , in Revue des Deux Monde*, Paris, 15 nov. 1933.

PILON Edmond, *Les vies singulières de M. Poivre, Pâques, Sauce, etc.*, Mame, Tours, 1938.

POIVRE Pierre, *Les Voyages d'un philosophe, œuvres complètes*, Fuchs, Paris, 1797.

SOURIAU Maurice, *Bernardin de Saint-Pierre, d'après ses manuscrits*, Sté française d'imprimerie et de librairie, Paris, 1905.

TOUSSAINT Auguste, *Histoire de l'océan Indien*, PUF, Paris, 1961.

TOUSSAINT Auguste, *Histoire des îles Mascareignes*, PUF, Paris, 1972.

TOUSSAINT Auguste, *L'océan indien au XVIIe siècle*, Flammarion, Paris, 1974.

TROUETTE Émile, *Introduction de végétaux à l'île de la Réunion. Notices Historiques*, 2e édition, Saint-Denis, 1983.

TROUETTE Émile., *Papiers de Joseph Hubert*, Saint-Denis, 1881.

VAXELAIRE Daniel, CHANE-TUNE Marie-Claude, BENARD Jules, CHABIN Michel et all., *Le Mémorial de la Réunion*, 7 vol., Éditions Australes, Saint-Denis, 1979 à 1982.

REVUES :

À consulter également : *le Bulletin de l'Académie de la Réunion, la Revue rétrospective de L'Ile Maurice, le Recueil de documents et travaux inédits pour servir à l'histoire de la Réunion, la Revue de l'histoire des colonies*, qui contiennent de nombreuses références.

Dans la même collection

- Chasseur de noirs - *Daniel Vaxelaire*

- Entre Mer de Chine et Océan indien - *Édith Wong-Hee-Kam*

- Léone - *Françoise Sylvestre*

- Supplique pour ne pas être pendu avec les autres pirates - *Daniel Vaxelaire*

- Éline ou le passage du cyclone - *Chantal Serrière*

- Notes des derniers jours - *Pierre-Louis Rivière*

- Adzire ou le prestige de la nuit - *Firmin Lacpatia*

- L'arbre du voyageur - *Jean-Paul Tapie*

- Rouge cafrine - *Véronique Bourkoff*

Achevé d'imprimer : 1er trimestre 2004
Imprimé en C.E.E.
ISBN : 2-87763-127-3
Dépot légal : 1er trimestre 2004

ORPHIE